今、お手本にしたい政治家

石本 茂
従軍看護婦長、国務大臣、ナイチンゲール記章受賞

林 栄子

目次

はじめに―石本茂の功績　13

第一章　看護界での活躍

「学生時代」

一　女医への夢　15
二　看護婦を目ざす　17
三　日本赤十社の博愛精神　19
四　図書館の本を読破　21
五　二年生に進級　23
六　映画鑑賞　25
七　三年生に進級　26
八　恋愛ご法度　29

「学校看護婦から社会看護婦へ」

九　学校看護婦（現・養護教諭）31
十　日赤の社会看護婦養成所に入学　36
十一　訪問看護―福井日赤病院　40

十二　訪問看護に心血を注ぐ　44
十三　医師会からの呼び出し　46

第二章　従軍看護婦

十四　召集令状　51
十五　第一回病院船での傷兵輸送　53
十六　不眠不休の船上看護　54
十七　第二回病院船勤務　58
十八　臨時東京第一陸軍病院に転属　61
十九　南京陸軍病院勤務を志願　65
二十　伝染病棟での激務　69
二十一　開封陸軍病院　74
二十二　帰徳病院　77
二十三　開封陸軍病院に戻る　79
二十四　終戦――捕虜生活　80
二十五　本国に帰還　84
二十六　悲惨な引揚げ船　89
二十七　従軍看護婦の歴史　92

第三章　終戦後の看護人生

「国立山中病院総婦長（厚生技官）」
二十八　庶務課へ怒鳴り込む　97
二十九　労働組合活動　101
「厚生省への栄転」
三十　厚生省での活動　107
三十一　総婦長制度の確立　108
三十二　厚生省での功績　110
「国立国府台《こうのだい》病院総婦長」
三十三　職員の啓蒙から始める　113
三十四　不良組合員への対応　116
三十五　従軍看護婦長の講義　118
「厚生省へ抜擢」
三十六　関東信越地方医務局看護専門官　122
「国立がんセンター初代総婦長」
三十七　日本一最高の看護体制作り　123
三十八　看護要員の採用　126

三十九　理想的な看護婦宿舎の建設　129
四十　国立がんセンターの開院　130
四十一　がんの研究会　134
四十二　診療委員会　136
四十三　医療と看護の分離実現　141
四十四　看護婦の低賃金　145
四十五　田宮総長の殉死　147
四十六　池田勇人《はやと》首相の入院　148
四十七　池田勇人首相の訃報　154

第四章　日本看護協会への貢献
四十八　日本看護協会での活動　156
四十九　選挙応援　158
五十　日本看護協会の推薦で政界へ　160

第五章　石本茂のゆかりの地
五十一　富山赤十字看護専門学校　164
五十二　日本赤十字社　167

五十三　石本茂に関する資料　169
五十四　遺芳録　171
五十五　日本赤十社医療センター　175
五十六　日本赤十字看護大学　177
五十七　福井赤十字病院　181
五十八　山中温泉ぬくもり診療所（旧・国立山中病院）　183
五十九　国立国際医療センター国府台病院　187
六十　日本看護協会　196

第六章　政治の世界での活躍

「参議院議員」

六十一　参議院議員選挙に立候補　199
六十二　参議院議員に当選　201
六十三　無所属第二院クラブ　203
六十四　第八回参院選に落選　207
六十五　第九回参院選に当選、自民党に入る　209
六十六　看護議員連盟の結成　211
六十七　念願の看護職給与の増額　212

六十八　夜間看護手当の増額　214
六十九　看護婦の増員を目ざす　216
七十　病院内保育所の設置　217
七十一　ナースバンク（看護婦無料職業紹介所）　218
七十二　育児休業法制定　219
「自民党婦人局長に就任」
七十三　婦人議員の連絡協議会結成　221
七十四　保育所運営費の予算の獲得　223
七十五　幼児教育対策費予算の獲得　226
七十六　国立婦人教育会館の建設　227
「初めての国際会議」
七十七　人口問題　228
七十八　東南アジアの視察　231
七十九　プライマリー・ヘルス・ケア　232
八十　増大する医療費問題の見直し　236
八十一　国際婦人年　239
八十二　妻の遺産相続権　242
八十三　男女雇用機会均等法制定の原動力　243

「福祉元年での活動」
八十四　森永砒素《ひそ》ミルク中毒事件の和解　244
八十五　社会労働委員長に就任　247
八十六　米国の病院のエイズ調査　249
「国務大臣に就任」
八十七　大臣の椅子　252
八十八　国務大臣の職務　256
八十九　公害補償制度の見直し　259
九十　苦手な記者会見　261
「自然環境の愛護行事」
九十一　常陸宮さま　263
九十二　人間社会と自然保護の仕事　265
九十三　世界の環境会議　266
九十四　快適環境整備事業（アメニティータウン）　268
九十五　環境保全への閣僚会議　269
九十六　石本茂が力を注いできたもの　270
九十七　落穂拾い　274
九十八　石本茂の功績　275

九十九　勲一等瑞宝章を受章　280
一〇〇　自民党婦人部研究会　281
一〇一　「石本茂日記」　282

第七章　政界で交流のあった人物

一〇二　市川房枝　284
一〇三　池田勇人　286
一〇四　福田赳夫　289
一〇五　佐藤栄作　291
一〇六　田中角栄　292
一〇七　大平正芳　295
一〇八　鈴木善幸　298
一〇九　中曽根康弘　298
一一〇　岸信介　300
一一一　橋本龍太郎　302
一一二　田中正巳　305
一一三　佐藤達夫　307
一一四　安倍晋太郎　308

一一五　藤森昭一　310
一一六　渡辺美智雄　312
一一七　武見太郎　314

第八章　皇室との思い出

一一八　昭和天皇　317
一一九　今上天皇陛下と皇后陛下　320

第九章　平成時代の活躍

一二〇　自伝『紅《くれない》そめし草の色』の出版　324
一二一　退官慰労会　325
一二二　北國文学賞の受賞　327
一二三　老人保健施設「なでしこの丘」　328
一二四　フローレンス・ナイチンゲール記章受賞　330
一二五　ナイチンゲール記章受賞式　334
一二六　皇后陛下のおことば　335
一二七　受賞祝賀会と米寿祝式典　336
一二八　生家跡と新居　339

一二九　なでしこの丘—終の部屋　341

第十章　石本茂の永眠

一三〇　盛大な葬儀　343

石本茂年表　347

あとがき　360

主な参考資料

はじめに―石本茂の功績

現在、政治家の資質が疑われるような言動が見られて、何かと物議を醸している。日本の政界には名誉や利権を得んとする政治屋が多いといわれる。本当の政治家とは国のために、国民の幸せの実現のために奉仕する人だという。石本茂は数少ない本物の政治家の一人と高く評価されており、お手本にしたい人物である。

石本茂は日本赤十字社の看護婦（現在看護師）から社会看護婦（現在保健婦）になった人である。福井県で乳幼児や結核患者などの保健衛生や栄養指導を初めて実施した。日本が盧溝橋事件から上海事変に突入して、負傷者が続出すると、召集され、従軍看護婦として病院船に乗り、傷病兵の輸送に尽力した。

その後、第二次世界大戦が勃発し、陸軍の従軍看護婦長として志願し、最前線で戦病者の看護に命がけで働く。終戦後は再び病院船に乗り、負傷兵や疾病兵《しっぺい》、中国や満州からの帰国者の引揚げの激務に従事した。

悲惨な戦場をつぶさに見て、二度と戦争は嫌だ、平和がほしいと心の中で叫び続けた。

「人は皆、健やかに生まれ、育ち、元気に活動してやがて健やかに老いていきたい」

石本はその願いを実現するために国会議員となり、国務大臣環境庁長官に就任し、精力的に活動する。環境や人権問題、保健医療や年金福祉、高齢化社会への看護問題、国際的には人口問題など、数々の難問に直面して悪戦苦闘し、その対策に尽力した。

こうした石本の活躍が高く評価されて、平成十三年五月、名誉あるフローレンス・ナイチンゲール記章を受賞した。

石本茂をここまで地道に活動させたのは日赤でたたき込まれた「博愛」と「尽忠報国」の精神に相違ない。だが、向学心に富み、誠実で情熱を燃やし続けられた背景はどこにあるのか。石本茂の日記『紅そめし』(北風書房刊)と、『紅そめし草の色』(北国新聞社刊)の自伝にそって、石本の生い立ちから検証していきたい。

第一章　看護界での活躍

「学生時代」

一　女医への夢

石本茂は大正二年九月六日、石川県能美郡《のみぐん》苗代村蓮代寺《れんだいじ》（現在小松市蓮代寺町）に生まれた。小松から南へ約六キロ離れた僻村である。父は石本徳松、母美可の二女である。姉は幼少時に他界した。石本茂は著書『紅そめし』（北風書房刊）や『紅そめし草の色』（北国新聞社刊）には、何かとわずらわしいからと言って、記載していないが、その後、妹と弟二人が生まれて、五人兄弟である。

父は婿養子で、家族は男児の出生を願っていた。すでに「しげる」と名前を決めていて、女の子なのに、男名を付けた。役所が勝手に茂の漢字で登録したので、戸籍上は茂である。祖父の喜作は僧侶で、金沢の専光寺の門徒であり、自宅を布教の道場としていた。そのためなのか、通りかかる旅人や生活に困る人々が食べ物や宿を求めて訪れた。父は農業の傍ら材木も扱っていたので、中規模農家くらいの暮らしをしていた。両親は可能な限り、困った人々へ親切に施しをしていた。

「石本の家へ行けば泊めて、食べさせてくれる」

という評判が立っていた。茂は祖父から仏教の慈悲の心、両親からは困った人への思いやりの心を自然に学んで、成長した。

茂は蓮代寺尋常小学校に入学したが、体が弱く、医者通いが続く。ほとんど学校を休んだ時期もあった。病弱のため、外で遊ぶことも少なく、家にある雑誌や本を読んで過ごした。ドイツの将軍の半生を描いた戦記は、胸を躍らせて読む。そのヒンデンブルグ将軍は、ワイマール共和国（ドイツ）の大統領で、普仏戦争や第一次世界大戦などで活躍した人であった。

茂は小学校を卒業すると進学した。

当時は上の女学校へ進む人は経済的にも少なかった。特に女子は尚さらである。茂はそのため肩身が狭く感じた。申し訳ないと思い、他の人々に目立たないように、村内の外れにある畦道を、目を伏せて通学した。

昭和四年（一九二九）、十五歳になったある春の日である。茂は祖父に呼ばれて、奥の間に行った。

「おまえは何になりたくて、そんなに勉強をしているのか」

「できれば女医さんになりたい」

茂は世のため、人のためになろうと考えていたので、祖父に聞かれて、すぐ答えた。

「ああ、お前が男の子だったら、家の山林や田畑を全部売り払っても大学へ行かせてやるのにな」

祖父の喜作は顔をゆがめ、ため息をついて、残念そうに言った。茂は自分が女であることを憾《うら》んだ。

名前のように男に生まれてきたかったと、泣いた。「女に学問はいらない」という考えが、当時行きわたっていた。良妻賢母を理想とし、女性は夫に忠節を尽くすことが本分とされていたからである。

そのため、職業婦人は社会的偏見が強く、女性が家を出て、社会で働くなどと言うことは、よほどの事情がないかぎりしなかった。特に茂の住む片田舎では、女性への偏見が根強く残っていた。

茂は子供心に女医になる夢を抱いていたが、祖父の言葉に傷つきながらも学んでいた。

二　看護婦を目ざす

そんなある日、茂は世界史の授業で、ナイチンゲール女史の活躍を知った。クリミア戦争で、ナイチンゲールはロシアとトルコ、英国の傷病兵を敵味方の区別をしないで看護した。その献身的な看護と女史の広くて深い人間愛に、茂は心から感動した。女史の伝記などを読みふけった。

「自分の歩むべき道はこれだ」

茂はそう確信して、看護婦になる決意を固めた。即座にナイチンゲール女史が礎を築いた赤十字社の救護看護婦養成所を捜した。すると富山県にあることがわかった。石川県の隣県で、金沢市から約六十キロと近い。養成所には奨学金制度があって、両親に経済的な負担をかけないでいいこともわかった。

茂は昭和四年の暮れに、両親に言った。

「赤十字の看護婦になりたい。富山の養成所へ行かせてください」

だが、当時の看護婦は、病院で医者の小間使いとして働く職業と思われていた。そのため両親は、かわいい我が娘をそうした仕事に就かせることは許しがたかった。茂は両親に幾度か願いをかなえてくれるように頼んだ。

父は千葉県習志野市の砲兵学校に在籍した、第九師団砲兵連隊の元軍人だった。そのため世間を広く見てきて、理解を示した。母も若いころに、日露戦争で活躍した従軍看護婦にあこがれたことがある。だが、反対した。

日赤の養成所に入るには、入学希望者が多く、試験が難しい。茂は猛烈に受験勉強を始めた。昭和四年、ニューヨークの株式市場が大暴落して、世界恐慌が始まった。日本はすでに二年前の昭和二年に金融恐慌が起こり、銀行や会社が次々倒産し、失業者が増加して、暗い時代に入っていった。

茂は例え両親が入学を許さなくても、看護婦になろうと決意していた。二月上旬、親の反対を押して金沢で受験した。競争率は約六倍で、受験生六十余人のうち、十名が合格した。茂はその中に難関を突破して、入ることが出来た。

入学にあたって厳しい応召義務の誓約書にサインをしなければならない。昭和五年（一九三〇）五月に、ロンドン軍縮条約に日本は調印したが、国家主義運動が強まっていた。民政党の浜口内閣が翌六年から若槻内閣に変わり、満州事変が勃発《ぼっぱつ》するという情勢である。

「卒業後の十五年間は事情のいかんにかかわらず応召の義務に応ずること」

茂は十五年間という長期間、戦争があれば身の危険を冒しても、戦争へ従軍看護婦として応召され、戦地で傷病兵の看護に当たらなければならないのである。どこの親とて、娘を十五年間も戦地に送り出すことなど、とてもできることではない。

「お前が自分で選んだ道ならそれもよかろう」

両親は自分たちの若いころを思い起こしたのか、入学を許してくれた。実際は、茂が病弱だったために、身長は比較的高いが、やせていて、身体検査ではただ一人、乙種と判定されていた。茂はおそらく入学は無理だろうと、両親は思っていた。茂もほとんどあきらめていた。だが、入学の念願がかなったのである。両親の許も得られた。「喜びはひとしおだった」と茂は、著書の中で語っている。そして日赤の誓約書に、決死の思いでサインをしたのである。

三　日本赤十字社の博愛精神

昭和五年四月一日、茂は憧れの日赤富山支部赤十字病院救護看護婦養成所に入学した。第三十回生として、石川から十名、富山県出身者十四名と共に、看護婦への道を歩む。

茂は日赤の黒一色の制服や制帽・編上げ靴にも憧れていた。茂は看護婦への夢を抱いて、富山日赤の生徒寮に入った。当時は全員寄宿する規則であった。部屋には最上級の三年生が室長で、副室長二名が二年生の七号室に、茂ら一年生が数名割りふりされ、計十名である。日常生活はすべて軍隊式で厳しく、戸惑いと驚きの毎日であった。当初は新しい規範や習慣・専門的な勉学になじむまで、覚悟はしていたものの息詰る思いがした。

「国家有事ノ際ニハ速《すみやか》ニ本社ノ召集ニ応ジ患者看護ニ従事」すること、もって「軍人ノ看護ニ従軍スルヲ本務トナス」、「軍紀ヲ遵奉シ上長ニ服従シ軍人一般ノ礼儀作法ヲ守ル」、「博愛ニシテ懇篤切ナルベキコト」「勇敢ニシテ沈着ナルベキコト」。

こうした「赤十字十訓」を茂たちは朝夕、全員で直立不動の姿勢で、腹の底から大きな声で唱和させられた。三年間の倫理教育で、若い看護学生たちは、ひたむきに国を思い、忠と孝を重んで、博愛と平等の精神を涵養していった。入学前、召集義務の誓約を承諾したが、すべて徹底した軍隊式寮生活なのに茂は驚かされた。

朝六時と夕刻六時には、室長は生徒が全員いるか点呼し、舎監が見回りにきて、検閲した。徹底させられたのは礼儀作法である。上級生には絶対服従することや腰を十五度に曲げて敬礼すること、言葉使いも「ございます、いたします」といった敬語を使うこと、無駄口を慎むこと、常に静粛を保つことなどの作法を身につけるよう指導された。こうした心得はいついかなる場所でも励行するようにである。

欠礼は最もいけないこととされていて、病院構内でも白衣の人に会うと敬礼した。慣れない習慣と厳しい規律に閉じ込められて、息詰るようだった。

授業も大変で、一般教養として九科目あり、英語や体育、音楽、地理、歴史、日赤社史、倫理などを学ぶ。医学の専門的な教科は十二科目で内科や外科、小児科、産婦人科、耳鼻咽喉科、眼科、歯科などの他に、生理学、解剖学、病理学、伝染病学、細菌学、包帯法などがあった。これらの専門医学の他に、夫々の看護法も学ぶのである。

とても漠然とした日赤看護婦への憧憬ぐらいの情熱でこなせるものではないことを新ためて知っ

た。だが、「生来の向学心」と「少々の負けじ魂、それに思春期に通有する好奇心」とがあったので、茂は当初は「すっかり途方に暮れた」が、勉学に邁進《まいしん》できたという。

万国赤十字の歴史や日本赤十字社史、赤十字精神についても、徹底的に教育された。茂は、初めて明治十年の西南の役での博愛社活動を学んだ。その活動の結果、明治十九年に、日本が国際赤十字条約に加盟した。当年博愛社病院（日赤中央病院の前身）が創設された。翌二十年に博愛社病院は「日本赤十字社」と改名された。そして看護婦養成が開始される。茂は「こうした日赤の伝統や赤十字精神を学んで、自分の選んだ道の険しさ厳しさを自覚しないわけにはいかなくなった。いやが上にも赤十字看護婦の何たるかを自覚することになった」と、自伝の中で語っている。

看護史によると、一八六三年にスイスのアンリ・ジュナンが、ナイチンゲールの偉業に感銘を受けて、国際赤十字社を設立した。人道主義に基づいて、敵味方を超越し、戦傷者の救護と戦争による災害を救済する国際的な機関である。

スイスの国旗は赤地に白十字だが、国際赤十字社は、その逆の赤十字を旗印にした。茂は赤十字社の博愛精神と日本の国家国民のために殉する「尽忠報国」の精神をたたき込まれたのである。

四　図書館の本を読破

日赤に入ると、実際に授業料は免除され、全寮制で、食事や寮での諸経費も無料であった。制服や白衣、靴などは貸与され、奨学金として、毎月五円七十五銭の給付があった。こうした特典があったので、小遣いをあまり使う必要なく生活できた。その上、親から毎月五円送られてくるので、金銭的には充分過ぎるほど恵まれ、心豊かに勉学に励めた。

今までなにくれとなく気遣い、慈しんできた娘を見知らぬ他県に送り出したのである。心配しない親などいないだろう。両親は娘の様子を見るために、幾度となく遠路はるばる訪ねてきた。自宅から北陸本線の小松駅まで、約六キロある。当時はバスの便もなく、重い手荷物を持って、ひたすら歩くしかなかった。小松駅から富山県の日赤寮まで、列車に乗って四、五時かかる。両親はただ娘に会いたい一心で、面会にやってきた。

「ウソをついてはいけない。人に迷惑をかけるな」

母は娘の無事な姿を見て安どし、いつものように諭した。もう、耳にたこが出来るほど聞かされた母のなつかしい口癖である。初めは看護婦になることを大反対していた両親が、入学後は何かと心配した。母は人としての道を外れないように、一層口うるさく言った。

一年生のときは実習がなく、授業に専念した。外出は週に一回許可されるが、学業に追われて、遊ぶ気分にはなれない。図書室に行くと、たくさん本があった。教養書や専門書が大部分だが、文芸書や雑誌もある。

「よし、これだけの本を卒業までに全部読んでやろう」

茂は決心した。本が大好きだったので、遊ぶこともなく、読書に専念した。郷土・石川県出身の作家に泉鏡花、徳田秋声、室生犀星などがいる。思想家では有名な鈴木大拙や西田幾多郎、科学者では雪の博士として著名な中谷宇吉郎なども いた。茂はそれらの著書や婦人公論、文藝春秋などの雑誌を、片っ端から読破した。卒業までの三年間に、日赤社の図書のほとんどを読み終えるというすさまじさだった。

人目をはばかって、専門書や参考書以外の文芸書、雑誌を読むときは、本をノートで隠して読んでいた。級友はそんな茂を「かじり虫」とか、「ガリ勉」と綽名《あだな》を付けた。

五　二年生に進級

昭和六年四月、茂は無事、二年生に進んだ。

「石本さんの一年生の成績は一番でした。これからもがんばってください。気をぬかないように」

茂は突然、養成所の教務に呼ばれた。どこかで敬礼を忘れたのかなと、しかられるのを覚悟して行くと、養成部長から言われた。二年に進級したころで、心外であった。たいがいの生徒なら努力の成果だと喜ぶものだろうが、茂は違っていた。すっかり嫌気がさし、かえって勉強する気を失って、怠け癖さえついた。

養成部長は普段はいかめしい顔なのに、笑顔で語りかけて励ましてくれたのである。その心遣いを素直に受け止められなかった。

「当時は相当へそ曲りだったのでしょうね」

後年茂は述懐している。むしろ茂にはありがた迷惑に思えたからであった。特別に努力したのではなく、むしろ勉強とは関係ない本を読んでいて、普通に勉強したにすぎない。とび抜けた秀才でもないので、学年で一番で進級したのが納得できなかった。こんな程度でいいのかと、これまでの緊張の糸が切れたような気がした。読書しているだけなのにかじり虫、ガリ勉とかありがたくない陰口や嫌味を言われていたからであった。

七号室は机がコの字型に置かれて、与えられた一つの机だけが茂の唯一の居場所だった。日常生活は朝六時から点呼と舎監の巡回が始まる。室長が同室の生徒の病欠があれば報告し、各自室の掃除を行う。共有の洗面所や廊下などは当番制で清掃した。

茂は一年生付きの副室長を命じられてとても責任が重くなる。同じ七号室に残ったが、三年生と一年生の間にはさまって、気を遣うことが多くなった。炊事場やトイレ、廊下などの掃除当番は、一ヵ月交代となり、より負担が増す。反面、同室の人とは姉妹以上の深い友情に包まれた。学科授業を受けながら、実務研修が始まる。各診療科や病棟に週の半分は配属されて、看護法を学んだ。

実習に入って看護の仕事が自身に適したものか、病者へ真に骨肉の愛情を持って接していけるだろうかと悩み始めた。大きな壁にぶつかって、際限がなく迷い、自身の将来に不安を抱いた。自問自答を繰り返す苦悩の日々を続ける。

だが、看護への道を選んで入学してしまったのだ。今さら悩んでみても、どうにもなることではないと思った。実習が始って悩んでいる間がないほど忙しくなって、月日が経つ。

看護婦としての適性に悩まされたのは、入院患者が明日の命すら知れない重病者ばかりだったからであった。まだ未熟の見習生でも重病人やその家族が何かと問いかける。

自分の一言で患者に生きる希望を失わせては困る。安易にその場を取り繕うような慰めの言葉を言えば見破られるのではないかと不安になった。患者の置かれた状況を推測すればするほど無言で、目も合わせられなくなった。

六　映画鑑賞

日曜日には町に出て買い物や食べ歩きをした。映画館や喫茶店に入ることは禁止だが、映画以外の娯楽はなくこっそり入って見た。当時は不況で失業者が多く、暗い時代だった。満州の興安嶺で中村大尉が中国兵に殺害されて、軍部の動きが激しくなった。九月に入ると満州事変が勃発《ぼっぱつ》した。茂らは養成所内にいても、日中関係が悪化しつつあり、世の中が騒然としていることを知った。

寮の清水舎監が日清・日露の両戦役に従軍し、病院船勤務では精神病患者の看護に当った体験談などを語ってくれた。茂は感銘を受け、教えられたことを忘れまいと心に刻んだ。もし戦争になれば、従軍看護の命が下るのである。いざという際の心構えとして、真剣に清水大先輩の話を受け止めたのだった。

満州事変が始まってから半年が過ぎた。昭和七年三月、満州国が独立して、宣統帝《せんとうてい》十二代の溥儀《ふぎ》が新生国の皇帝に就く。日本は満州国を独立国家としたことに対し、世界の列強国から反感を買い、国際的に孤立を深める。

七　三年生に進級

茂は昭和七年三年生に進級した。日赤病院内の医師たちが召集されて、次々と中国大陸の戦場へ向かい、大陸での戦傷者が続々入院してきた。二月にデフレ政策を行っていた井上前蔵相が血盟団員によって暗殺されて、世間を震撼《しんかん》させた。さらに五月に入ると軍部の急進派に犬養 毅《つよし》首相らが射殺されるという五・一五事件が起こった。軍部の青年将校を中心に政党政治を武力で打倒する気運が高まっていた。軍部の台頭とファシズムの傾向が強まる。政府は赤字公債を発行し、金輸出を再禁止する財政を始めた。

茂は、そうした政況の中で学習し、実習が三分の二を含む緊迫した日々をこなしていく。いつ日赤救護看護婦として戦場へかり出されるのか知れない。そのために実習は夜間に及ぶこともあり、尽忠報国の精神力と看護技術の修得に努めた。学生の中にはその重圧に耐えかねて、体を損ねる人もいた。茂は「看護職に適さないのではないか」と深刻に悩んでいたが、厳しい日程を淡々とこなしていく間に、その悩みも消え失せた。

茂は生徒寮で二年生のとき、副室長だった。上級生と下級生の間に入って板ばさみであり、新しい学習があって気持ちの上でも余裕がなかった。三年に進級して、同じ七号室に残され、室長を命じられた。一級生の指導や相談相手になる役目があり、責任が重くなる。だが、上級生になり、何かと気苦労の多かった副室長より、幾分気持ちの上で解放された。

茂は禁じられているが、映画館通いに熱を上げた。厳しく抑圧されていた下級生時代の気持ちを映画で発散させた。当時、藤山一郎の「酒は涙か溜息か」や「丘を越えて」という流行歌が大ヒットして、街に流れていた。この他に「酋長の娘」や「祇園小唄」もはやっていた。日赤の学生である茂らは、流行歌を歌うわけにはいかなかったので、軍国歌謡を口ずさむ。オペラ歌手で一時代を風靡《ふうび》した藤原義江が「討匪行《とうひこう》」を作曲し、ヒットして子供たちにも歌われていた。満州事変があった翌年の大正七年の作で、彼の代表作とされていた。茂たちも歌った。

どこまでつづく　ぬかるみぞ
三日二夜を食もなく
雨降りしぶく鉄兜《てつかぶと》

茂は毎週日曜日に洋画と邦画を二本ずつ観てまわるのが最大の愉しみだった。記憶に残る洋画は、チャップリンの喜劇とか、「自由を我等に」「三文オペラ」「巴里の屋根の下」などで、たくさん鑑賞した。邦画ではエンタツ、アチャコがデビューして現代喜劇や時代劇の映画を観た。この他に小津安二郎監督の「大学は出たけれど」「東京の合唱」、溝口健二監督の「東京行進曲」「唐人お吉」、伊丹《いたみ》万作監督の「春風の彼方《かなた》へ」などが評判なので観る。「栄冠涙あり」とか「ほととぎす」などの名作は後年になってもその内容を鮮明に覚えている。

当時は、不況で大学を卒業しても就職できない暗い時代であった。世界恐慌が広がって企業が倒産し、失業者が増大して官吏は減俸になり、ルンペンという新語が生まれる。各地で労働争議が起こり、一家心中事件や欠食児童が二十万人と新聞に報道されていた。映画にはそうした時代を反映するものもあった。茂は俳優の岡田時彦や田中絹代、入江たか子などに熱を上げていた。映画は大正四年ごろにトーキーができたが、地方の映画（活動写真）館では、まだ無声映画ばかりであった。

厳しい養成所の規則を破ってまで映画を観ることは、いくら優等生の茂でも発覚したら許されまい。不良と言われ、退学させられるかもしれない。なんと大胆で勇気のいることであったことか。茂は「よくもあれほど熱心に、貪欲に映画館に足を運んだものだ」と述懐している。何かに熱中すると、トコトン行動しないではいられない性格だったようである。そのため軍靴の響く不安で暗い時代でも心おきなく映画を堪能《たんのう》し、幸せな青春だったといえよう。

茂は門限の六時に帰寮すると、七号室の一年生に観てきた映画の話をした。土産には必ず焼き芋やどら焼きのようなパンジュウ、富山名物のしおがまなどを買って帰った。そのため一年生たちは茂の帰りを待ちわびるようになった。茂は意識的に優しくしてあげていた。茂が一年生のころは上級生が厳しかったので、常に緊張して気持ちが委縮していたからである。ときには下級生に破目をはずしすぎると言われるほどで、打ちとけた態度で接した。卒業後に知ったのだが、彼女たちは茂を「おやじさん」という綽名《あだな》で呼んでいたという。

茂は、日曜日以外にも外出日を認めてほしいと思った。そうすればみんながゆっくりと映画が楽しめる。外出日の夕刻の点呼の時間も六時では早すぎる。もう少し延長してほしい。茂は先頭に立ってその要望を養成部に願い出た。軍隊同様に規律が厳格な日赤にこのような抗議行動を起こすことは、前代未聞のことだったようである。茂らの要求はしりぞけられて、茂は責任者として厳しい叱責《しっせき》を受けた。

「よい映画ならばみんなが見ても構わないようにしてほしい」

茂は舎監の先生に頼むと、にっこりして、「私に言いに来るほどのことでもないでしょう」と、黙認してくれた。茂は規律を破って、こっそり見る罪悪感から解放されて、堂々と鑑賞できる許しを得ることができた。

八　恋愛ご法度

茂は同級生らと着物とはかま姿で外出した。社会人野球を見物に行くと人見をひいたのか、

「あんたたちはハイカラだのう」

同世代の薬専の学生らから声をかけられた。当時は男女交際にやかましい時代だった。街で男性と知りあったり、交際することはなかった。特に日赤の看護婦は厳しかった。

「男女ノ風紀ニ至《いたり》テハ最も厳正ノ覚悟ヲ要スルコト」

と、常に指導されていた。そのため異性と交際することは罪の意識なしにはできない。白衣の天使とか、月よりの使者とか、看護婦へのイメージは甘くロマンチックに取り上げられがちな時代だった。けだかさ清らかさが無限に要求され、博愛慈善、献身だけが〝あらまほしき看護婦像〟であった。実

際には閉ざされた世界の乙女《おとめ》たちである。

茂は恋愛映画を数多く観たり、泉鏡花や森鴎外の恋愛小説を熱中して読み、胸をときめかすこともある。だが、それらはあくまでも空想の世界のできごとであり、現実とは無縁のものと信じていた。

日赤の養成所では、良家の子女を預かっているのだからと、病院の入院患者であっても、若い男性と気軽に口をきくことはきつく戒められていた。そのため、異性問題に苦しんで、悲劇的な恋愛をした日赤看護婦も少なくなかった。

茂たちは「恋愛は邪の道であるという無粋な環境の中」で青春を送った。「国際赤十字連盟を創設したアンリ・デュナンの博愛精神と、国家と国民のために殉ずる尽忠報国の思想」をひたすら学んで、肚の底まで滲みこませていった。博愛精神と尽忠報国の思想は、日赤看護婦の精神的支柱であり、茂自身の生きる道標となっていった。

そのころも巷では藤山一郎の「酒は涙か溜息か」や「丘を越えて」などの歌が大はやりであった。

卒業に向けて病棟の付添い看護婦勤務を一度体験実習させられた。茂は腎臓病の朝鮮人に配属された。初めて一晩中、付ききりで看護して、皮下注射をするのを習得した。満州事変が起こって医師は出征し、病院では医師が不足していたが、看護婦はあくまで病人の看護が原則で主務とされていた。医師に代わって、医療処置をすることはなかった。

三年間の授業内容はかなり充実したもので、相当、高度な教育だった。茂は初めの頃は不馴れで難かしかったが、学習するうちに専門科目に興味を覚えた。試験の成績もよくなって、学習意欲も向上するなど、多くの医学知識を学んだ。病棟実習では看護技術を習得した。

昭和八年の三月二十五日、茂は日赤の養成所を無事に卒業した。日本赤十字社石川支部救護看護婦として登録された。

日本では三陸地方に大地震が発生し、大津波に襲われて、死者が千五百余人も出るという、大惨事が報道されたころである。

この年、ヒットラーが政権を獲得し、日本は国際連盟を脱退する。アメリカではニューディール政策（新経済政策。シカゴで物の生産を分業化して、生産性を高め輸出する。例自動車など。『広辞苑』他）が始まった。

「学校看護婦から社会看護婦へ」

九　学校看護婦（現・養護教諭）

昭和八年（一九三三）大学を出ても就職できない時代で、茂も卒業したがすぐに就職先が見つからなかった。不況で失業者があふれており、日本の各地で労働争議やスト騒動が起きていた。左翼の学者や思想家、教育者たちが官憲に検挙され、作家の小林多喜二や経済学者の京大教授も検挙されて、新聞に報じられていた。

小林多喜二は秋田県出身の人で、初めは人道主義的な小説を書いていたが、のちにプロレタリア作家として、マルクス主義芸術理論を実践した。『蟹工船』や『不在地主』『工場細胞』『党生活者』などを出版した。プロレタリア同盟の中心的な活動をしていて、街頭で演説中、官憲に逮捕され、築地署で拷問により、昭和八年虐殺されて、世間を震撼とさせた。

河上肇はマルクス主義経済学の研究や啓蒙に専心した山口県出身の学者である。昭和三年に京都大学を追われて、労働農民党・日本共産党などの運動に従事した。昭和八年に検挙されて、昭和十二年まで入獄させられた。『資本論入門』『貧乏物語』『自叙伝』を著して、昭和二十一年（一九四六）に他界した。

（参考資料　新村出編『広辞苑』岩波書店刊）

茂の日赤の同窓生二十四人のなかで、富山支部赤十字病院に就職できたのはわずか一人であった。茂は卒業後、郷里の蓮代寺の実家に帰って、しばらくはのんびりと骨休めをしようと決心した。せっかく専門的な勉強をして、看護婦の資格を得たが、日本の世の中が不況なので、焦ってもしかたがなかった。

前年の昭和七年五月に神奈川県大磯町の坂田山の雑木林で、慶応大学生の調所五郎と湯山八重子が心中した。「天国に結ぶ恋として映画になり、坂田山心中がはやった。映画を見ながら昇汞《しょうこう》水を飲んで自殺するカップルが二十件も起きたと新聞が報じ、茂は衝撃を受けた。

翌八年二月十二日、茂が卒業する一カ月前には、伊豆大島の三原山で、実践女専の真許三枝子が投身自殺し、一カ月後に同女専の松本貴代子も身を投げた。この一年で九四四人が投身した。三原山は熱海の錦ヶ浦とならび、自殺の名所となった。

シャンソン歌手のダミアの「暗い日曜日」が暗すぎるため、レコードが発売禁止された。自殺予備軍を刺激しすぎるためだという。

（『読める年表』自由国民社刊）

茂は卒業後、満州鉄道病院への就職の話があったが断った。遠い異国へ故国を離れて大陸に渡るだけの勇気がもてなかったからだ。茂は帰郷して間もなく、京都市役所に務める叔父から、京都の陸軍病院に欠員が出るとの知らせを受けて、京都へ行く。一週間ほど滞在して、賀茂川べりを散策したり、古寺を巡って愉しく過ごした。至福の日々だった。京都大で滝川幸辰教授の休職発令と三十八教授の辞表提出という「滝川事件」が起きたころで、茂は京大生たちが険しい表情で街を歩いているのを目にした。滝川幸辰の『刑法読本』と『刑法講義』が内乱を煽動し、姦通を許容する恐れありとの理由で、内務省から発売禁止処分を受けていた。

京大事件は昭和八年五月の、斎藤内閣鳩山一郎文相による、京都大学法学部滝川幸辰教授の強制免官に抗議して、学問と研究の自由を主張した同学部教授団と学生大衆らによる組織的抵抗運動だった。

（『広辞苑』新村出編　岩波書店。他、『読める年表—日本史』自由国民社刊）

茂は三条通りや四条通りも見て歩く。町は人であふれることもなくて、空気がきれいで澄んでいるので、大文字山や比叡山などの頂上までくっきり見えた。鴨川の水も澄んでいてきれいだった。一杯五銭なりと書かれた珈琲店が先斗町や河原町四条辺にあり、茂は一人で入る勇気はなく通り過ぎた。

茂は実家から石川県の学務課が養護教諭を募集しているとの電報が届いた。茂は四月二十日県庁の面接試験を受けて、大聖寺尋常高等小学校（江沼郡大聖寺町。現在・加賀市立錦城《きんじょう》小、中学校）に採用された。

他に日赤の上級生と同級生の二人も面接試験に来ていた。茂は救護看護婦として学んでいたので、それを生かせる仕事に就きたいと望んでいたが、不況でえり好みできる時世ではなかった。

学校は全校生徒が二千人で、教員が五十人を超えるマンモス校だった。その生徒の保健衛生を指導する養護教諭になり、茂の望みは吹き飛んだ。日赤では保健衛生については学ばなかったので、茂は知識や経験のない、未知の分野だった。だが、赴任した今になっては、できませんと言うわけにはいかなかった。

初任給は三十八円である。男性教師は四十二円なので、それほど低くはない。茂は大聖寺町の知人宅に下宿して、勤め始めた。職員が五十名の中で十二名ほど女子で、生徒が多いため、教師は忙しく働いていた。

塚田校医がおり、熱心に保健予防医学を実践していた。校医は茂が勤める衛生室に、三日にあげず訪れて、貧血症で倒れたり、頭痛、腹痛などで校医室に来る生徒を診察した。そして茂に学童の保健衛生に関する知識や自身の校医としての体験などについて語り、指導してくれた。

昭和八年頃は栄養不足や衛生観念が現代と異って欠けており、虚弱学童が多かった。目の病気の結膜炎やトラホーム、耳の中耳炎、肥厚性鼻炎や伝染性の皮膚《ひふ》病の疥癬《かいせん》などを患う生徒が多かった。茂はその対応に追われた。

教員会議が週に一回行われており、茂は養護教諭として、衛生担当の教員がたから、保健衛生に関するさまざまな質問をされた。内容は毎朝、朝礼時に貧血を起こす生徒が必ずいるが、なんとか体質を改善できないか。偏食をなおすにはどうすればいいのか。便所掃除に使用している消毒剤は、現在のものでいいのか。近眼予防と姿勢の関係についてなどである。

校長からも放課後、校内巡視に同行させられた。黒板の位置や教壇の高さ、机や椅子の高低バランスとか、教室の採光が適当であるかなどと、実に細かい問題について、茂は再三意見を求められた。茂はそれらの専門的知識はなく、校長の質問に充分な返答ができず、身の細る思いをした。

茂は文部省の学校保健を担当する大西氏の著書『学校保健総論』を購入して精読したが、問題が大きく、奥が深い。茂は養護教諭に与えられた責任の重さを痛感した。茂は東京の赤十字社会看護養成所が生徒を募集しているのを知った。現在の保健婦学校に当たるもので、入学したいと思った。同じ日赤で公衆衛生や学校保健・予防衛生の分野を徹底的に学んで、再び学校看護婦に戻り、充実した仕事ができるのではないだろうか。だが、勤め始めたばかりの学校を辞めて、両親に進学したいとは言い出せなかった。心配や経済的負担をかけるからである。

六月下旬から関西各地と紀伊半島の伊勢志摩国立公園巡りの修学旅行がある。茂は初めて高等科二年生を引率して五泊六日の旅に出た。茂は幼いころ体が弱く、乗り物酔いをするので汽車旅行はあまり好かなかった。これまで日赤の養成所では、東京や日光へ卒業前、修学旅行にいった。他に小松から金沢、富山まで往復したぐらいであった。

今回は大勢の生徒の健康を管理して引率する立場上、責任が重い。幸い気が張っていたので、乗り物酔いをすることもなく快適に旅ができた。生徒たちも体調をくずしたり、怪我をすることもなく、無事に帰校できた。

八月には四年生以上の虚弱児童を八十名連れて、橋立港近くの船主の大きな空き家を利用した、臨海保養所に一週間出張する。学校が暑中休暇に入ったときである。同行した校長や校医、保健担当教員たちは、体の弱い児童が多いので、体の強い子らにしようと情熱を持っていた。茂は養護教諭として責務を重く感じた。

虚弱児童ゆえか気立の優しい子が多くて、茂を「先生、先生」と言って、朝から晩まで慕ってきた。茂は天真爛漫《らんまん》なそうした学童との仕事に、希望や生きがいを覚えた。従事する勤めを十分果すには専門的な知識を得たい。納得のいく目標を持って学校保健の任務に従事したいと切望した。父をなんとか説得して、社会看護婦養成所に進学しようと決心した。茂は二十歳を過ぎており、両親は内心、早く結婚させたいと願っていたに相違ない。父に進学したいと言い出すと、父は「入学試験に合格する自信はあるのか」と聞いただけで、上京を黙認してくれた。不況の中ようやく就職して給与を頂き、半年もたたないのに辞職届を出した。

十　日赤の社会看護婦養成所に入学

九月中旬に社会看護婦養成所の入学試験が迫っていた。九月十二日、茂は北陸線や上越線を乗り継いで上京した。養成所は渋谷の日本赤十字本社の敷地内にあった。入学希望者は日本赤十字社の救護看護婦養成所の卒業生に決められていた。

入学試験は二日間にわたって行われて、三日目に合格者が発表された。受験生は全国から六十名集まってきた。そのうちわずか十二名が難関を突破して合格した。茂は幸運にも夢がかない、日赤の社会看護婦養成所の六回生として入学する。

クラスの担任は著名な津田英語塾（現在津田塾大学）を卒業した田淵教師で、生徒の副監督も兼ねていた。授業科目は倫理、教育、心理、経済原論、衛生行政、公衆衛生、学校衛生、工場衛生、社会、赤十字事業、細菌学、寄生虫病学、伝染病学、体育、写真術、語学で多岐にわたっていた。こうした難しい教課を一年間で学ぶわけで、茂は時間割を見ただけで、頭が痛くなりそうなぐらいであった。

教授は東京帝大の主任教授や留学経験のある講師陣で、いかにも教育レベルの高さを象徴するような高邁な思想を持っておられた。

茂が深い感銘を受けた授業は生江隆之《なまえたかゆき》講師の社会学の講義だった。当時、福祉の先進国のニュージーランドを実例として熱心に話された。「社会福祉の実情、貧しい人々や病める人が、富める人々、健康に恵まれた人間たちと平等に生きるためにはどうすればいいか、社会生活における真の平等とはなにか、福祉の目的・方法論」などについてである。茂は社会学の重要性について多くのことを教わった。

井上なつゑ講師はイギリスに留学し、イギリスの訪問看護システムについて、講義した。社会看護の役割、活動分野、訪問看護の方法と実体など、実例を挙げて話すので、説得力が強い。茂は貴重な話なので、ひと言も聞き漏らすまいと集中して受講した。茂は「これからの将来を薄幸な人びと、扶《たす》けを必要とする弱者と共に生きることに賭けよう」と心に誓ったのだった。

茂は強い向学心とあくなき知識欲に燃えて猛勉強した。当時は茂だけでなく、同級生の誰もが生活や将来をかけて、積極的に、意欲を持って勉学に励んでいた。

日曜日は大都会である活気あふれる東京の方々を見物した。銀座や新宿にはよく出かけた。銀座では柳の並木に露天が並んでいて、珍しく、見飽きることなく眺めた。浅草では浅草寺や六区の繁華街を見て回る。古川緑波、徳川夢声、大辻司郎らが「笑いの天国」を浅草の常盤座で旗あげ公演していた。友達と歌舞伎や帝劇も一度見ておこうと観賞した。当時、「東京音頭」が大流行し、ヨーヨーも子供から大人まではやり、月産五百万個も最盛期に及んだという。街角で子供たちが熱中していた。

日赤の制服はカシミヤの黒いワンピースに制帽、赤十字のブローチ、短靴であった。一年じゅう同じスタイルのせいか、「渋谷のカラス」などと嫌な綽名を付けられていた。茂たちは娘ごころで少しでも世間の若い女性なみの服装をしたいと願い、制帽を下駄箱に隠して外出した。

全寮制であるが、養成所の歴史は浅く一年間の短い教育期間である。上級生や下級生もいないので、学生は明るくて、開放的だった。特に十二名の内二名は満州日赤の卒業生である。大陸で伸びのびやってきたためか、実に大胆で、傍若無人といえるほど活発だった。

茂はある日、鰯《いわし》の丸干しを買ってきて焼き、寮生と「谷間の灯」の歌を合唱したことがあった。やがて煙が部屋に充満し、廊下も匂いと煙でいっぱいになる。二階に住む厳しい監督が降りてきて、しかられた。だが、鰯を食べてはいけないという決まりはない。焼けばにおうのは当然である。茂たちは謝まることもせずに、そしらぬ顔を通した。こうしたふるまいをして、何かと監督の手をやかした。

茂たちは授業と併行して、下町の貧しい生活者の訪問看護やセツルメント（福祉事業）、学校や工場、社会事業施設などを実地に歩く演習も行う。

深川の貧民窟とよばれる所では、六畳の間に、一家八人が暮らしていた。その四人が結核に罹《かか》って喀血しても通院できない家庭があった。当時、肺結核は国民病といわれるほど多かった。東京の郊外に市立結核療養所（現・国立中野療養所）があるが、入院患者でいっぱいだった。ベッドが空いても入院費用を支払う余裕がない状態なのだろう。

赤児が生まれても母乳がでない。牛乳を買うお金もない。貧しい食事に不衛生な台所、世話する人もいない寝たきり老人、働きたくても働く職場を与えられない身体障害者など。茂たちはさまざまな生活困窮者の家々を訪ねて、こうした人々を救うにはどうすればよいのか、という課題が胸いっぱいに広がる。茂はいても立ってもいられない思いに駆られ、帰りの電車賃だけ残して、子供に駄菓子を買い、そっと渡してやった。そうでもしないと、気持ちのもってゆき場がなかった。

帰寮後、茂たちは互いに感想を語り合った。

「せめてお金があったら」と誰かが言った。

「福祉にはお金がかかる。戦争でお金を使いすぎるから福祉に手がまわらないのだ。戦争をしない国にならなければ」

と、小声で言った。その主張は、当時の政府を批判することになるので、寮外では決して言ってはいけない発想だった。

「もう私たちは、卒業したあとも立派な施設で働くことはやめましょう。貧しい人たちのために、なりふりかまわずに働こうじゃありませんか」

誰かの発言に、みんな一斉に拍手した。茂は気持ちが通じ合えて、たとえようがないほど大きな喜びを感じた。

学生は全国各地から来ており、茂には見知らぬ九州や東北出身者と親しくなれたことも得がたい収穫だった。貧しい人や弱者のために働こうと志す社会看護婦の中には、比較的に経済面で恵まれた医者や寺・教員などの娘が多かった。

茂の場合は予防衛生学や公衆衛生学をなんとしても学びたいという切実な願いがあった。学校看護婦の体験から、一刻も早く専門学を身につけて帰郷し、社会看護婦として活動したい一心だった。

昭和九年九月三十日、茂は全科程を無事に修了し、社会看護婦の資格になる卒業証書を取得した。在学中に就職口があって、茂は静岡県下の師範学校付属小学校を紹介された。だが、養成所長の面接で、そのころ日赤の各地方支部が一せいに公衆衛生活動を開始していたので、その仕事に身を投じたいと願い出た。郷里に近い福井県の日本赤十字支部で、新規卒業の社会看護婦を求めてきた。茂は希望どおり、いいタイミングで就職口を決めた。茂は卒業と同時に帰郷し、就職先へ直行した。

茂たちは社会看護婦養成所で、「パブリック・ヘルス・ナース」になるための学習と実地演習を一年間で、徹底的に修得した。茂は特に生江隆之講師と井上なつゑ講師に教わったことは無上の幸せであった。養成所はその後三年、九回生まで教育して閉校となった。卒業生は百人に満たないが、茂は一人ひとり、養成された自己の重みについて自覚しているのではないかと思った。わずか一年間だが、共に学び、寮生活をした級友は後々までもきょうだいのように仲良く交際している人がいる。茂は当時のことを懐古して級友と話し合うと、胸に熱い思いが込み上げてきた。

十一　訪問看護―福井日赤病院

日本赤十字社福井支部は福井市内の中央通りの裏にあった。茂は昭和九年（一九三四）十月五日に出頭すると、福井支部長は県知事であった。主事以下の幹部職員は元県庁の部課長だった人や学校長、警察署長などの経験者であった。そのために人生経験が豊かで、落ち着きと温情味のある高齢者が多い。若い職員は茂をふくめて数人と少ないが、事務室は役所に見られがちなかたい雰囲気ではなく、家庭的なぬくもりが感じられて嬉しかった。

茂の職場は事務室に机があり、二階には社会看護婦勤務室が設置されていた。新規の業務だが、仕事について一切の指示はなかった。目標は地域住民の健康保持・疾病の予防である。目的にかなった業務計画を自分で立てて、自由に、思いどおりにするようにということであった。

茂は学んできた社会看護婦の学問を生かす絶好の機会を与えられた。今、その知識を実際に社会に役立てるときなのだと痛感し、心をときめかせて机に向かった。期待のこもった職員のまなざしを感じで、茂はこの仕事を天職だと思って、「がんばります。精一ぱい働きます」と、熱い視線を返した。

まず最初に地域住民が抱えている問題点を洗い出した。死亡率の第一位である結核といかに対決すべきか。乳幼児の高い死亡率をどう減らしたらよいのか。北陸地方に多発するクル病（ビタミンDの欠乏により起こる病。石灰沈着障害で骨軟化が起きて、背椎や四肢が彎曲する病気）を防ぐにはどうすべきか。などについて、正面から取りくもうと思った。

茂は日赤に近い茶屋の二階の部屋を間借りして通勤した。事務所には外部からさまざまな要請が舞い込んで、外出する機会が増えて多忙になった。市内の小、中学校などからは救急法の話をしてほしいと依頼されて行う。当時、地域ごとに愛国婦人会とか国防婦人会などの団体がさかんに活動を始めていて、衛生講話の依頼も受けて、出張する。

この他に事務所には外部から健康相談に来る人もいて、対応した。特にひっきりなしに妊婦からの出産に関する相談や乳幼児の保育相談にやって来る人たちに対して、できる限り懇切丁寧に応じたので忙しかった。日赤病院の医長が週に二回、出張して来るが、病院の勤務以上の激務に感じた。こうした仕事に対処できるのは、日赤養成所で授かった知識や専門的に学んだという自信のたまものに他ならなかった。

県下の各市町村長から、衛生講話の依頼が次々にある。交通機関の便が悪い時代なので、日帰り出張もあるが、二、三泊して、山奥の僻村や海辺の漁村へ講話と指導に歩き回るので、容易ではなかった。

訪問先には旅館がない、小さな集落が多く、村長宅に泊めてもらうこともたびたびあった。こうした辺鄙《へんぴ》な地域は、ほとんど無医村であり、茂が想像していた以上に生活が貧しい家や病人がいて、働けない状態の家が多かった。

これらの人々は衛生知識がまるでなく、病気の実態、その原因や治療法、病人の扱い方など、無知な人たちが少なくなかった。例えば肺結核は空気伝染するとか、遺伝すると信じていた。世間に知られるのを恐れているのか病人を家の奥に隠している家さえあった。不治の病として、ただ死期を待っているばかりの陰うつといえる家庭であった。

茂は医療機関の乏しいこうした地域であればあるほど、住民は茂の講話を熱心に聞いてくれた。茂はどんな山奥を訪れても村民たちから温かく歓迎された。住民の健康と病気への認識不足や迷信の壁が厚ければ厚いほど訪問看護の仕事に情熱を燃やして、疲れた体を奮い立たせた。ようやく自らが目指した仕事に巡り合えたのである。住民の健康保持と疾病予防に精魂を傾けようと意気込んでいた。

ある日、岐阜県境に近い石徹白という山村を訪ねた。汽車の終点で降りた後、茂は地図をたよりに山あいの小道を歩いていく。途中で出会った村人に行先についてたずねると「まだ先だ、もっと奥だ」と言われた。山道を四里（約十五・六キロ）、五時間以上もかかって、ようやく村の近くに辿り着く、谷間にはうっすらと靄がたちこめていた。日は暮れて辺りは薄暗くなり始める。日中でも女が一人で山道を歩くのは危険であり、心細いものである。辺りは暗くなり、茂は泣き出したいほどの焦りと恐怖を覚えた。

突然、山奥で珍しい高級車が前方からやってきて止まる。

若い青年が茂に声をかけた。

「乗ってください、村まで送りますから」

茂はいちもくさんに駆け出したかったが、かぶりを振って、「けっこうです。歩いていきますから」と、きっぱり断った。青年は困った人だという表情を浮かべて、茂を見た。茂の頑《かたく》なな態度にしかたなく引き返していった。茂はほっとしたが、淋しさと不安で、その場にしゃがみ込みたい思いで、去っていく車の赤いテールランプを見送った。

暗い中、ようやく村に到着すると、村長が数人と村の入口で、心配顔に茂を待っていてくれた。村長は渡米した経歴の持ち主で、閉鎖的な里の村を文化的にしようと努めていたという。村人を老人、中年、青年のグループに分けて、各一日ずつ、三日間にわたり、衛生講習会を開催することに決めた。茂はその講師として招待されたのであった。

村長宅の広い土間に通されると、先ほど山道で出会った青年が笑顔で迎えてくれたので、茂は目をみはった。彼は村長の長男だった。父親に頼まれて、茂を車で迎えにきてくれたのだという。茂はそれとは知らずに、青年を怪しい人と判断して、せっかくの申し出を拒否したのだった。

茂は五日間滞在して衛生講話をした。帰りは県土木課の職員が車で送ってくれた。茂は駅に着いて安どしたときの気持ちは、後のちまで、忘れられない思い出として心に残った。

十二　訪問看護に心血を注ぐ

茂は日赤の事務所に出勤すると、毎朝、朝刊に目を通して、特に地方版を丹念に読んだ。新生児の生まれた家の記事を拾って訪問する。頼まれたわけではないが、乳児の死亡率が当時高かったので、自主的に無料で奉仕活動を続けた。家庭の環境を考慮し、新生児の授乳法、室温や部屋の採光、衛生面でのさまざまな要件を語り、健康管理に関する全般について、家族と話し合った。質問があると、茂は時間の許すかぎり答えていた。

在宅の結核患者の家も訪問した。福井市内には入院できる日赤病院や開業医院もあるが、ベッド数が足りない。入院を申し込んでも何カ月も幾年も待たされる現状だった。福井県だけでなく、全国的な現況だという。

昭和二十五年まで、日本の死亡原因の第一位は結核で、国民病といわれていた。日本は湿度が高く、環境衛生や栄養のバランスがとれていなかった。それに特効薬ができていなかったため、蔓延したとされている。

福井県は北陸特有の気候で、冬は長く、日照時間が短い。貧しいために農村は激しい農作業を強いられる。漁村は天候が不安定のために不漁《しけ》が続くという悪条件がある。そのためか、結核とクル病患者が多かった。

入院する内科のベッド不足で、入院を待つ間、自宅療養をしている患者が多い。それに入院費を支払えない事情の人も少なくなかった。茂はそうした気の毒な患者宅を訪れて指導に当たった。家庭における結核療養のあり方、患者の使う食器や痰の処理について、病室の採光や空気の通りをよくするようにとか、食生活のあり方などについて、学んだ医学的知識の全てを語った。

貧しい家の家族は狭く暗い燈明の部屋で、薄い蒲団《ふとん》に寝ていた。茂が理想として医学上「澄んだ空気や充分な栄養・安静を」と指導して回るのは、辛い役目であった。自宅療養や福祉行為の限界も経済の問題に他ならない。学生時代に東京の深川の貧民窟で体験した悲哀、「お金があれば」という無念さが、福井県でも感じ、やりきれない思いであった。

この問題は個人の力ではどうにもならない。だから福祉事業は地域や国ぐるみで考えるべきだと痛感した。先進国ではすでに早くからこの問題に取り組んでいる。茂は社会保障制度について、日本ももっと正面から取り組むべきではないか、特に医療と老人の問題は一刻も早く対策をと願った。

翌年の昭和十年の二月に、福井県大野市近郊で、北陸三県の中学スキー大会が開催された。茂は日赤救護班の一員として出勤した。救護班のテントに待機していると、「けが人発生」の通報が届いた。選手が向うの山の谷に転落し、骨折したのか、動けないという。救護班員は四国出身で、東大を卒業した医師一人と看護者二人である。三人ともスキーの経験はあるが、深い谷を下りて、けが人を救護するほどの技量はなくて、戸惑った。

「スキーの救護に来て、スキーに乗れないとは何事だ！」

大会役員から罵声を浴びせられた。この日以来、負けん気の強い茂は、忙しい勤務が終わると、毎日のように養成所に近い山に登って、スキーの練習を行った。当時、福井地方でスキーをする女性は、茂と師範学校の体育教師の二人ぐらいであった。茂は冬の夕方から真っ暗になるまでふた冬猛練習した。そのため相当スキーが上達した。

十三　医師会からの呼び出し

茂は訪問看護の任務にあまりにも熱心に働き過ぎたためか、福井県医師法違反に該当するはずだから、自粛するように言われた。福井県医師会総会に出席するように呼び出されて、出頭したときである。「訪問看護婦の名目をいいことにして、患者の家を片っ端から訪ね歩いて、患者の医療問題について出すぎた相談をもちかけている」という理由からであった。

茂は衝撃を受けた。呆れ果てて体が震えるほど憤りを覚えた。予想だにしない苦情で、「高い教養を身につけたはずの医者が、いったいなんという見当外れのことを言い出すのだろう」と思った。茂は窮地に陥入った。

「臨床医としてのみなさんは、種々の事情のために自宅で臥せている結核患者に対して何をしてあげているのですか、私は不遇の患者とその家族の人たちに食器の処理法や痰の扱い方を教え、病人の環境づくりについて手をかし、予防衛生の話をしています。母乳の出ない母親をどうすればよいか、乳幼児の沐浴《もくよく》はどうやるのか、病気の早期発見のためにどんな点に注意していればよいのかといったことを教えているのです。私は病人に薬剤を与えたり、診察したりしているのではありません。必要と考えれば、一刻も早く専門医にかかりなさいと指導しているのです。医師法違反とか、医者の領分を侵しているとか、なにを理由にそういわれるのかまったくわかりません」

茂は立ち上がって必死の思いで抗議した。その上、「社会看護婦の使命」や「役割」を話して、理解してほしいと主張した。頭に血が上り、居丈高になって叫んだ。

県の衛生部長が茂の社会看護婦の立場を深く理解してくれた。

「社会看護婦は医者を疎外するものではなく、私はその活動を高く評価したい」

と、医師会に助言してくれたので、茂は救われた。茂が日赤の病院に入院するように、患者に勧めて歩き回っていると、開業医の県医師会が勘違いし、医者の仕事をじゃまする、出過ぎた行為だと非難したのかもしれない。

茂はこの問題が一件落着した後、一層自己の「使命と責任の重きを痛感」して活動した。冬は日本海から季節風が吹き荒れる。茂は吹雪の中を積雪が背丈ほど降る雪をかきわけて、頼まれもしない新生児欄を新聞から毎朝切り抜いて訪問した。梅雨どきには降りつづく雨でぬかる畦道《あぜみち》を自転車を引きずって歩いた。

辛いときは日赤の仲間や井上なつゑ先生と生江隆之先生の面影を思い浮かべて奮闘した。仕事に悩み、春の山野を歩いたり、思いあぐねて映画館に入ったこともあった。一年たち、日赤福井支部に新入社員が一人増えて共に巡回した。昭和十二年には三人となり、支部の社会看護婦業務が軌道に乗り始めた。

二人とも仕事熱心で茂には心強い仲間となった。夕方訪問先から戻ると、主事に報告書を提出する。三人は当日のできごとを語り合った。訪ねても部屋に通してもらえずに、玄関先で指導した話、新聞紙を痰の処理に使い、庭先で焼くように教えた。ところがその新聞を貧しさゆえにとっていなかった。次回の訪問には新聞を届けてあげると語った。

昭和十二年（一九三七）の初めに広田弘毅内閣が総辞職して、陸軍の林銑十郎が首相の座に就いた。だが、軍部の圧力で衆議院が解散して、貴族院の近衛文麿内閣へと、政局は目まぐるしく変わった。軍部の政治干渉が日増に露骨になっており、茂は国の内外の情勢から判断して、やがて戦争が起こるのではないかと懸念していた。そうした矢先に、蘆溝橋事件が起きた。

中国北京の南郊の蘆溝河にかかる橋や周辺で、日中両軍がこの年の昭和十三年七月七日の七夕祭りの夜に衝突した。この事変をきっかけに政府は華北出兵を声明した。中国国民政府は抗日決戦を決定して、中央軍に動員令を下した。ついで満州事変、大山中尉殺害事件が起きて、八月九日に第二次上海事変へと発展し、日本と中国は全面戦争へと突入した。欧米から中国への援助もあり、泥沼化し、日本軍は局地戦を強いられていく。（『大日本帝国』笠倉出版社刊）茂は召集令状がやがて舞い込むのではないかと不安を抱いていた。

えていた。

その年の八月二十日、米国の著名なサンガー女史が産児制限の講演旅行に来日して大きな反響を与えていた。

日赤福井支部の社会看護婦が茂一人のときには、盆と正月ぐらいしか蓮代寺の実家に帰れなかった。三名になって、心にもゆとりが生まれて、昭和十二年八月二十三日、久しぶりに休暇をもらえて親元へ戻った。茂に縁談の話があったようだが、仕事に熱中し、意にも介していなかった。婚期はとうに過ぎていて、親も諦めている様子だった。

茂は看護の道しかないと固く信じる仕事人間だった。「その生活信条をくつがえすほど強烈な刺激をもたらす男性は現れなかった」という。当時は結婚して、母親になることが女の幸せだと一般的に考えられていた時代だったから、茂は「一風変わって、仕事と結婚した女なのだ」と、自分を評している。

茂の月給は四十五円で、他の職種の女性と比較して、低いほうではなかった。衛生講話のために出張が続くと、出張手当てが出るので、充分生活できた。三年間、訪問看護を与えられた使命と考えて、郷里・福井の僻村にまで健康の灯をと、精魂込めて活動していた。

茂は帰郷して二日間、ゆっくり休養していた。そこへ二十六日の木曜日に突然、茂宛に電報が届く。電文には支那（日華）事変が勃発して、日本赤十字社の救護班が出動するため、日赤福井支部に戻るようにという通達であった。茂は家族と衝撃を受けた。茂は覚悟をしていたが、恐れていたものがついに来たと思った。

茂は福井で三年間、社会看護婦の仕事に情熱を注いできた。貧しい人や病む人たちのために、生涯を賭けようと決心していた。孤軍奮闘して築き上げた未知の訪問看護の計画がようやく軌道にのりかけたときである。東京で猛勉強して念願がかなったのである。そのやりがいのある仕事を中断しなければならない。茂は心残りでならなかった。二名が加わり同僚とのチームワークもとれてきた。訪問した人たちとも親しくなり、これからが勝負だとはりきっていただけに残念でならなかった。戦争という非常事態では仕方がない。茂は後ろ髪を引かれる思いを一新させて出動命令を受けた。

第二章　従軍看護婦

十四　召集令状

　茂は即座に日赤福井支部に帰った。倉庫に保存されている救護員用の制服を準備していると、登録地の日赤石川支部から茂へ召集令状が届いていた。茂は二十七日直ちに石川支部に出頭した。第六十救護班の一員として、広島へ赴くことになった。

　これからは赤紙一枚で召集され、肉親や恋人たちと別れて、国のために命をかけて出征していく将兵たちや負傷した兵士のために働こうと決心した。茂は乗り物酔をするので旅が苦手で、中国大陸は遠いと思うが、もはや私的な事情などは通用しない非常事態である。

　応召された仲間は二十人で、一班に編成された。金沢駅は支部長以下の日赤関係者と、応召者の家族であふれていた。見送りの人々は日の丸の小旗を振り、バンザイ、バンザイと叫んでいた。茂も歓呼の声に見送られて、夜汽車に乗った。

茂の両親も見送りに来てくれたが、黒やまのような人込みに紛れて、発車するころには二人の姿を見失なった。親の心境をおもんぱかって胸が痛んだ。日赤の救護看護婦養成所に入学したときから、親も召集されるこの日を覚悟していたろう。だが、実際に今、戦場へ娘を送り出すのである。息子と違って、格別の思いがあるに相違ない。

「きっと、何を好きこのんで女が戦争に征《ゆ》くのかと、今さらのように娘を看護婦にしたのを怨んでいるかもしれない」

茂はそう思うと、切なかった。

茂たちは一路広島へ向かった。茂は中国大陸の戦火は事変ぐらいで、すぐ終わるものと、軽く考えていた。二、三カ月もすれば帰宅できると思っていた。広島には大本営が置かれていた。陸軍の各師団司令部や軍港、鎮守府があって、臨海地帯は軍需工場で埋めつくされており、軍国色が強かった。

広島駅に着くとすぐに、近くの袋町小学校の校庭に集められて、点呼の後、軍司令部の幹部から部隊編成や今後の任務などについて説明を受けた。任務は広島の宇品港を基地として、中国戦線から送還される傷病兵を輸送する病院船内で、看病することであった。

茂たち二十人の一班の救護班には、医師が一名と班長、書記が付き、計二十三人であった。第十二病院船の「オレゴン丸」に乗って勤務するという。この船は大型で、もとは貨物船だが、軍に徴用されて改装され、六百名が収容できる病院船だった。

「これから昼夜の別なく働くことになるから、それぞれ健康に気を付けておくように」

軍医中佐の吉田隊長から訓示を受けた。

出港するまで一カ月ほど間があって、茂たちは民宿で待機した。三名ずつ指定された一般の民家に寝泊りする。軍事基地や輸送船寄港地周辺の指定民家は、出征兵や軍属、従軍看護婦を泊めることに馴れており、ゆきとどいた世話を受けた。明日をも知れない命の寄宿者たちは、温かい宿の人々の無償の行為によって、どれほど力づけられたことか。茂たちも乗船中にいつ敵国に撃沈されて海の藻くずと消えるか知れないのである。不安で焦燥にかられ、緊張した心が、宿の人たちにいやされた。待機中は広島陸軍病院に勤務し、手伝いや救護訓練に当っていた。

十五　第一回病院船での傷兵輸送

広島の宇品港より、中国・上海へ向けての第一回、傷兵輸送は、同年の九月上旬に決定した。乗船前、茂は庶務付として、船全体の看護日誌や収容者一人ひとりの病棟日誌づくり、写真撮影などを担当することになり、その準備に追われた。

病院船は純白に改装されてオレゴン丸と呼ばれた。大陸まで行くときは空《から》のため、船倉にトラックや武器、弾薬を積んでいった。後年、茂はこのことが残念でならなかった。戦中のためにやむを得ないのだろうが、赤十字のマークを付けた病院船なのに、軍需物資を搭載していたのである。それゆえか、戦争中期以降から、敵の潜水艦から狙われて、撃沈されるという、痛ましい悲劇を生んだ。茂たちの救護班の仲間の多くが、無念にも命を落として、犠牲となったからである。

日中戦争の状況は最初のころは小ぜり合いとか、「不拡方針」とかいわれていた。だが衝突は日に日に戦線を拡大し、戦死傷兵数が急増した。特に上海では戦争開始直後の八月中旬より、上海派遣軍が作戦に入り、松井石根《いわね》大将の指揮下で、第三、第十一師団を基幹とする陸軍と、海軍陸戦隊とが協同して、中央軍の精鋭との間で、かつてない激戦をくり返していた。

オレゴン丸は宇品桟橋から瀬戸内海を西に進み、関門海峡を抜けて玄海灘に入った。玄海灘は魔の海峡と呼ばれるほど荒れるので名高い難海である。茂は初めて外洋航海に出た。船酔はしないほうだが、最初は激しい頭痛に襲われ、船酔いの苦しみを味わわされた。その後、一度吐くとなんとか持ちこたえられるようになった。船旅をしたことのない人や乗り物酔いの常習者たちはひどく苦しみ、七転八倒し、身動きできなくなった同僚たちもいて、茂は見ているだけでかわいそうで先が思いやられた。九月の台風のシーズンでもあり、病院船が沈没するのではないかと心配するほど揺れた。

玄海を無事に抜けて済州島沖を通過し、東シナ海に入る。船は少しずつ南下してゆき、宇品を出港して四日目にシナ本土が見えた。だが、それからが実に遠かった。夜に入り、揚子江を上海の埠頭《ふとう》まで遡上する。河口の幅は広く、しばらくは両岸が見えない。さすがに中国は広いと感心した。どこまでも同じ風景が続く。やがて川幅がせばまって、両岸が見え始め、戦災による市街地や村落の炎上する火焔《かえん》が見えてきた。茂は今、戦争のただ中にいるのだ、戦場にいるのだと悟って衝撃を受けた。それでも中国の山村風景は日本とそれほど変わらないためか、今は遠い異国の地にいるという実感を抱かなかった。揚子江両岸にはほとんど人影はなく、たまに隊伍を組んだ日本の将兵を目にした。

十六　不眠不休の船上看護

内地を出航して五日目の昼前、ようやく上海の埠頭に接岸した。茂たちは直ちに下船し、タラップ付近に集合し、負傷兵の収容に当たった。負傷兵は、ひとまず野戦病院に収容されていたが、数百人も病院船が寄港するのに合わせて集められて、待機していた。傷兵は主に激戦地の上海付近の揚行《ようこう》鎮《ちん》、月浦鎮《げっぽちん》、羅店鎮《らてんちん》や黄浦江河畔から大場鎮《だいじょうちん》にかけての負傷した兵隊たちであった。

茂たち救護班員は十字腕章の付いた制服を着て、決められた担当場所に分かれた。足の負傷や体力のない兵は、担架で船に運んだ。目の外傷で失明した兵は乗船の扶助をする。野戦病院では充分な手当は受けられない。傷口がむき出しのままの傷兵、頭部を負傷して上半身が血で染まって包帯を巻かれ、目もとだけ出している兵隊もいた。片腕や下肢を戦闘で失った者などなど。

茂は初めてこうした凄惨な傷兵を見て、総毛だつ思いをした。口がきけないほど緊張して、顔面蒼白になった看護婦もいた。救護班員は何かにつかれたように引きつった目つきで、ただ黙々と仕事に従事していた。茂は担架に大男を載せても重さを感じなかった。疲労とか空腹も感じない。ただ衝撃で感覚が麻痺したまま、体だけが自己の意志を離れて勝手に動いていた。

不眠不休で約六百名の傷兵の乗船を成し終えて、一路本国に向かう。船中での医療や看護は限られており、一刻も早く内地に帰り、患者の治療をして安心させたかった。嵐になれば済州島に避難しなければならない。患者の苦痛を考えると、茂は無事の航海を神に祈りたい気持ちであった。

茂たちは暗くじめじめした船底の船倉にある待機室にいた。病室やキャビンに行くには、ほぼ垂直で狭いはしご階段を医薬品や書類を持って昇り降りしたり、重篤の傷兵一人ひとりの看護に励んだりした。急ぐときは足を踏み外しそうになるので、神経をすり減らした。

海がしけると患者もつらいだろうが、茂たちも船酔いで苦しむ。船内をあっちに転がり、こっちに倒れながら働く。そのうち嘔吐を催して便所へ往復するのが精いっぱいとなり、身動きができなくなる。茂は船酔いしない四人の一人に数えられてかり出された。だが、船が揺れ始めると息もつけないほど苦しかった。船室や廊下の壁にぶつかりながら、広島に帰港するまでの五日間、不眠不休で傷病兵の看護に当たった。

茂は社会看護婦の資格を有しているためか、毎日の医療、看護状況や収容者一人ひとりの病床状況を記録し、整理する庶務の仕事が担当で、報告書を作成し、提出しなければならない。その他に写真を撮り、現像から焼付まで全て自分で行わなければならなかった。この写真術は社会看護婦養成所で学んだのでできた。

海がしけたときは医師に呼ばれて患者の訴えに対応し、投薬や包帯交換、内容別の病人食を運ぶなど、はいずり回って従事した。その後で庶務の任務にかかるので、体が幾つあっても足りないぐらいの忙しさであった。

オレゴン丸が無事に宇品港に着岸して、傷兵の下船作業に取りかかった。上船と同様に歩けない人や重傷兵を担荷で運ぶのである。航海中に死亡した患者は水葬せずに遺体を内地に運んだ。傷兵は直接、広島陸軍病院に転送した。「ようやくその重労働を最後の力を振り絞って終えたとき、しばらく体がいうことをきかないほど疲れきっていました」

茂は過酷な病院船の輸送任務について語っている。

病院船勤務は特別な教育や訓練を受けなかったが、数百人の患者に医師と看護婦の絶対数が病院勤務より足りなかった。そのため不眠不休の勤務を強いられて、体力がない者はついてゆけない。その上、船酔による苦痛が加わる。ひたすら精神力と馴れで克服するしかない。気候風土の急変に見舞われれば、満州の大連港や台湾海峡を南下するなど、航路変更もありうるかもしれない。そのために水や食料、不可欠の医薬品などの不足も起きかねない。陸上《おか》の勤務と違い、病院船の勤務は非常時とはいえ、過酷だった。

茂たちが広島の病院で待機しているころ、日本軍は十二年十一月五日、上海の南にある杭州湾へ上陸作戦を開始した。膠《こう》着状態が続く中国・上海の戦況を打開するためだった。この上陸作戦は、なかでも柳川平助中将の率いる第十軍の戦闘では歴史に残る「大苦戦」だったという。これで十一月半ばに上海方面の作戦が完了して、上海周辺全域を占領したと、新聞で報じられた。中国の正規軍とこの作戦で、日本軍の戦死者は九千名で、負傷者はおよそ三万一千名という、大きな犠牲者を出す実に悲惨な戦だった。

杭州湾は上海のすぐ南にあり、北に銭塘江のある三角形の大きな湾である。杭州はその三角形の頂点にあった。杭州湾への作戦目標は、湾岸に上陸して、南と北から中国軍を挟み打ちにしようとするものだった。第十軍は約百隻の大輸送船団に分乗して日本を出航した。十一月五日に朝靄の中、敵前上陸を敢行した。

杭州湾は潮の干満の激しい難所として知られている。日本兵は舟艇から波打際に降り立った。その部隊に敵銃弾が雨あられの如く降り注いだ。海岸線一帯は被弾した将兵の血で、真赤に染まるというひどい上陸作戦だった。銃弾を浴びた多くの傷兵は、手当てする医者もいなければ薬もない悲惨な状態で、腕や足を吹き飛ばされ、傷の手当ても受けられないまま、数日放置されているという。

茂たち救護班は、第一回の航海から一カ月ほどたち、杭州湾への出動命令を下された。

十七　第二回病院船勤務

茂たちの乗った病院船は潮の干満が激しいために、湾に接岸できないので、停泊した。そこへ海岸から一勢に負傷兵を乗せたサンパン（舟艇）が近づいてきて、病院船に移送する、茂はこれまでこれほど悲惨な負傷兵を見たことはなかった。長い間泥土の中に横たわっていたのか、戦士の軍服ではなかった。顔や首や足も靴も見分けがつかないほど、泥がこびりつき、その泥が赤黒い血で固まっていて、実に酷《むご》い状態だった。

杭州は十一月半ばだが、まだ気温も湿度も高く、傷口には蛆《うじ》が湧《わ》いていて、泥にまみれた傷口にへばりついていた。

「下痢が止まらないで困っています。なにか薬を……」

医療班の医師が真っ青な顔をして怒鳴る。

「水をください。お願いです」

重傷の体から声を絞り出すように叫ぶ兵もいる。何かを訴えるので茂が耳を近づけると、傷兵はそのままばったり倒れこんだ。どの兵も目だけが異様に輝いていて、何かを訴えかけてくる。茂には憤っているようにも怨んでいるようにも見えた。涙をとめどなく流している目は感謝を表しているのか、それとも情けないのか、茂はなにを言いたいのかはかり知れなかった。故里の親や妻子はこの姿をなんと見るだろうと思った。

茂たちは重症の兵士の収容作業を黙々と夕方まで行った。叱咤する声や励ます声、呻ぎ声がうず巻いていた。日没時間は内地よりもかなり西方に位置するためか、いく分遅かった。病院船はその日没少し前に杭州湾の外に出た。海原を渡る風は水滴を含んでいて、やがて雨が降り出す。茂は戦傷兵士のあまりの惨状に、天も慟哭しているのだろうと思った。

茂たちが配膳を終えたときである。寝台の上に起きあがって、一人の傷兵が茶碗の白いご飯に向かって、「クスン」と鼻をならした。張りつめていた感情の糸がプツンと切れた感じであった。

その途端、その傷兵の周囲ですすり泣きが始まり、やがて嗚咽の声は船体一ぱいに広がった。六百余名の男たちの号泣を茂は哀しく、激しくて、美しいものに感じた。茂たち救護班員もみんな泣いた。

負傷兵の多くは福岡第一二四連隊員だった。

「俺たちだけが生きて帰るとは……」

「死んだ戦友に申しわけなかぞ」

「帰れんばい、生きては帰れんばい」

嗚咽の中から傷兵の叫び声が聞こえた。

杭州湾上陸作戦の第一陣部隊で、最大の激戦地だった金山衛の攻防で、負傷した兵たちの叫び声だった。彼らはひどい傷を負い、腕や足を吹き飛ばされたのに、己を死にそこないと蔑んでいる。戦死した戦友を思い、己れの不甲斐なさを恨んでいた。戦さ半ばにして負傷し、故国に送還されるのを恥として哀しんでいる。茂は「なんという激しい気構えであろう。滅私奉公、国難に殉ずることのみを希う兵士たち」を目の当たりにして感動した。戦争の無情、人類の病いの醜さ哀しさがどんなものであるかを理解した。観念的でなく、肌で実感した夜だった。

日中戦の開戦当初は彼らのようにどの面を見ても部隊の主力は甲種合格をした現役兵ぞろいで、まさに精鋭といわれる気概を有していたと茂は思った。彼らは死を恐れず、勇壮で誠心をもって国のために尽そうとしていた。

次第に戦争が長期化し、各地で日本軍が敗色のきざしが濃くなり始めたころから、道義は地に落ちていく。他を犠牲にしても自分だけは助かりたいと希い、内地に帰りたい一心から、仮病まで使う兵隊が増えていく。茂たち従軍看護婦はそうした兵の推移を実際に目にした。単に痛いというだけで号泣する傷兵を見る。茂は勝ち戦さの間と敗け戦さになってからの差がなんという違いであるかをその後に知ることになるのである。

茂はこの夜の深い感動はいつまでも胸に残った。そしてこの杭州湾での光景は脳裏に焼きついて離れないほどすさまじかった。茂の看護婦時代で最も辛い思い出として、生涯忘れられないものになった。

病院船は無事に広島の宇品に帰港した。陸軍病院から迎えの職員が来ていて、傷病兵を下船させる。茂たち救護班員は船内を片づけた後、疲労と船の揺れでふらつく足に神経を集中させて、ようやくタラップを降りた。埠頭から宿舎に帰ってからも体の揺れはしばらく止まらなかった。狭く不自由な船倉から解放されて、自由になったのに、当分は動く気になれないほど、心身共に疲労困憊《こんぱい》していた。船上より地上にいることは、なんと安心なことだろうとしみじみ思った。

茂は昭和十二年の九月上旬から、昭和十三年の五月まで、約九カ月間、主に上海とを往復する病院船に乗って、救護活動をした。航海に出たのは月に二度か三度なのだが、十数回も往復し、過酷な重労働に従事したのである。「軍人ノ看護ヲ本務トナス」という使命に、無我夢中で、ただ一筋に患者の看護を献身的に行った。国を思い、同胞を憂う気持ちがあったればこそ、それが支えになって、あれほど真剣に働けたのだと後年思った。

茂は悲惨極める杭州湾での収容作業の光景、戦争の非情さと醜さを身をもって体験した。「国を守るためこの戦争はやむを得ない」と信じて、命を国に捧げる覚悟だった。

十八　臨時東京第一陸軍病院に転属

昭和十三年（一九三八）四月末、茂たちは日本赤十字本社に召集された。茂は三カ月もすれば召集が解除されると思っていた。ところが、戦争が激化する一方だったため、再度福井の社会看護婦に復帰する夢はついいえた。

茂たち第六十救護班員は、臨時第一陸軍病院（現・国立医療センター）の収容病棟に配属された。茂は厳しい病院船勤務に対して与えられた、慰労勤務のようなものだと思った。ここは腕や足を切断したり、両眼を失明するなど大きな傷害を受けた傷病者が入院していた。

傷病者は四、五日各種の検査や診療を受けた後、第一内科や第五外科などの専門病棟に移っていく。茂たち第六十救護班の任務は、その間の収容病棟の患者の看護だった。患者は内科や外科、眼科、耳鼻咽喉科、皮膚科などと傷病範囲が広かった。さらに内科や外科はもっと細かく専門別に分かれている。いわば混合病棟であり、茂たちは病状ごとに対応するので容易ではなかった。だが、病院船での救護業務に比べれば、心身共に楽な勤務といえた。

宿舎は日赤本社の指定した「かまや荘」というアパートで、病院から近くにあった。茂は四年前に社会看護婦養成所で学んでいたが、東京の街の風景はそれほど変わっていなかった。ただ女性の着物姿は減り、洋装の人が多かった。衣料事情の悪化や洋装が働く女性に便利だからだという。

国家総動員法が一カ月前に公布されていて、燃料と鉄製品、綿製品などの生活物資の統制下におかれ、国産品を愛用する時代に入っていた。防空訓練や盛り場の学生狩りなど、非常時体制が強化されて、戦時色に染まっていた。「贅沢は敵だ！」の標語が掲げられて、貴金属は店から消える。夜のネオンサインも女性のパーマネントに学生の長髪、和服、洋装まで取り締まりの対象となった。デパートでの年末大売出しも禁止される。灯火統制も厳しく世の中が暗い時代に入りつつあった。

大陸では激しい日中戦争が続いていて、杭州湾上陸直後、上海を占領した。年の暮れに南京を占領して、その半年後には徐州を占領した。茂が上京した直後である。秋から冬にかけてはバイアス湾に上陸し、広東についで武漢三鎮も占領した。日本の全国各地では提灯行列が華やかに行われ、勝利にわいた。戦意高揚のため、勝利に次ぐ勝利と景気のいいニュースばかり報道された。だが、茂は収容される傷病者を見て、大陸での戦争が長期化して、泥沼におちいっていけばいくほど、犠牲者の兵数が増加している戦況を薄うす感じた。

昭和十三年五月中旬にノモンハン事件が起こった。日本が中国との和平を苦慮している最中であった。関東軍とソ連軍が国境紛争から戦いになり、四カ月間、間歇的に戦闘を繰り返して日本軍が敗北した。このときの日本軍の犠牲者が一時的に急増した。記録では戦死八、四四〇人、負傷者が八、七六六名であった。その犠牲者を病院船が東京の晴海桟橋に送還した。

傷兵は地方の陸軍病院に入院させることなく、直接茂らの臨時東京第一陸軍病院の収容病棟に送られてきたので、対応に追われた。患者は首から上の顔面と頭部の銃創を受けた負傷者が、なぜなのか多かった。目から鼻や顎の損傷が共通したように見受けられた。

この非常事態に、茂は陸軍の衛生下士官、衛生軍曹の分任官助手として、庶務の仕事に当たらせられた。患者のカードを作り、看護日誌、病棟日誌をつけたり、入院中の軍人の給与支給などの多忙な仕事である。だが、病院船の救護業務に比べれば、それほど過酷だとは感じなかった。

茂はこの収容病棟で約一年間勤務した。社会看護婦の体験からか、約二十人の救護班の中で、船上勤務と同様に庶務を任され、何か特別扱いされているようでたまらない気持ちだった。

その後、茂は臨時の第十二外科病棟に配属された。中国での戦争が激化するにともない、病院内にバラックの仮設病棟が次々に急造され、日ごと激増する患者を収容して看護した。術後の患者が多く、それほど重症者がいないので、幾分勤務が楽だった。

日本赤十字社の斡旋した「かまや荘」の寄宿は看護婦だけである。食事は食堂で頂く。白米禁止令でご飯は七分づきになり、煮物は砂糖が配給制になり、味がしだいに薄くなる。カレーライスには肉がなく、天ぷらや刺身も食卓にのらなくなった。

代用品の竹制スプーン、陶製の鍋類、鮫皮の靴、鮭皮のハンドバッグ、木のバケツなどが出回る。同時に軍歌が流行する。茂は外科病棟の患者が熱海や伊東へ温泉治療へ行くとき付添った。民間人の服装は国防色の一色に変わり、世相の移り変わりを肌で感じた。

寄宿先から病院までは近くて便利だが、灯火管制下で、夜勤のときは暗い夜道を通うので心細かった。それもしだいに馴れていく。外科病棟勤務は病棟と宿舎との単調な往復で、軽度の患者の看護であり、病院船の経験を生かすことはできない。その単調さに茂は病棟勤務を辞めたいと思ったが、応召看護婦なので辞職はできない。茂は従軍看護婦として、やりがいのある現場で働きたいと願った。

昭和十五年（一九四〇）の初めごろ、陸軍省が中支那派遣の陸軍病院での看護婦長を募集をしていることを知った。茂は「ぬるま湯的な」臨時東京第一陸軍病院に三年近く勤務して、単調な生活に身を余し気味だったので応募した。婦長と書記に相談し、反対されたが、説得した。受験資格は日本赤十字社の養成所の卒業者で、病院勤務を三年以上経験した者である。茂は三年に少々満たないが受験した。

四月初めに三宅坂の陸軍省の庁舎で、試験が前後二度に分けて行われて、二十名合格し、十名ほど採用された。茂は合格して三宅坂の庁舎に呼び出され、合格通知と配属の南京陸軍病院辞令を受け取った。独身の茂はいつどこの激戦地へ赴任させられるかわからない。それならと、平和な内地勤務から戦火の中国大陸へ志願したのである。

茂は実家に帰り、両親に会って別れを告げ、東京に引きかえした。桜の花はすでに散っていた。政権は海軍出身の米内光政が内閣総理大臣に就任したばかりのころで、日本は仏印（インドシナ）に進駐する。日独伊の三国同盟を結んでいく。前年に日米通商航海条約を破棄し、米国は対日くず鉄の禁輸に踏み切っている。

十九　南京陸軍病院勤務を志願

茂は四月末、婦長試験に合格した同僚と在外勤務に出発した。陸軍病院は中国の江蘇省、安徽《あんき》省、浙江省、河南省、湖北省にまたがる中支那地域に分布していた。茂ら六名は南京で、あとの人は上海に五名、武湖に一名である。心強かったのは、日赤本社の学生時代の婦長と共に赴任できたことである。

茂たちは軍の輸送船で上海に無事上陸した。一、二泊してから上海勤務の五名と別れて、列車に乗って南京に出発した。そのころの南京は日本軍が占領して二年半ほど経っていた。三月に中国の南京国民政府が成立したばかりで、代理主席は汪兆銘であった。

南京陸軍病院はもと中国の名門・国立中央大学（南山大）の校舎、敷地を日本軍が接収して野戦病院に急造した。四階建ての実に荘麗な建物であった。見渡すと広い敷地内に幾つかの別棟が整然と立ち並んでいて、にわか造りの野戦病院と違って落ち着いたふん囲気を漂わせていて、実に静かだった。

入院の総ベッド数は千五百床と大きく外科、内科、伝染病棟、結核病棟、精神病棟などに分かれており、看護婦が数百人も働いていた。

茂たち六人は陸軍省の辞令を持参して本部に出頭した。すぐさま各病棟に分けられて、茂は外科の骨折病棟の婦長に配属された。そこは旧大学校舎の本部建物を利用していた。患者は銃創に弾丸が入った状態で、毎日入院してきた。南京周辺でも激戦が行われていた。

その頃南京には支那派遣軍総司令部が設置されていた。教育総監、陸軍大臣の要職を終えたばかりの西尾寿造大将が総司令官に、板垣征四郎中将が総参謀長に着任していた。中国全域の陸軍を統率指揮するためである。軍がいかにこの戦線の動向を重視していたかが茂にわかった。南京は日中戦争の大きな要になっていた街に思われた。

中支那派遣軍は岡村寧次中将指揮のもと第十一軍が南昌作戦、今村均中将の第二十一軍による南寧作戦が終わったばかりだった。さらに十五年五月から六月にかけて宣昌攻略作戦で、戦死傷者が増大した。そのため中支那各地の大小の野戦病院やその中枢の南京陸軍病院は、連日負傷兵が運び込まれて多忙をきわめていた。

茂たちは昼夜を問わず、休日返上で休みのない勤務を余儀なくされた。骨折病棟には大部分の傷兵が手足に被弾して入院した。軍医は弾の摘出手術の後、ギプスを用いて整骨処理を行い、皮膚の縫合後、病棟に入院させる。

茂は婦長として朝、六時に起き、点呼を受けて寮を出た。夜は十一時ごろまで病棟で勤務した。術後の患者に看護婦は食事介助から洗顔、散髪、爪切、爪の垢《あか》落としから体の清拭まで、すべて世話をした。その他に看護義務として検温や検脈、投薬、輸血などを多くの患者に行う。

勤務は日勤と当直の二交代制で、婦長は通常の看護業務の他に、病棟日誌や患者一人ひとりの病床日誌の整理がある。病床日誌は患者の恩給などの基になるので、検査表一枚もおろそかにできない。茂は忙しくて昼食や入浴も最後となった。

宿舎は旧大学の学生寮か職員の宿舎で、病棟から徒歩で五分と近い。温室などもあるいい環境だが、郊外の閑静な所にある病院で、周囲に民家はなく、中国の民衆に出会うことはないが、夜道を帰るのは不安だった。

朝は日の出が日本より一時間ほど遅い。秋や冬の六時起床のころは真っ暗であり、馴《な》れるまで暗い道の病院通いは心細かった。茂は今日の仕事は明日に延ばすのが嫌いなので、終わらせて帰ると、どうしても遅くなる。そうしないと仕事がたまるからである。睡眠時間は一日四時間と過酷な勤めだった。

病院は約五百床あり、一病棟に約百名の患者が入院していて、日中は銃創患者の手術が続いた。茂のいる本部には軍医がわずか四名で、軍医は百人の患者につき一人という厳しい状況だった。看護婦は見習を含めて二十余名で、衛生兵が十四、五名配属されていた。

茂は担当医の軍医が体が弱く、ときどき休むため、包帯交換など、軍医のやるべき仕事まで行うことになった。その軍医は手術室の空く日曜日を選んで仕事をしようとした。そのため「すみませんが日曜日に出勤してくれませんか」と頼まれる。断れないので、手術場の勤務者は全員、日曜出勤せざるを得なかった。

茂は婦長としての勤めの他に、約百八十人いる陸軍看護婦の教育担当婦長役を兼任させられていた。

そのため一般看護婦の指導的な立場で、業務計画を立てたり、講習の計画作りもし、個別の指導や相談にものらなければならないので多忙だった。

茂の担当は第五班で、二十数人おり、日赤出身の救護看護婦だけでなく、日本の一般の病院の志願した元看護婦、看護婦の資格を持たない見習いや助手もいた。茂はまだ二十六歳で最年少の婦長で、茂よりも年長者が幾人もいた。茂は教育担当婦長として、日赤で学んだり、体験した指導法をむねとした。

だが同僚婦長八人の中で最も若くて経験も浅い。〝お嬢さん婦長〟などと言われて可愛がられ、大切にされたが、気苦労があった。茂はときにはトイレに隠れて泣いた日もあった。そのころ茂はとてもやせていて、結核ではないかと疑われていた。

「あの人で婦長が務まりますかねえ」

と、院長が心配していたという。

各病棟には数人の衛生兵がいた。任務は入院患者の軍服の交換、経理部との接渉、食事の伝票づくり、飯上《めしあ》げ（配膳）などまで、患者の管理をする煩雑な仕事があった。幾分、衛生兵と看護婦の仕事の面で重複するところもあるが、看護業務の手伝いまではしてもらえない。ただ、原隊復帰前の患者が、使役といって、看護婦や衛生兵の手不足を手伝ってくれた。特に婦長にはずいぶん気を配っている様子が見られた。

余りにも銃創のひどい患者ばかりで忙しく、看護婦の中には忙しすぎて優しくいたわりの言葉ばかり言っていられなくなる。気が立って荒々しい態度で接するのも、茂には無理からぬことだと思った。

戦争が長びき、苛酷を極めるにつれて、原隊復帰の近い患者の表情は複雑に見えた。もう、病院船で見受けられた勇壮な戦士はいない。

「この体で故国に帰るのは死んだ戦友に申しわけない」

もはやそんな嘆きの言葉はもう聞けなくなっていた。茂には口にこそ出さないが、早く帰国したいと希う兵隊ばかりが目につくようになっていた。茂はこの猛烈に忙しい骨折病棟で、一年間、外出することもなく働いた。目を覆いたくなるような銃創兵が自分たちを待っていると思い、歯をくいしばって頑張った。

二十　伝染病棟での激務

茂は昭和十六年（一九四一）の春、骨折病棟から同じ南京病院内の伝染病棟に変わった。ここも人手不足で忙しく、赤痢や腸チフス、コレラなどの伝染病患者の看護に追われていた。同年十二月、茂がひとりで日記などの整理を医務室でしているとき、突然、ラジオから臨時ニュースが流れて、日本が米英と戦争状態に突入したことを知らされた。

茂はいろいろな本を読んでいたので、米国が大国で、経済が豊かであることをおぼろげに知っていた。中国と戦闘中にその上米英と戦うとは……日本は勝てるのだろうかと一瞬思った。日本軍は中国各地で戦闘していたが、その一部が南方攻略作戦へ参戦していく。各派の遣軍の主力は、中国の国軍及び共産八路軍と激戦を続けていた。やがて南方面の華々しい戦果を聞かされた。中国大陸では長沙作戦を初めとして、淅贛《せつかん》作戦、漢江上流地区の作戦、常徳とその西方での作戦、最後に重慶攻略の作戦などを次々行っていた。

伝染病棟にはまた抗生物質のペニシリンなどの特効薬はなかった。治療は輸液（点滴注射）と食事療法や絶対安静しかない。患者は高熱にて脳症を併発して、毎日のように死亡した。中国での一つの戦闘が終了すると、直後に大勢の患者が入院した。赤痢や腸チフスの患者は解熱後、腸内出血が始まって、看護婦は輸血に追われた。当時、輸血は医師が行うものだが、軍医不足で、婦長の茂がさせられたこともあった。栄養失調の患者や伝染病の患者が、一日に五、六人死亡し、死後の処置でも多忙を極めた。

秋に季節が移ると、夏に蔓延《まんえん》していた赤痢菌による赤痢やしらみなどが媒介《ばいかい》するチフス菌でおこる腸チフスの患者が急に減少した。どちらも激しい下痢を伴う病気のため、下《しも》の世話と水分補給などで容易ではなかった。劣悪な軍隊生活の中で、汚れた水や飲食物、ハエや手から菌が口を通して入り、感染した。便や尿に菌が含まれているので、看護者も感染の危険にさらされていたので注意した。

秋には流行性脳脊髄《せきずい》膜炎の患者が大勢発生し、入院してきた。けいれんや発作、激しい下痢を繰り返し、意識不明の重態にもなる恐しい病気である。患者は衰弱して死んでいった。一晩に八人も死亡する状態で、茂は人の死をこれまでより多く見るようになった。一日に七、八十回も下痢をする患者のおむつ交換を余儀なくされ、感染するのを恐れる暇もなかった。

ところが、不思議なことに、看護婦は誰一人、感染しなかった。病気の原因や感染経路、消毒法などの教育を受けて、知識が身についていたからであろう。院長や主任の軍医はいつも「看護婦で伝染病に感染するのは恥辱と思え」と言っていた。茂たちはマスクと前かけをかけ、ゴム長靴をはいて、気を張って看護していたからでもあろう。

茂が伝染病棟に転任して間もなく長身のT軍医中尉が赴任してきた。陸軍軍医学校を卒業したばかりで、茂より二歳ほど年下だった。T軍医はある日、赤痢病棟を回診したとき、結婚された皇室の茂子《しげこ》内親王の写真が掲載されている新聞紙が、患者の病床の傍に、大便の敷取り用として置かれているのに気付く。

「貴様ら、こんな不敬極まりないことをするな！」

T軍医は茂をにらみつけて、突然、烈火のごとく怒りだし、辺りを蹴りまくって怒鳴った。考えてみればその通りであるが、看護に追われる日々である。一日七、八十枚も使用する古新聞の内容をいちいちチェックしている暇などない。古新聞は内地から次々と送られて、敷取り用に使用していた。茂は今、軍医に何を言っても無駄だと悟り、聞き流した。T軍医は若くて気負っていたので怒るのは当然であるが、次第に病院の厳しい現状を見て、馴れてゆき、経験を積み重ねていった。

太平洋戦争に入ったころ、茂はT軍医の回診時に、顔が青くむくんで危篤状態に陥っている患者を見た。変だと気付いて記録表を確認すると、強心剤が規定量より多かった。T軍医のミスだが、記録を付けていた茂の責任も大きい。茂はT軍医と三日三晩付ききりで看護したが、患者は亡くなった。治る見込みのない心臓病の患者であったが、茂は申し訳なく悔いが残った。それからというもの、T軍医は何をするにも「婦長、婦長はいないか」と茂を捜し回るようになった。

T軍医は内科病棟も兼務していた。

「婦長、まだ仕事は終わらないかね」

と言って、夜遅くまで茂の仕事が終わるのを待っていて、茂を寮まで送ってくれるようになった。茂はT軍医と病院の衛門を出て、人気のない暗い夜道を帰る。そのわずか五分ほどの道のりが、心の安まるひとときになった。T軍医は軍医になったいきさつなどの身の上話などを語った。

「婦長、内地に帰ったら一緒に病院をやろうな」

ある夜の帰途、T軍医は言った。茂は彼の優しい言葉に心打たれて、感謝の念で胸がいっぱいになった。だが、はたして茂は生きて帰れるのか、そうした将来が自分に訪れるのかと、不安がよぎって複雑な思いだった。

茂は婦長として軍の尉官級の給与をもらっていた。本を買うぐらいで、買い物に出かける暇がないので、ほとんど預金していた。ときおり外出する人に日用品を買ってもらうほどであったので、金銭的には不自由しなかった。

病院の三階に図書室があり、本好きの茂はその蔵書の他に、市内の書店から本を購入した。パール・バックの『大地』やミッチェルの『風と共に去りぬ』などの原書を辞書を引きながら、わずかな時間に読書を楽しんだ。他に娯楽らしいものはない日々である。新聞を読んだり、ラジオを聴く暇もないほど忙しい勤務で、戦況を知ることもなかった。週に一回、婦長会があり、茶菓をいただくぐらいが楽しみだった。話題は業務関係のことで、病院外で起っている情報は互いに不足していて、話し合いになることもなかった。

病棟に入院している重症患者は、茂たちの出勤するのを待ちわびていた。やせ衰えて、枯れ枝のような手を差し出して、茂の手を握り、亡くなる人もいた。「天皇陛下ばんざい」と唱えて逝く患者は見かけなかった。ほとんど「お母さん」と叫んで亡くなった。お父さんや妻子の名を口走って昇天するなど、最期は肉親の名を言っていた。いくらお国のためと勇ましく出兵させられたとしても、本音を吐いて逝ったのだった。

体が回復した患者は、軽症の病棟に移されて、原隊への復帰を待つ。日中戦争の初期のころは、勝ち戦さが続いていた。回復した患者は元気になったらさあ、戦うぞという勇ましい表情を浮かべていて、頼もしかった。

だが、太平洋戦争に突入して、戦闘で負け戦が続出すると、兵士の元気な覇気は消え失せて、「故国に帰りたい」と願う者が多く見受けられた。原隊復帰が間近になるにつれて、

「手が思うように曲がりません」

「足が動きません」

「激しい頭痛がとれません」

などと、仮病とも見られる症状を訴え始めて、哀れであった。実際、リハビリなども充分ではないだろうし、傷の痛みなどの後遺症も残っているのかもしれない。仮病が軍医にわかり、厳しい懲罰を受けている兵の姿を見るのは、茂には何とも辛かった。

脱走して一カ月半ほど過ぎてから憲兵隊に逮捕される兵もいた。上海市で女性と二人でいるところを踏み込まれて、重営倉に入れられたといわれる。兵は原隊復帰が明日に迫って脱走した。同室の患者たちは、どうせ戻れば死ぬのだからと、病院側に報告しなかった。脱走兵をかばい、病院側の対応を見たかったのだろうと、茂は思った。

茂は婦長として監督の責任を問われ、厳しい叱責を受けた。南京総司令部にも出頭を命じられた。茂はこうした不祥事が起こるたびに、「もう戦争は終わりだ、日本が負ける日も遠くないな」と考えるようになった。

二十一　開封《かいふう》陸軍病院

昭和十八年（一九四三）の春、石本茂は中国の南京陸軍病院で三年間勤務した後、最前線の野戦病院とされる開封陸軍病院に転属された。ベッド数は約六百床で、常に満ぱいであった。茂はこの大病院の看護婦の責任者である専任婦長となる。当初は以前の蒋介石総統時代の河南省政府の建物を接収して、病院に転用していた。茂たち看護婦の宿舎も病院構内にあった。半年後、郊外にある英国人宣教師が建てた大学跡に移転し、野戦病院とした。外観は洋風建築で、内部は瀟洒《しょうしゃ》な造りであった。

開封は大黄河の南方流域にあり、黄塵のときは天を砂ぼこりで覆う。街全体が黄塵に包まれて、目を開けたり、息を吸うこともできないほどであった。窓を閉めても隙間風で食事のときはご飯や惣菜まで砂でじゃりじゃりになる。消毒した滅菌注射器も砂ぼこりで使えなかった。

イナゴの大群が襲来したこともあった。南京陸軍病院で読んだパール・バックの小説『大地』そのままの光景を体験した。それはある夏の夜、同僚たちと寸暇に宿舎の庭先でスイカを食べているときであった。遠くの方からザァーと雨が降るようなざわめきが聞こえてきて、満月だった空の一天が真っ暗く曇った。その直後、イナゴがバタバタと落ちてきた。しばらくしてイナゴの大群が去った。その後は見渡す限り、樹木の葉や草が食べつくされて消えた。広大な中国だけに、スケールの大きい自然の猛威を目のあたりにして驚いた。

開封は海州《かいしゅう》、徐州《じょしゅう》、鄭州《ていしゅう》を結ぶ鉄道隴海《ろうかい》線の沿線にある。日中戦争開始後、一年目の昭和十三年五月に、北シナ方面軍の第二軍の第十六師団師団長・中島今朝吾中尉によって占領された。占領後、四年経ても中国大陸は広いため、日本軍が五十万の兵力で戦って占領した地域は、鉄道沿線を結ぶ「点と線」に限られていた。占領地周辺では小ぜり合いが続いていて、中国軍のゲリラ部隊と衝突し、茂らの勤める病院には、主に中支戦地からの負傷兵が次々と運ばれていた。中支の傷兵は徐州の陸軍病院に送られるのが建前だった。茂たちは開封病院でも伝染病患者ばかり看護していた。このころ日本は、もう看護婦不足が限界になっていた。本来だと看護婦の養成期間は三年だが、二年に短縮されてきた。高等小学校卒業者の若い乙種看護婦まで配属させていた。こうした年端《としは》もいかない乙種看護婦も、戦争に敗けてはいけないと、野戦病院の苛酷な激務に耐えて頑張っていた。

開封に転属になったころから、日本軍の敗色が目に見えて濃くなった。入院患者は数年前の兵士たちよりも年令や体格も異っていた。かつての果敢な闘魂も活力も見られず、とても精鋭な陸軍兵士とは言えなかった。

銃創の部位を見ると一目瞭然で、戦況が読みとれた。弾丸はほとんど背から受けて、敗走する兵隊の被弾で、後頭部や背中、臀部、ふくらはぎなどに集中している。勝ち戦さのときは、前進姿勢なので、被弾は体の正面から受けていたからである。

病院前を通って朝出撃していく兵は勇壮な軍歌を皆で唱和して行進していった。だが、戦闘を終えて帰る兵隊は足を引きずって、隊伍は乱れていた。唱和する歌も「ラバウル小唄」で、戦場を離脱する兵士の弱々しい歌であった。「さらばラバウルよ、また来る日まで……」という軍歌である。街を歩く兵士も以前は立派な軍服姿だったが、今は継ぎはぎだらけのよれよれの軍服で覇気《はき》が感じられない。茂は兵士のそうした光景を目にして、

「やっぱりこの戦争は負けですね」

京都大学医学部の助教授だったS軍医に言った。するとS軍医は窘《たしな》めるように、

「そんなこと、内地で言えば憲兵に捕らえられますよ。婦長さん」

といいながらも「もう長いことないね」と相槌を打った。制空権は敵の掌中にあって、毎日のように上空をB29爆撃機が定刻に来る。そして日本軍をまるで嘲笑する如く低空で飛び病院に隣接している日本の飛行場を爆撃した。その飛行機は尽忠報国を願って、徴用された挺身隊員たちが苦労してアンペラで製作した張りぼて(張子で作った物)だった。茂は滑走路で炎上する友軍戦闘機の燃え方を見て、明らかにガソリン燃料の煙ではないことがすぐわかったからである。それは敵の目を欺くための偽装飛行機で、懸命に作った隊員たちはなんと哀しく情けなかったことだろうと、その胸中を思いやった。

日本は陸軍病院の建物が爆撃されないように、国際赤十字のマークを描いていた。一方ではありもしない張りぼての飛行機であるかのように見せて、爆撃を誘っている。茂は信じられないほどの日本軍のばからしさを見て取って、もう防空壕に入る気にもなれなかった。

敵の爆撃機は赤十字マークの陸軍病院だけを避けて、開封の軍用建築物や糧秣倉庫、被服廠を正確

に破壊していく。茂はじっと眺め、「やっぱり、祖国はこの戦争に敗れるだろう。このことはもう隠しようもない事実なのだ」と確信した。

開封の周辺はまだ日本軍に平定されているわけではなく、街はのどかな雰囲気さえみられた。市場は中国人の商人でにぎわっていた。病院に受診に来る中国人の元高級官僚やその家族もいて、茂たち看護婦がパーティに招かれて、出席したことがあった。

入院した傷病兵からも日本軍の劣勢なのが見てとれた。主力の精鋭部隊の現役兵が南方戦線に移動したこともあるのか、入院患者の大半の兵士は、三十歳代後半の予備役兵か、四十歳代の後備兵だった。そのためか、戦う前の単なる部隊移動による打ち身やねん挫、神経痛などのために受診する兵士たちもいた。茂には情けないと思われた。

二十二　帰徳病院

昭和十八年八月、茂は看護婦二十人と帰徳の野戦病院に移った。開封の陸軍病院に配属されて、約半年後のことである。帰徳は徐州と開封の中間にあり、隴海線の沿岸にある街で、開封陸軍病院の分院だった。帰徳には陸軍の騎兵旅団がおり、華北一帯を跳梁していて、共産軍撃滅戦が繰り返し行われていた。

総司令官の畑俊六大将とするシナ派遣軍は、全部で二十五個師団と十一混合旅団、戦車、騎兵各一個師団しかなかった。帰徳の騎兵旅団は、その騎兵一個師団の一部だった。茂たちはこの騎兵旅団の保護のもとに交流を密にしていた。だが、共産ゲリラの討伐戦に出撃するたびに、騎兵旅団は多数の戦死傷者を出した。茂たちが手を振って見送った将兵もその中におり、胸をふさがれる思いで犠牲者を迎えた。茂は日本軍の形勢が悪化してゆき、戦力が日に日に減少し、攻勢に打って出ることは二度とないだろうと、肌で感じた。前戦と後方を往復する兵士たちの姿を見て、あれでも兵隊さんですかと尋ねたくなるほど無気力で、不体裁なものに変わっていくのがわかった。一部の将校や現役兵以外は四十歳を越えた兵ばかりだった。主力精鋭の兵は南方作戦に転じていたからである。

茂はおよそ一年間、十九年の秋まで帰徳の野戦病院で働く。木造平屋の病棟が、幾棟かあって、ベッド数は百五、六十ほどか。兵士たちは開封と徐州を結ぶ鉄道の隴海線で、八路軍が爆破工作を起こすなどするたびに出動した。新聞やラジオニュースを聴く暇がないほど、救護に忙しい激務だった。十九年ごろに茂は軍医らから山本五十六連合艦隊司令長官が、ソロモン諸島上空で、米軍機に撃墜されて、戦死したことやアッツ島で日本軍守備隊二千五百人が玉砕したことなどを伝え聞いた。

そうした重苦しい戦況が続く初春、茂は同僚と久しぶりに病院に近い小高い丘を散策した。ネコヤナギの芽が膨らみ、桃の花が咲き、自然の美しさにこのときほど魅かれたことはなかった。故郷が懐かしく思われてありし日を忍んだ。茂は白衣姿で手折った桃やネコヤナギの花束を持って、写真を撮る。『紅そめし草の色――石本茂日記』(北国新聞社刊)に、茂が春の陽光を浴びて、まぶしそうに目を細め、笑みを浮かべている写真が載っている。丘の下方に白い西洋風の二階建てビルが見える。戦中だが、のどかな町の風景である。

昭和十九年七月十九日の朝、米軍のB29爆撃機の初空襲を受ける。突然の大音響と地響きで、茂の勤める伝染病棟が震動し、軍医の回診に付いていた茂は、一瞬のうちに床に吹き倒された。病院に隣接する日本軍の飛行場が爆撃されたのだった。

その日から満州方面にB29が連日のように朝夕、開封の上空を通過して時折、開封を爆撃した。制空権はすでに日本軍になかった。B29は低空飛行できて、日本軍の飛行場や軍事施設をねらって爆破した。開封野戦病院には国際赤十字のマークが描かれていたが、茂たち看護婦も死を覚悟した。どこへ逃げても爆撃を受ければ助からない。もう防空壕へはほとんど入らなくなった。昭和十九の秋、茂は帰徳病院に一年勤めた後、開封陸軍病院に転属になった。

二十三　開封陸軍病院に戻る

昭和十九年が暮れて、茂は昭和二十年を無事に迎えた。日本ではB29による本土爆撃が東京、名古屋、大阪と始まる。硫黄島が玉砕し、連合軍が沖縄上陸したとの報を聞く。茂は京大出身のS軍医と再会した。その目を見ると「いよいよお終いだね」と言っているように感じた。

茂は若い看護婦たちが、青春時代を何の飾り気もなく、ひたすら祖国日本のために献身してきたことを思って、涙がとめどもなくこぼれ、口ずさんだ。

火筒《づつ》のひびき　遠ざかる
あとには虫も　声たてず

吹きたつ風も　生《なま》ぐさく
紅《くれない》そめし　草の色

前戦から送られる患者の姿は哀れで、悲惨をきわめていた。栄養失調で体はやせ衰えて、ある者は腹だけ河豚《ふぐ》のようにふくれていた。髪や髭《ひげ》も伸びほうだいで、顔は青白くむくみ、生気がなく、目玉だけが異様に光って、虚空を見つめている。足を引きずりながら枯木のようにやせ細って歩いてくる。軍靴はほころび、戦闘で流血したきず口はどこなのかわからないほど、泥土がこびりついて干からびていて、茂は慰めの言葉をかけようにも見つからないほどであった。敗戦までの数カ月はそうした患者の看護で、またたく間に過ぎた。

二十四　終戦——捕虜生活

昭和二十年（一九四五）八月十五日、終戦を迎える。病院内の約三百名の職員全員が、昼に急きょ本部棟前の広場に集合して、病院長の森本隊長・軍医大佐の終戦詔勅の発表を聞く。

「戦争は終わりました。日本は負けました」

森本院長は震える声で語った。茂は予想していたが、ついに敗戦となり、茫然自失の状態に陥った。と同時に、名状しがたい情けなさがこみ上げてきた。戦争が終わったのだという一雫《ひとしずく》の安堵《あんど》感も覚えた。だが、これからどうなるのかと考えると、暗澹《あんたん》たる思いに駆られた。戦争に負けた国の軍隊や国民がどんな扱いをされるのか、中国各地の戦場に残された野戦病院や傷痍《しょうい》軍人である患者や看護婦はどうなるのか。茂は不安でならなかった。

「戦争が終わったとはいえ、今後、前戦からの収容患者はもっと増えるかもしれない。今まで通り緊張してそれぞれの職務に専念してほしい」

森本院長は職員らの心の動揺を抑えるかのように、語気を強めて言った。茂は森本院長の言葉を聞くのが精いっぱいで、天皇陛下のラジオ放送の内容がほとんど頭に残らなかった。

真っ先に神社が焼き払われて、病院内の軍関係の重要書類も焼却された。軍票一枚も残すなと指令された。

「いついかなる事態が発生しても、従軍看護婦の誇りを失うことなく事《こと》に対せよ」

上司から訓示を受けた。終戦詔勅は病院職員だけで、入院患者には伝達されなかった。しかし、一日過ぎると、全ての患者に知れ渡ってその日の夕方、「中国人から襲撃を受ける」との流言が病院内に飛び交い、皆の不安が募った。その夜は病院内で一夜を過ごした。

日本はポツダム宣言を受諾後、岡村寧次大将のシナ派遣軍総司令官は、終戦詔勅を受け取って、全軍にその旨を明示した。すべての作戦はたたちに停止された。その後は武装解除し、投降することになっていた。

ところが、中国軍隊は重慶の国民党軍と延安の共産党軍の間で衝突し、日本軍が巻き込まれたり、中国政府と関係のない地方のボスや暴力組織が各地でゲリラ化して跳梁し、日本は自衛行動（戦闘）をとらざるを得なかった。

終戦日以降も三週間以上も戦争が続き、負傷者や死者が出て、茂らは看護に当たる。九月九日、岡村大将は大本営命令特第一号により、派遣軍全将兵を掌握して、蔣介石政府軍に投降した。

重慶の政府軍が各地に進駐してきた。日本軍は地区ごとに武器や軍需品などを引渡して、収容所に入ったり、労役に服したりしながら、内地から帰還船が迎えに来るのを待つ。

だが、華北一帯では共産軍の八路軍の勢力範囲で交戦が繰り返されており、武装解除できず、戦傷者が出る。政府軍が来るのが遅れたためであった。やがて政府軍が北上し、進駐するにつれて、戦闘状態は減っていった。

「怨みに報ゆるに徳をもってせよ」

重慶の国民政府の主席の蔣介石《しょうかいせき》は、戦勝の自国民にそう諭したという。そのために報復を最も恐れていた日本の将兵は心から安堵の胸を撫でおろすことができたのだった。

茂たち看護婦も中国の軍医の指示で行動する。仕事の内容も身分も従来どおりで変わらなかった。新規の軍医は日本人の軍医に混じって患者を診療し、出すぎた行為はみられなかった。一般の人も外来に訪れるようになって、以前同様に忙しく、各病棟の入り口も外来患者で混雑していた。

茂がとても嬉しかったことは、病院で洗濯や掃除などの仕事に携わっていた、中国人たちの親分格の文さんの好意であった。文さんはこっそりと茂のところへ来て言った。

「婦長さん、逃げないと殺されるよ。私たち全員であなたを守るから、こちらへ来なさい」

茂は文さんたち中国人に、特別親切にしてあげたわけではなかった。わざわざ終戦直後に、茂の身を安じて声をかけてくれたのだった。だが、茂は看護婦九十人を残して、婦長の自分だけ逃げるわけにはいかない。茂はせっかくのご好意だが、首を横に振って、お断りした。文さんは一瞬、困わくした表情を浮かべて帰った。

その二日後、文さんは「欲しい物があったらいつでも連絡してほしい」という手紙をくれた。茂はもう殺されてもいい、という気持になっていたので、断ったのだった。

中国人軍医らの中に京都大学医学部を卒業した人がいた。彼はS軍医の名声をよく知っていて、出会えたことを喜んだ。S軍医のうわさを聞いた内科や外科などに配属された他の中国人の軍医たちも、こぞって教えを受けに来た。

外来患者は多く、医師の手がまわらない。待たされる受診者にそう言うと、「いや、婦長さんに診てもらえばいい」

などと言う患者がいたほどだった。頭痛や腹痛を訴え、薬も底をつき、仕方なく〝気の病い〟と思われる軽症の患者には、重曹などを投与した。その薬がよく効いたと言っては再診に訪れるので、多忙を極めた。茂たち看護婦はいつ本国に帰れるかわからなかった。ただ不安を抱えて帰国を待つよりは、忙しく働ける日々をよしと考えるしかなかった。

そんなころ、茂が驚愕したことがあった。それは西安に新規の看護婦養成所が設立されるため、日本人医師一名と看護婦一名を教師として出向するようにという話があった。専任婦長をしていた茂が選出された。ところが、選ばれた医師が嫌がって結核患者の空洞のあるX線の胸部写真を提出して、偽って配転を逃れようとしたらしい。茂は医師が嘘をついたので行かないですんだ。

病院食は敗戦前から食糧不足だったが、終戦後は特にひどくなった。食事は一日二食で、ご飯は米を捜すほどしか入っておらず、大豆や高粱《こうりゃん》など、現地で手に入る穀物ばかりだった。副食は毎日魚料理ばかりである。終戦直前に、大量の魚が糧秣庫に入荷したためで、煮たり焼いたり揚げたりした料理が続いた。

開封の現地軍が大量の豚を飼育していた。魚攻めの日々の後は、豚肉料理攻めが続く。ブツ切りの皮のついた豚肉のスープで、産毛が付いたままである。野菜類は入荷が少ないらしく、ほとんど口に入らないので、ビタミン不足で歯が全部浮いた。冬の間じゅう豚料理だが、嚙めないつらい状態が帰国する日まで数カ月も続く。

入院患者と茂ら病院関係者、新編成の練成隊員だけが残されて、病院勤務をしながら冬を越した。やがて食事は一日一食に減らされた。

二十五　本国に帰還

昭和二十一年三月、ようやく茂たちの内地送還が決定した。中国大陸は南方より本格的に春が訪れようとしていた。四月十五日ごろ、日用品さえ事欠くようになって、茂は腕時計を売って、買えるだけのびんづけ油と白と黒の糸や針などと交換してもらった。病院でただ一人、隊長の当番兵が外出を許可されたのでお願いしたのだった。捕虜の身でも女性として最低限の身だしなみを保っていたいと願ったからである。茂はそれらの品々を約九十名いる看護婦に分けてあげた。

その時計は当時、給料の一カ月分をはたいて買った、大切にしていたスイス製の腕時計だった。この時計は茂の三つ目のもので、前の二つの時計は病院船の勤務のとき、どこかに置き忘れた。高価な品ならなくさないだろうと思って購入したのだった。

開封から茂ら病院の職員と重症患者、練成隊、徴用された女子挺身隊員たち帰還者は、鉄道輸送されることに決まり、開封駅に行く。

列車は貨車で、一部は箱車だが、大部分は無蓋車だった。有蓋車には重症患者を乗せた。

貨物列車は開封から徐州を経て、南京、上海へと向かう。だが、途中でところかまわず停車し、運転を休止した。そのため一日で上海まで行けるのに、一週間ほどかかった。重症患者をいっぱい乗せた車中で、何人も死者が続出した。茂はその死者たちを充分埋葬できなかったのではないかと思われた。四月に入って日中の気温は高く、遺体を運ぶことはできなかったからである。

ようやく上海にたどり着くと、北支や中支辺りからの復員、引揚げ者が次々に集ってきていた。

シナ派遣軍総司令部は、中国政府軍に投降後、日本人の内地への帰還準備に取りかかった。約三百名の要員と中国側と交渉して、内地での受け入れ態勢を整えるために、先発させた。彼らは日本に帰還後、すぐさま博多や佐世保、鹿児島、その他の上陸地点に出張所を設立して、帰還者を受け入れる役割をになっていた。

昭和二十年十一月十一日、敗戦後三カ月過ぎて、中国の塘沽《たんくう》から帰還輸送の第一便が出航した。その後二カ月経た二十一年一月に、本格的な輸送が始まった。茂たちが上海から引揚げ船に乗船したのはさらに三カ月後であった。

上海までアメリカ側は徒歩で行くよう主張したという。その厳しい意見を中国側が斥けて、茂たちを鉄道貨車で輸送してくれたのだった。茂たちは、戦後の輸送困難な時代に、中国側は京漢《けいかん》、隴海《ろうかい》、津浦《しんぽ》、京滬《けいこ》などの幹線鉄道を動かして乗車させてくれたご好意に感謝し、生涯忘れてはいけないと思った。

もし、徒歩で広大な中国の開封から上海まで歩くなら、生きて帰れまい。一日一食の飢餓状態の中で、重病人を連れて帰ることなど不可能である。多くの病人の人々が死んでいくことになるのは目に見えたからである。途中、どんな災難に遭うかもしれないのである。日本人の帰還者の輸送は、鉄道や船舶も、軍、官、民がいっしょであった。茂たち病院関係者はそうした情況の中で団体行動を共にした。

上海や塘沽、大連の引揚げには、アメリカのLSTと、リバティー型貨物船が使われた。アメリカ軍が太平洋戦で、上陸用舟艇として使用した船で、約百隻である。日本の艦船はほとんど南方復員に使用されて、茂ら中国からの引揚げには、数隻だった。

茂たちは上海からLST型の船に上船した。それは日本海軍の上陸用舟艇と異っており、大型で数百名も乗れた。だが貨物船や客船と違って、船底に腰を落ろすと、身動きできないほど狭く、不自由だった。茂たちは着のみ着のままで、目立つ携帯用品物は一切なかった。

茂は終戦時に病院で持っていた私物の貴重品類は、全部まとめて売り払っていた、前にも記したが、その現金で糸や針、頭髪用油などを買った。いつまで中国に捕虜として置かれるのか、全く予想できなかったが、帰国が決まって、十着ほどあった看護服は全部捨てた。もう、二度と白衣を着ることはあるまいと思ったからである。引揚げ者は携行品の中から貴金属や時計、カメラ、薬品など、上海や塘沽・大連においても、すべて没収されたようである。

茂たちの乗ったLST型上陸用舟艇は、上海から揚子江を下り、東シナ海を経由して東進し、玄界灘をかすめて九州の長崎と佐世保港に着く。航路は茂が八年前に病院船「オレゴン丸」で往来していたころとほぼ同じだった。茂は月日が経って、当時のことが遠い夢のように思われた。船も船室や食事、乗船者の服装、顔の表情から人々の心までが、敗戦して、全ての状況が変わり果てていた。

佐世保港は昭和二十年十月に、G・H・Q（連合軍総司令部）より、引揚げ者の受入港に指定されていた。翌年の昭和二十一年十一月末、厚生省の佐世保引揚援護局が設置された。朝鮮、台湾と中国大陸から続々と引揚げてくる人々の収容施設が完備されていた。茂たちは桟橋から上陸した後、所定の手続きを行う。その後、収容施設ではなく、佐世保市内の寺院に案内されて、堂内に宿泊した。

茂は国に尽くすという使命感に燃えて、南京陸軍病院の婦長募集に応募した。満六年の間、懸命に使命を果たすため働いた。その後三年間、救護看護婦長として陸軍に応召した。茂はこの九年の歳月がなんと哀しく、はかなくて、なんと長かったことかと思った。茂は三十三歳になっており青春の若い血潮はとうに燃えつきて、せみの抜け殻のようであった。佐世保に上陸した時、二度と看護婦にはなるまい、白衣は着まいと心に決めた。

寺の境内で解散式が行われた後、茂は列車に乗って故郷に向かう。列車は古く混雑してすし詰め状態であった。動いたかと思うと停車し、再び走り出す。二日かかって米原駅にようやくたどり着き、北陸本線に乗り換えた。三日目に無事、石川県の小松駅に着く。長い道中で疲れきっていた。蓮代寺の我が家に戻り、両親の顔を見たとたんに、茂はわっと泣いた。互いに手を取り合って涙にくれた。

四月末で大陸より遅い春がやってきていた。故郷の草木の緑がひときわ目に沁みた。

帰郷後、数日して日赤石川支部に帰国挨拶に行く。日赤の看護婦は石川支部も入れて、中国大陸及び南方各地に応召し、多数の戦病者を出した。未帰還者がまだ相当残っているということを聞いた。未帰還者の多くは南洋の島々と中国奥地に従軍した人であった。その一部の人の中には、帰国直後に引揚げ船や復員船に乗って、看護業務を継続している人たちもいるという話であった。

茂は自宅で静養するため、あまり外出しなかった。日本に帰国直後、東京の世田谷では、〝米よこせ〟という区民大会が開かれていた。食糧メーデーが皇居に押しかける。闇市や放出物資、隠匿物資などの記事が、毎日新聞に載り、騒然としていた。五月下旬に第一次吉田茂内閣が成立した。茂は占領下の日本が、政治や経済、教育面や、社会や文化面に急速に民主化が行われていくのをぼんやり眺めて、体調を取り戻すよう暮らしていた。

六月の下旬に、日赤石川支部から呼び出しを受けて、金沢に出頭した。引揚援護局の仕事だが、経験者がほしいので、担当者は
「石本さん、班長として引揚げ船に乗ってもらえませんか」

と、いきなり言い出した。茂は従軍看護業務を終えて、もう、二度と白衣は着まいと決心したばかりである。それに復員して間もなく、正直言って、全く乗り気になれなかった。すでに旧陸軍の召集は解かれていて、従軍看護婦の任務は完了していた。ところが、復員後も日赤救護看護婦としての資格や身分は変わっていないのだった。

茂は帰国時、引揚げ船に世話になっており、戦地に悲惨な状況で残され、祖国に帰ることを待ち望

んでいる同胞が思われた。わがままは許されないので、断ることはできない。茂は心身共にまだ充分回復していないまま、任務を受けた。茂は石川支部で新規に編成された一個班、二十名の若い看護婦を引き連れて、福岡県博多の引揚援護局に出発した。

二十六　悲惨な引揚げ船

茂たちの任務は、中国大陸と日本の佐世保、長崎、博多を往復する引揚げ船に乗って、収容者を看護することであった。茂たちは米国製のリバティー船に乗って、約六カ月間、従事することに決まった。大陸の寄港地は葫蘆島《コロ》と上海である。コロ島は主に満州の新京と奉天に終結した人々の引揚げ基地である。そこは中国の遼寧省《リーオコン》西部、瀋山線《シエンシャン》の錦西《キンシー》から出ている支線の終点にある半島である。コロ島名は、形が葫蘆《ひょうたん》に類似しているので名付けられたという。

この島は戦前から遼東湾東部で栄えている大連港とならび、湾西部の不凍港として発展しつつあった港である。国民政府はソ連軍が満州を撤退するのを待った後、満州全域の日本人を三期に分けて引揚げする計画であった。茂の班は第一期で、昭和二十一年五月から十二月まで受け持たされた。

上海は、北、中、南シナ各地からの引揚げ者の最終集結地点であった。茂たちの航海は十五往復して活動した。どの港でも引揚げ者は全員が着のみ着のままの姿で、栄養失調のため、顔や手足がむくみ、目だけが異様に輝いていた。茂はその悲惨さ、無残さを痛切に目にした。茂は戦争のもたらしたもう一つの悲劇を見た思いがした。特にソ連占領下の満州(中国東北三省)からのロコ島難民の引揚げは、凄惨を極めていた。

略奪や暴行を受けて、使役された上に数十日から数カ月に及ぶ死線をさまよって山河を越え、飢餓に苦しみながら、命からがらようやく上海に辿りついた者たちが大半を占めていた。生きているのが不思議なほどやつれ切った哀れな人だった。道中、ソ連軍や中国の八路軍により、射殺されたり、飢えと過労で亡くなった人は数えきれないほどいたという。

昭和二十一年の秋、ロコ島から満州開拓団の民間人ら約三百人を船に満載し、内地に向かって帰国するとき、台風に遭遇した。立っていられないほど海が大荒れで、船は荒波の中を前進していた。リバティー船内の右舷の一角には、老人と子供、男性が主に乗っていた。左舷全体は女性たちであった。皆、激しい船酔いに苦しんでいた。救護する看護婦たちも船酔で働けない。茂は寝台から梯子階段を上段まで登り降りして、船倉付近の船室で看護に努めていた。

「大丈夫ですか。がんばってください」

茂は励ましの言葉をかけて、患者たちの容態を見て回っていた。上段から二段目に寝ていた女性が、体をゆすっても動かないので、脈を取ってみたが触れなかった。抱き起こそうと腰に手を差し入れると、下半身が血でぬれていた。すぐに死後の処置にかかった。他の女性はどうなのかと見ると、同じように腰の周囲が血液で濡れていて、七人も出血死していた。

瀕死の状態の人も幾人かいた。乗船するときは比較的元気な引揚げ者を収容したのになぜか。茂は不審に思えてこの一団の引率責任者に事情を尋ねた。その出血の原因は、乗船三日前に、妊娠中絶手術を受けさせられたためと判明した。女性は若い二十代後半から三十代の引揚げ者であった。不幸なことに在満中に強姦や売春などの事情があって妊娠させられた女性たちで、帰国が決定したとき、強制的、一括的に人工中絶をさせられた女性だった。集団堕胎術後、まだ三日目で傷口が治っていない状態で乗船し、台風の荒波に揺られて出血死したのだった。なんと哀れなことか。茂たちは死去した女性たちの死後の処置に追われた。

茂は戦争中、戦乱にまぎれて集団婦女暴行や殺人があった話は伝え聞いていた。勝ち奢った者が民衆に暴行や強姦、私刑が戦時中、日常茶飯事として行われた。日本の戦局が負け戦に変わると、これまでの報復として当然のように残虐行為となり、か弱い女や子供たちがその犠牲になったようである。

終戦後もなお非道な報復が行われていた。茂は心底から戦争に敗れたことにより、惨めさ、悲惨さを目の当たりにし、戦争を憎んで怨み、胸が悲しみでいっぱいになって泣いた。女性たちは一刻も早く祖国に帰りたかったに違いない。なんと痛ましいことかと嘆いた。明日、水葬予定の他の遺体と一緒にするため、茂は泣きながら血まみれになった哀れな若い女性の遺体を寝台から運び出した。

しけが収まった。茂たちは亡くなった女性たちの遺体を、他の死亡した人の遺体とともに水葬した。茂たちは母親を亡くした幼い子供たちを背負って、遺体が大海原に消えていくのをぼう然として見送った。

茂は第一期の引揚げ船が、コロ島から帰還する厳しい任務を終えて、昭和二十一年十一月に下船した。心身共に疲労困憊《こんぱい》していた。博多港の埠頭で「VH003」のリバティー船を振り返って見たときも、もう絶対に看護婦にはなるまい、今度こそ絶対に白衣を着まいと、心に誓った。引揚げ船も心なしか疲れきって見えた。

二十七　従軍看護婦の歴史

石本茂は従軍看護婦として、昭和十二年日赤から動員され、戦場へ向かった。すでに前の欄で詳しく記しているが、もう少し、従軍看護婦の日赤における救護班の歴史について述べてみたい。主に『従軍看護婦』千田夏光著（双葉社刊）を参照し、他に『看護史』や日本赤十字社の「赤十字情報プラザ」での資料等も参考にして、たどってみる。

日本は明治二十七年（一八九四）八月一日、清国（現・中国）に宣戦布告し、日清戦争が始まった。動員された将兵は十七万名であった。日赤救護班看護婦は六五八名であるが、直接に戦場へは行かないで、国内の各陸軍病院に配属された。

その中では日赤で養成された看護婦は十二名で、『従軍看護婦』の千田によると、軍首脳部は兵との風紀問題を心配して、「齢をとり且つ美貌でない者」を採用基準にしたという。その後、不足するため、この選抜の基準を廃止して、速成教育を行った。

日露戦争は明治三十七年（一九〇四）二月十日、日本がロシアに宣戦布告して始まった。このとき日赤救護班は初めて戦場へ従軍した。その数は日清戦争当時の七倍半で、二八七三名である。その内婦長を八十四名動員し、三月二十九日、朝鮮半島へ従軍した。この戦場進出の第一号の救護班は第九十九班だった。その後、朝鮮へ二班、満州へ二十三班と増員し、合計二十五班となり、将兵九万余名の救護に当たった。

翌明治三十八年十一月二十四日に、救護班看護婦は帰還した。日本病院救護従軍看護婦で、病院船に勤務した総数は二千二百名だった。世界の情勢では、日本だけでなく、軍国主義への傾向を強めて、富国強兵への道へ突入していた。

明治四十三年（一九一〇）五月、日本赤十字社条例が出た。次のような内容の条例である。

「日本赤十字社ハ救護員ヲ養成シ、救護材料ヲ準備シ、陸海軍大臣ノ定ムルトコロニヨリ陸海軍ノ戦時衛生勤務ヲ幇助《ほうじょ》ス」

内閣総理大臣桂太郎（陸軍大将）、陸軍大臣寺内正毅大将、海軍大臣斎藤実大将の副書付きの勅令で、日本の軍事機構の中に組み込まれていったという。そして第一次大戦後の大正七年八月二日に始まったシベリア出兵へも、日赤は三班の救護班を派遣した。第一と第二班は婦長二名、看護婦二十名であった。第三班は婦長一名に看護婦十名で、ロシア軍のエーゲリシエト陸軍病院を接収して、開設した陸軍病院に配属された。

出兵将兵は七万二千名で、戦死者が千三百八十七名、戦闘による外傷者が二千六十名であった。

日本赤十字社看護婦養成所規則には、

「養成所卒業後二年間、日赤病院ニ於テ勤務シ、爾後《ジゴ》二十年間ハ、身上ニ何ノ異動ヲ生ズルモ、国家有事ノ日ニ際セバ、速《スミヤ》カニ本社ノ召集ニ応ジ、患者看護ニ盡力《ジンリョク》スベシ」

とある。そのために結婚して子供が生まれても第二次大戦のときは、子供や家族を置いて従軍した。夫も赤紙が届いて、夫婦で出陣した人もいたという。厳しい義務であった。

（『従事看護婦』頁二十一、二十三、二十五、二十七、二十九、三十九）

石本茂は支那事変が昭和十二年七月七日の夜、北京郊外で、日中両軍のこぜり合いで起ったとき、七月二十六日に召集令状を受けた。『従軍看護婦』によると、陸軍省小泉親彦医務局長が、日赤徳川家達社長へ戦時救護班出動の指示を出して、八月四日までに約二百名の動員を命じたという。出動する第五師団が山口県、岡山県、鳥取県の出身の兵隊で編成され、第六師団は兵庫県と大阪府出身の兵隊で編成された。そのためか、日本赤十字社は、右の県の日赤支部へ各一個班の戦時救護班の急速編成と動員を命じた。看護する従軍看護婦が同郷の方が親身になれ、情が交《かよ》うのではとしたのだろうと、千田は記している。茂は石川県出身のため、病院船勤務に動員されたのであった。日赤救護班の原則で、婦長一名、看護婦二十名、男性書記と使丁が各一名で編成された。茂は広島第一七三班で他の班と合計すると、三〇一班で、東京臨時第一救護班も加わった。

服装は紺の制服と紺の帽子に、水筒と雑嚢《ざつのう》であった。左の衿には、明治天皇の皇后・照憲《しょうけん》皇太后が愛用された桐の花と簪《かんざし》からデザインした衿章をつけていた。日赤看護婦は皇后陛下の股肱《ここう》（君王が最も頼りとする家臣）と意識づけされ、ひときわ誇らしげに輝いていたという、看護婦は衿章が一個で、婦長は二個つけた。髪は皆束髪と決められ、「婦人従軍歌」も作られた。「丸髷《まるまげ》崩し束髪結って、看護婦するも、こりゃ、国の為」と歌われた。これは日清戦争以降の規《きま》りとなった。

男の軍人は天皇の股肱とされた。戦後、照憲皇太后は皇族妃殿下と、他国の女性皇族にしか贈られなかった宝冠章を、幾人かの従軍看護婦に下賜した。勲七等の叙勲も高田免子従軍看護婦に叙した。

（『従軍看護婦』頁六十九）

石本茂は『紅そめし』と『紅そめし草の色――石本茂日記』を出版している。その題名は「婦人従軍歌」によっていると思われる。

「火筒《ほづつ》の響《ひびき》遠ざかる
跡には虫も声たてず
吹きたる風はなまぐさく
紅《くれない》 染めし草の色」

この歌を日赤の石本茂たち従軍看護婦は歌って、お国のために兵と同じく出陣していったのである。日赤は昭和十二年七月から昭和二十年八月まで、婦長を千八百八十八名、看護婦は二万九千五百六十二名従軍させている。陸軍が養成した陸軍従軍看護婦はどれくらい養成されて、従軍したのか、今だにその数を調べることは難しいと、『従軍看護婦』の三十九頁に、著者の千田夏光は記している。

（『従軍看護婦』頁二十二、二十三、六十九、九十七）

風紀問題では日赤救護従軍看護婦は、養成所時代から厳しく躾《しつけ》られていたことがある。それは「患者に白い歯を見せてはいけない」ということで、会話を固く禁じていたことであった。女として美しく見せてはならないというあまりにも非人間的なことで、気軽に兵隊と会話を交わすことはなかったという。

（『従軍看護婦』頁二十三、二十四）

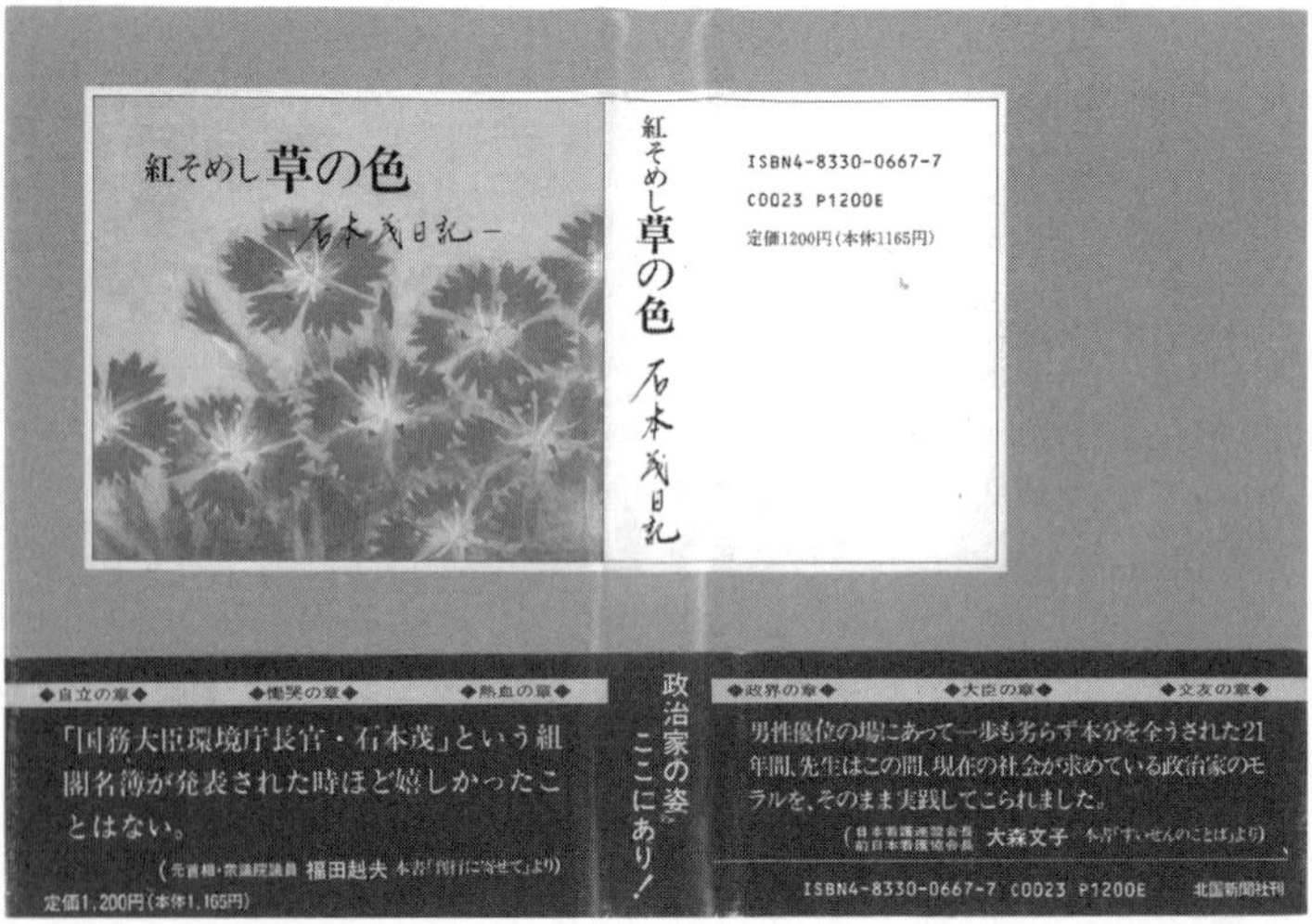

『紅そめし草の色ー石本茂日記ー』
（北国新聞社刊）

第三章　終戦後の看護人生

「国立山中病院総婦長（厚生技官）」

二十八　庶務課へ怒鳴り込む

茂は帰国して、戦後初めて故郷での正月を迎えた。日本は食糧難の苦しい時代だが、雑煮や正月のご馳走を味わうことができた。石川県は農業の盛んな地で、主な生産物は米であり、二毛作も行われていた。貧しくても海に近く、魚が豊富である。ブリやタラ料理で正月を祝う。茂はゆっくり休養しながら正月を過ごした。だが、戦後のつらい生活を強いられている家族を見ると、茂は働かないで、のんびり骨休めをしているわけにはいかなかった。

昭和二十二年一月に入って、日赤石川支部から、国立山中病院の厚生技官（総婦長）になるよう、要請されて、茂は否応なく就任した。茂は戦中戦後、二度と看護婦にはなるまいと、固い決意をしたのに、われながら意志の弱さに苦笑した。女学生のころは「看護婦さんになろう。一生を人のためにつくそう」と心に誓っていた。茂の人生は思春期に決定づけられていたのだった。戦争でつらい体験をしたが、看護の道しかなく、再び白衣を着て頑張ろうという気持ちに至った。

国立山中病院は石川県江沼郡の名湯・山中温泉地にあった。茂が勤めた任地には遠かったが、蓮代寺町の生家に近い。病院はもと海軍病院で、戦後も海軍の復員軍人が多く、療養していた。ベッド数は三百五十床あり、地方の病院としては大きい規模といえた。看護婦は約百人ほど勤務していた。

この年は大雪の日で、背丈ほど積もる雪道を出勤した。伊藤院長らが優しく出迎えてくれた。山中病院には救護看護婦として、北陸支部の五個班（石川、福井、富山各支部所属）が残っていた。

「婦長さん、よろしくお願いしますよ」

院長は英国風の紳士のような優しい口調の人で、戦中の軍隊式の話し方とは違う。茂は戦争が終わって、平和な時代になったことを実感した。院長は整形外科の大家として有名だった。

茂は着任して一カ月過ぎた日だった。

「こんな病院、見たこともないですよ」

茂は庶務課に怒鳴り込んでいった。一般の入院患者が増えて、病棟を増築して約五百床となった。復員軍人の療養患者の約百人を新築した病棟に移すことになった。そのとき看護婦に重いベッドや布団などまで運ばせようとしたからである。

茂は看護婦の仕事はあくまで病人を看ることだと考えていた。移室する場合でも病人に　付き添って、手を引いて移すことまでである。

「ベッドを運んでいる間、だれが患者を看るのですかね」

茂は病院内では、かねがね看護婦を単なる雑用係としか考えていない風潮が見受けられていて、この機会にけじめを付けようと思った。

「事務長は病院管理というものを全くご存じありませんね。ベッドの移動などは庶務の仕事ですよ。日赤の病院へ行って勉強してきてください」

事務長は戦時中、南方戦線で軍政官だった偉い人だった。だが、茂は怒り心頭に発していたので、事務長の高い身分など考慮せず、願わくば庶務課全員に聞こえるように、語気を強めて言い放った。事務長は突然の総婦長の怒気に驚いて、キツネにつままれたようにきょとんとした表情を浮かべた。

茂は着任してまだ日は浅かったが、看護婦の業務範囲を適正に確立することによって、初めて看護婦が安心して仕事に専念できると信じていた。ひいては患者のためになることだ。そうした考えを原点として、茂は生涯を貫いていく。「気の強い女に映ったでしょうね」茂は後年語っている。

看護婦の職責や自覚を確立するために、茂は次々と活動しなければならなかった。着任してしばらくすぎた後、看護婦から小使い扱いをされるという報告を受けて、茂は激怒した。金沢大学から赴任した放射線部長が、病棟付きの看護婦数人をまるで自分の小使いのように思い込んでいるのか、タバコを買わせたり、手紙を出してこいと、あごでこき使っていた。

茂がこれまでともに勤務してきた日赤の医師や従軍看護婦時の軍医には考えられないふるまいである。茂はすぐさま放射線部長を訪れた。

「先生、看護婦というものは病人を看護し、ときには診療を補助するのが仕事のはずです。私用に使ってもらっては困ります」

部長は茂の願いをそのときは黙って聞いていた。だが、後日、部長は病院中にとんでもないことを言いふらした。「どうせこの病院で一番偉いのは石本総婦長だからな」

医師と看護婦が互いに仕事を認め合うようになるまで、かなり時間を要するようだ。だが、負けて引き下がるわけにはいかない。茂は放射線部長と、医師や看護婦の在り方やけじめについてじっくり話し合った。

茂は看護婦の仕事と責任分担を明確にさせることが急務だと信じていた。そうした矢先、夜通し雪の降り続いた日の翌朝、夜間の業務報告を受けた。茂はかっと頭に血が上り、庶務課へ怒鳴り込んで行った。

大雪の中、婦長が亡くなった患者の遺体を背負い、看護婦が懐中電灯で婦長の足元を照らしながら、病院の裏門の脇にある深い雪で覆われた霊安室まで運んだと言うのである。本来なら運搬車（ストレッチャー）を使うのだが、大雪で使えなかった。婦長は庶務課の当直の男性二人に助けを求めたが、一向に来てくれそうにない。しかたなく、亡くなった患者を他の患者のいる同室に置くことはできないので、霊安室に移した。

「いったい昨夜の当直は誰だったのです。何の気になっているんですか」

茂は庶務係長にまくしたて、詰め寄った。

「遺体の消毒、医療機器の除去まではきちんと看護婦がやります。しかし、遺体の運搬、これは霊安室の鍵《かぎ》を管理する庶務の責任でしょう」

茂は総婦長としてなりふり構わずに、自ら医療はこうあるべきだと信じた道を歩いていた。

茂は病院を運営するには、医師や看護婦、事務部門と密接に連携し、協力し合い、意思の疎通を諮《はか》るのが肝要と考えていた。そのため自ら毎朝院長と事務長室へ必ず出向いて、前夜からの病棟の状況などについて報告した。当面の予定や課題などについても意見を述べ合った。茂は病院側から何も要求されなかったが、朝の報告を総婦長として自らの習慣にしようと決めて実行に努めた。院内で定期的に運営管理会議が開かれていた。茂は誰よりも一番多く発言したのではないかと言っている。

二十九　労働組合活動

茂が国立病院の総婦長に就任した初日、組合の支部長をしていた内科の医長に「会議に出るように」と言われて出席した。会議では組合問題が討議されていた。茂は労働組合とか闘争とか言っていることが全く理解できなかった。

当時、国立山中病院が療養所になるという国の方策があり、組合は療養所化への反対運動の真最中だったのである。全日本国立医療労働組合（略・全医労）は、労働界の民主化運動の一角を担うものとして生まれて、戦後、活発に行われていた。

三月十日、東京の国立第一病院の四階で、全医労の全国大会が開かれる。茂は代表として出席するようにと支部長に言われて上京した。なぜ代表に選ばれたのかわからなかったが、戦中に国立第一病院に勤めていたからだった。

労働組合運動に加わった理由は、茂が目ざした看護の道で病める人労《いたず》ける人や看護職者を守るためであった。茂が生きる道は唯看護の道しかない。婦長としてその責務を果たすためなら、たとえ組合活動であれ、入って頑張るしかない。茂は国立山中病院に赴任して、その後、三カ年勤務する。実際に婦長として看護業務に携ったのは半分ほどの期間である。あとの半分は労働組合に加入させられて、組合の活動に忙殺されていく。これまで経験したことのない組合活動なので、勉強を余儀なくされる。茂は停滞するよりも前向きに生きることの方が生まれつき性に合っていた。

茂は労働組合の運動には抵抗がないわけではなかった。何もわからないので、新たに勉強をしなければならない。かつて茂は看護の道を目ざして、日赤の養成所で学んだ。卒業後は看護の現場で働き、患者や医師と接しているうちに、医療と看護について、さまざまな問題が見えてきて、疑問に思うことや不満を感じることがあった。そうした問題への意識が確実に育っていた。茂は自分の考えを整理して、組合で問題を提起し、解決していけばいいのではないかと思った。

茂は自分の意志を反映させていくことで、看護婦の地位や労働条件を向上させて、安心して働ける看護の現場を築いていける。組合運動がそのために役立つのであれば参加し、活動していくのもいいのではないかと考えた。

茂はいつの間にか、東京大会後、地区代表として療養化の反対運動の闘争委員とされて活動する。次に組合の東海北陸大会が名古屋で開催された。茂は婦人部長に推されて就任した。その後、全医労の中央執行委員に選出された。茂は病院の総婦長としての職務をおろそかにできないので、時間を調整して、組合の組織作りに懸命に邁進した。

東京の執行部からは繰り返し、上京するよう要請される。執行部にも可能なかぎり貢献しようと、病院の任務に精いっぱい励み、必死で働く。幼少時は体が弱かったが、成人してからは丈夫になり、健康には自信があった。

東京の執行部に詰めっきりで、厚生省と折衝したり、地方支部へ出張したりして、組合から給料を頂くことになる。夜は委員の会合があって、組織部長として出席した。組合の闘争方針、厚生省への要求事項、組合の組織の強化などの問題を討議する。茂は看護現場の立場から討論に参加した。

医療問題は山積しており、ある共産党員が、

「解決するには出血革命以外に道はない」と主張した。茂はその過激な発言に反論する。

「出血革命とはどういうことなんですか。今、われわれは大戦争を終えたばかりで、これから平和に生きよう、医療行政の欠点を正し、少しでも働きやすい医療の場をつくろうと努力している時ではないか」

「婦長さん、あなたはファッショだ」茂が共産党員に食ってかかると決めつける。茂は激怒して再び反論した。

「ファッショ（ファシズム・国粋的）だとか右翼だとか、そんな色分けなどどうでもいい。私は看護婦の地位を確立するためにここにきているのだ。病院職員の三分の二が看護婦だというのに、患者のために献身的に働いているその看護婦が、現状ではその存在価値さえとり挙げられることはなく、陽の当たらない境遇に甘んじている。それを改善しよう、地位と待遇を高めるために労働組合に参加して、できるだけのことをやってみようと考えているのだ。幹部に祀《まつ》りあげられ、それを引受けたのもそういう主旨を貫こうと思ったればこそなのだ。あなたがた医師や薬剤師、その他事務職にある方々にも

看護婦の不当な労働条件を認識してほしい。私の胸にあるのはそのことだけ、それ以外の思惑などうでもいいことなのだ」茂はつくづく心から愛想をつかした。

「これから山中に帰ります」言い放って席を立った。荷物をまとめて、東京の夜も更けるころ、全医労の組合から飛び出す。上野駅に着くと、信越本線の最終列車は発車した後だった。茂は駅構内で夜を明かし、始発に乗って帰宅した。昭和二十四年のことである。

この年は東京で自由労働者の仕事よこせ闘争が広まっていた。戦後史に残る人民電車事件・下山事件・三鷹事件・松川事件などが相次いで起きていた。官公労や新産別が結成されて、労働戦線が強化されていく。占領軍のマッカーサーが、共産党の非合法化を示唆するというような激動の時代だった。

茂は久しぶりに国立山中病院に戻った。

「よく帰ってきたね」伊藤院長は笑顔で茂を迎えてくれた。伊藤院長は厚生省から、再三、厳しく勧告され、

「総婦長の石本を辞めさせるか、それとも中央の組合から引き戻せ」

と言われて、困っていたのだった。そんなとき、茂が自ら戻ってきたのである。

茂は昭和二十四年の秋、全日本国立医療労働組合の組織部長を辞任した。二年にわたる闘争であった。茂には新たに県外の国立病院や連合国軍総司令部（GHQ）の名古屋軍政部、厚生省の医務局などから転任の要請が相次ぐ。

だが、茂は国立山中病院で総婦長として、職務に専念しようと決心した。それなのに「総婦長として来てほしい」と国立名古屋病院や仙台病院から求められた。大阪国立病院の看護学校からは、「教

務主任をしてみないか」と打診された。茂は山中病院で看護一筋に働こうと、舞い込む要請を次々断り続けた。

「あなたはこんな山中にいる人ではない。中央に出てくるべきだ」名古屋のGHQ軍政部の係官が訪れた。

「山中のどこが悪いのですか」

係員が茂を煽りたてようとしてなのか、真顔で説得した。茂は逆に反発して断った。

昭和二十五年の二月、厚生省の国立病院課・課長補佐官が訪れた。茂は病院の視察かと思った。ところが三日間滞在し、「どうしても本省へ来てほしい」と、茂は勧誘される。

「石本さん、そこまで言われたら考え直してほしい」

伊藤院長も補佐官の要請に答えるよう勧める。

茂は「今そんな気持ちになれない」と、頑なに意志を貫く。

「それでは頼むから本省へ行って断ってきてほしい」

伊藤院長は困った末、頭を下げて頼んだ。

院長の立場を考え、茂は上京して、厚生省国立病院課に出向いた。

「よく来てくれた。待ってました」小沢課長はにこやかに迎えてくれた。

「きょうはお断りに来たのです」

茂は直接に意志を伝えた。ところが小沢課長は茂の言葉など意に介さずに、今後の医療制度の在り方やそれに伴う国立病院としての役割などについて語り、すでに看護係長のポストまで用意していた。

「わたしはこちらに来るつもりはありません」

茂は課長がとうとう述べる合間を見はからって述べ、首を横に振った。

「なーんだ。やっぱり、女なんてくその役にも立たんもんだ」

課長は急に機嫌をそこねて吐き捨てるように言った。茂を軽蔑《けいべつ》したような眼で見下した。茂は冷静に応対していたが女性をばかにしたような課長の一言に、カッと頭に血が上った。

「それでは参ります」

ふと我に返ったときは返答していた。課長は微笑した。茂は課長の説得の作戦に乗せられてしまった気がした。翌日、茂は東京の皇居前にあるＧＨＱ本部へ出向いた。厚生担当少佐の面接を受けた後、合格して、厚生省勤務の認可を受けた。

茂は国立山中病院に戻った。だが、どうしても東京へは行きたくないと思うようになった。茂は向こう見ずで負けん気が強い。一方、優柔不断な面もあった。辞令を受けても、山中病院の総婦長として居続けようとしていた。

だが、後任の総婦長が間もなく着任してきて、すでに病院内に茂は居場所を失った。茂はあきらめてようやく上京の準備に重い腰を上げた。もし、あの日、小沢課長に出会わなかったら、茂のその後の人生は変わっていただろうと思われた。

「厚生省への栄転」

三十　厚生省での活動

昭和二十五年五月、茂は三年間余り、国立山中病院の総婦長を務め上げた後、厚生省の国立病院課看護係長に就任した。栄転と言えよう。計らずも全国十六カ所の旧海軍病院を療養所にしようとしていた厚生省にである。茂は全医労の組織長にまで祀《まつ》り上げられて、厚生省へ熱烈に抗議や陳情をし、目立つ存在になっていたようである。GHQの支配下にある厚生省には、やっかいで誠に困った過激な存在で、危険な人物と目されたのかもしれない。

一方では戦中の従軍看護婦長の経歴や組合での熱意や行動力が高く評価されて、戦後の復興に欠かせない卓越した人材として抜擢《ばってき》されたのであろう。

終戦後、五年経ても茂が厚生省に赴任した当時、東京の霞が関の厚生省は、空襲で一部が壊されたままの旧海軍省の建物とバラック建ての仮庁舎に入っていた。周囲はまだ復興には至らずビルが崩れて、レンガとがれきの山のままだった。近くには戦災を免《まぬが》れた大蔵省や文部省などの庁舎があり、遠くに国会議事堂が望まれた。茂は厚生医務局の国立病院課に着任した。

「わからないことはなんでも尋ねてほしい」

配属先の係長の席に着いたとき、上司や同僚らが優しく言ってくれた。茂は何一つわからなかった。

皆、戦後の新時代に対応した行政の整備に忙しく、他の担当分野まで構う余裕などなさそうに見えた。

前任者は数カ月前に辞職していた。何の引き継ぎもないままである。机上には全国の国立病院の名簿など、数冊の書類が置いてあった。茂は医療行政に関する知識は皆無であり、何をどうすべきなのか、全く分からなくて、途方に暮れた。

茂は毎日、他の職員の誰よりも早く出勤した。掃除を終えると、始業前に同郷の石川県出身の池森職員がおり、同郷のよしみで親切に行政実務を教えてくれた。先輩は元陸軍省職員で、課内では厚生省の生き字引きといわれた優れた人だった。茂は高齢の池森先輩に教わって助かった。茂は原議書の記入方法などの行政実務を覚えるには、多少の努力を要した。

国立病院の制度や運営、人事上などの行政実務について学び、猛勉強して収得した。労働基準法など、行政に関わる各法律は労務組合の執行部のころに勉強して、暗記していたので、容易に理解できた。

茂の隣りの席には、上級職員として入省したばかりの藤森昭一部長がいた。後に宮内庁の長官に就任する人物で、茂のさまざまな職務上の相談に応じてくれた。茂は過去の経験から制度上の問題点が見えてきた。最初に国立病院の総婦長制度の実務に関する意見具申から始めた。

三十一　総婦長制度の確立

全国には国立病院が百十余ある。茂は国立病院課看護係長として、それらの病院をすべて視察して回ることに決めた。着任当初から病院組織内での看護婦の位置付けが気にかかっていた。

日赤養成所時代は、病気は医者が診察し、病人を看るのが看護婦の仕事とされ、医者と看護婦は対等の関係にあると教わった。卒業後、日赤出身の看護婦は医師と対等の立場で仕事をしてきた。だが、国立病院での看護婦は、事務長や各科の医長の配下にあった。

茂は現場を視察していくにつれて、看護婦は総婦長制度とし、院長の直属として医者や事務職の各代表者と対等に合議して、病院運営などが行われるべきだと強く感じた。最初に行ったのは、国立療養所課との合同会議などに、総婦長制度の確立を提案したことである。国立病院の課長たちは、茂に各病院の婦長名簿を示して危ぶみ、首をかしげた。

「この中に、院長に直属して仕事のできる、そんな能力のある婦長はいますかねえ」

「看護婦だけで独立して、病院経営の責任分担をするなど、とても無理」

現役婦長も反対意見を述べた。茂は腹を立てた。医師の認識不足だけでなく、看護婦自身内にもなんと自主性の乏しいことかと嘆いた。

茂の新しい提案にはさまざまな意見があって、民主化しなければと、思い悩んだ。茂はなんとか現状を改革しなければ医療制度の近代化はありえないと思いつめて、必死だった。幸にして婦長の大半は日赤養成所を卒業しているので心強かった。茂は強気で臨み、説得した。

「みんな機会を与えればじゅうぶんやりますよ」

茂の新しい画期的な総婦長制度の提案は、五カ月後、省内でようやく認可された。そして全国の国立病院や国立療養所で採用されるという、大きな成果を打ち上げたのである。

「直接院長の指示によって就業すること」を絶対の原則だと茂は主張した。八月ごろに内規をまとめ、国立病院課長の許可を得て、三十余りある各関係課の事務次官室を訪ね歩いて、印をもらった。ようやく厚生大臣の承認印を得るために出向く。直接大臣に面接して書類を提出した。この段階に至る間に、茂が作成した原文はすっかり改竄《かいざん》されていた。だが、主旨の変更はなく、そのまま承認印をもらうことができた。

こうした困難な経緯《けいい》を克服して、茂の提案した国立病院の総婦長制度は同年十月に確立された。茂の最初に手がけた大仕事だった。省内の職員らは「アカみたいなことをいう」と非難した。「体制の手先、ご用組合みたいなもの」全医労の組合員らは酷評した。

「そんな色分けとかイデオロギーの預金元など、どうでもいい」と、茂は何を言われても気にしなかった。全医労の執行部長のころに意図した念願を実現する機会だと考えた。むしろ働く者の立場から行政上の問題を解決すべく行ったのである。印鑑を受けるとき、茂は身をのり出した。なんと大きな机を使っていることかと、内心思うほどの机であった。

茂には山中病院で、遺体を霊安室まで婦長が背負って、深い雪道を行った情景が胸に強く焼き付いていた。仕事と責任分担を明確にして、院長以下の掃除夫に至るまで周知徹底させる。病棟勤務の看護婦は病棟医の配下にあるのではなく、婦長の監督下にあり、婦長は総婦長の配下で働くことにしたのである。

三十二　厚生省での功績

茂は総婦長制度の確立の他に、厚生省に八年間在籍する間、看護婦の地位向上を目ざして、次のような業績を上げていく。

看護予算の確立、看護婦の業務提要の作成、看護婦養成所教員の服務規定作成、国立病院が共有する運営、業務システム、人事問題などの面での看護の改善などである。

看護予算については、これまでは医療予算の中に含まれていた。使い道は国立病院長の自由裁量に任されていた。そのため実質的には看護のための予算は計上されていなかった。院長は医療面を充実させるために使い、看護関係予算は切り詰められたりして、有名無実にされがちだった。茂はそれに反発、着任早々から看護予算の独立を訴え続けてきた。

昭和三十三年、医療予算から独立させてくれるように、大蔵省へ説得におもむく。幾度も足を運んでいたが、前年の暮れの予算編成のときは半ばあきらめていた。それが第二次復活の折衝で「看護関係予算」制度を独立させることが実現できたのである。

当初は三千万円と少なかったが、茂はこの予算項目を認可させたことは大きな意義があると、自負している。これは厚生省関連で唯一、復活したものである。省内でも「看護用品とは何だ」と問われるほど、地味な要求だった。

「今夜は酒を一升おごれよ」

課の同僚らは朝からはやし立てて、茂の労をねぎらってくれた。

昭和三十年代初めまでは、患者用の連絡機器はほとんどなかった。予算が獲得できて、ようやく病院に患者が看護婦を呼ぶ「ナース・コール」器が取り付けられたのである。茂は厚生省に八年間も最も長く勤務し、働く者の側に立って活動し、行政側の立場で制度改正を実現した。こうした得がたい二つの異った世界を茂は体験し、多くの知識と経験を積んだことで、自信を得ることができたと、後述している。

茂のもう一つの念願は看護婦の給与を上げることだった。医療現場の底辺を支えているのに低すぎる。せめて看護婦の労働に見合った賃金に引き上げたいと、労働組合の役員のころから望んでいた。茂は公務員の給与水準を決める人事院を訪れて、幾度となく頼んだ。

昭和二十八年ごろ、茂は関東地区にある国立病院の総婦長たちと協議会を立ち上げた。行政に携わる茂が人事院に説明しても効果がない。現場の看護婦が直接訴えた方が効果的ではないかと考えた。

「医者になるには金がかかり、従って給与もその分高くしてあげる。看護婦といっても単純労務者だから、給与が低くても仕方がないでしょう」

人事院の担当課長がそう言った。茂は彼の認識不足に腹が立った。怒りを覚えると同時に情けなさも感じた。

「給与はその労働に応じて払うべきでしょう。看護婦が単純労務者なら診療報酬が経験にかかわらず同一の医者もそうですね」言い返すと、課長は返答に困って言った。

「あなたはどこの病院の総婦長だ」厚生省職員だと分かると怒り出して、

「厚生省がこんな所へ一緒に来るな」と、どなった。

茂は給料の問題の他にも、前にあげた看護婦の業務提要の作成や看護婦養成所の教員の服務規定作成などに取り組んだ。厚生省内でしつこく言い過ぎたためか、あるとき医務局長から注意を受けた。

「あなたは非常識なことばかり言っている。少しはわきまえなさい」

茂は局長の言葉など全く意に介さないで、

「非常識が正当で正義にかなうものなら、私はあえて非常識をやっていきます」

病院の改善に向けて自由に活動し、功績を上げた。

「国立国府台病院総婦長」

三十三　職員の啓蒙から始める

石本茂は厚生省医務局課看護係長職を辞任して、昭和三十三年（一九五八）七月、千葉県市川市にある国立国府台病院の総婦長として着任した。病院は明治五年に、大阪の陸軍教導団兵学寮が移転して、患者を収容し、陸軍病院として発展した。

昭和十三年に戦争神経症の患者を受け入れて、一般科の他に精神科を併設する総合病院になった。全国に百十ほどある国立病院の中で最も規模が大きく、ベッド数は約八百床で、職員も多かった。

ところが、病院の経営面では昭和三十年代全国で最高の赤字続きの病院の上に労働運動が盛んで、厚生省を悩ませていた。初代と二代の総婦長は過激な組合員に突き上げられて辞任に追い込まれた。茂は厚生省で国府台の総婦長後任者を選ぶために奔走したが、誰もなり手がなくて困り果てていた。病院の窮状が広く知れ渡っていたためであろう。誰も病院の立て直しに赴く者がいないので、茂は自分が行くしかないと決心した。厚生省医務局課の仲間は「なにも苦労しに行くことはない」と、心配して反対し、思いとどめさせようとした。

茂は厚生省勤務の九年目を迎えて、一応成すべきことを終えた。それに毎日、惰性的と思われる業務に、行き詰まりを感じていた。誰も行きたがらないのなら、自分が行こう、行ってみようと思い、医務局長に申し出た。

「あなたが苦労して勝ち取った看護用品費予算をこれから各病院に配るのもあなたの仕事ですよ」

そう言って引き止めにかかった。

「苦労しに行くだけなのになあ」他の上司たちも茂を思いやってくれる。

「うまくいかなくてもともとですから」茂は説得されればされるほど意地になって言った。

茂が着任早々、病院の労働組合員は連日のように組合ニュースの号外を発行して配る。茂は歓迎の意味なのかなと、気にかけないでいた。ところが、号外の内容を読むと、「天下り人事だ」と、茂を激しく非難するものだった。院長は温和で、白髪の人格者であった。

組合員は本省から乗り込んできた茂が、意のままに病院を操って、組合員を締めつけるとでも思ったのか。茂は過激な連日の非難の号外攻めにあって、かえって発奮した。病院改革こそ自分に与えられた任務で、使命だと思った。

病院内の看護体制や全体の運営、管理体制を調べると、旧態依然のままなので、茂は愕然《がくぜん》とした。茂が厚生省時代に熟考して、全国の国立病院に通達し、普及させたはずの業務指針や看護の考え方が、ほとんど伝わっていなかった。茂は己の指導能力のなさに、改めて失望させられた。病院は高台の森の中にあって、江戸川を一つ越えただけで、最も東京に近い所なのに、なんということだと思った。

茂は親方日の丸的な甘えた考え方をやめさせて、古い病院の運営や管理体制、看護体制を改革しようと決意した。

茂は厚生省時代、八年間培ってきた行政能力をこの現場で具現する〝フィールドワーク〟のまさに格好の機会だととらえた。茂は毎朝、山中病院で実施したように、院長と事務部長を訪ねて、病院運営をめぐって話し合った。病棟ごとに管理会議を開催させて、茂は呼びかけていった。

「親方日の丸の考え方ではダメです。ベッドを常に満床にしていくにはどうしたらよいか互いに知恵を出し合いましょう」

経営陣は労働組合がいかなるものかも認識していなかった。組合幹部員は組合倫理にうとく、権利と義務の規律もよく理解していないで闘争していた。茂はそうした経営陣と組合幹部の板挟みの中で叫び続けた。

「看護の重さを知れ、看護の職務を守れ」

しかしその活動はいかに難しいことかを痛感させられた。ときにはストライキ宣言まで行って、院長以下の間違った労務管理意識の啓蒙に力を注いだ。

看護婦に対しては、まず手始めに看護懇話会、看護管理研究会などを新設して、週三日ほど、始業前の朝の自主研修会を開いて、看護婦としての職責の自覚を促していった。

三十四　不良組合員への対応

当初、病院内で〝不良〟のレッテルをはられていた、労働組合の過激な看護婦たちが少数いた。茂は看護婦の総責任者として話しかけたが、ろくな返事もしなかった。彼女らは何を考え、何に対して不満を抱いて闘争しているのか、皆目わからなかった。彼女たちにどう対応するかが、最初の難問で、頭を痛めた。

看護婦は病人を看護するので、勤務を終えると病院内のふろに入って、体を清潔にして帰宅する。ふろは銭湯のように広くて大きい。茂はふろ場で彼女たちと裸の付き合いをしようという妙案が頭に浮かんだ。茂は彼女たちが入浴するころを見計らって入った。話しかけると初めは心を閉ざして頑《かたく》なだったが、やがて世間話などに応じてきた。

彼女たちは看護のあり方などについて、真剣に考え、取り組んでいた。だが、前の総婦長が事なかれ的な古い考え方なので、反発しているだけだということに茂は気付いた。彼女たちのほとんどが、看護婦として見どころがあって、気骨のある秀れた人らだと知った。

茂は彼女たちの中から幾人かを主任に抜擢《ばってき》した。彼女たちは茂の期待にこたえて、水を得た魚のように、生き生きと各職場で、率先して働き始めた。この思い切った決断が功を奏して、茂は跳び上がりたいほど嬉しかった。一方、各病棟の婦長には厳しく接した。

「アヒルのようにしか歩けない私たちは、総婦長さんのお荷物ですね」

ある日、六十歳を過ぎた婦長が敬意を表しに訪れて言った。茂は今後、病院をどうすれば現状を改善できるかを考えてもらおうと、期待していたときである。

「申し訳ないと思うのなら、もう職をお辞めになったらどうでしょうか」

茂には当然のことのように思われて、歯に衣着せずに言った。その後、病棟の改革に足並みのそろわない六十歳を過ぎた婦長を説得して、二年間に三、四人辞めてもらった。何の仕事への意欲がなく、ただ従順なだけで、指導力や統率力に欠ける婦長らは、他の病院に転職してもらった。茂は非難を浴びながら、心を鬼にして厳しい判断を下し、病院の刷新に骨身を削った。気苦労が多かったためか、髪が真白になった。後年、鬼のような総婦長だったと、当時を振り返って思うことになる。

病院幹部間の書類回覧板に総婦長の押す印鑑欄が、下の方の隅にあった。茂個人のであればどこでもよい。だが、看護婦代表の総婦長である。茂は三カ月間、印鑑を押さなかった。

回覧板が総婦長室で止まっているので、庶務課の担当職員はほとほと困ったという。それ以来、三カ月して、事務部長の隣の欄に総婦長の欄が設けられて捺印した。茂はようやく看護婦の位置付けが明確になって、院内に行き渡っていくだろうと、内心安堵《あんど》した。

茂は看護婦の労働条件の改善について、各部署を訪れ、交渉して歩いた。そうした努力が実を結んで、ようやく病院での仕事が軌道に乗りかけて、茂は多少の自信と誇りを得ることができた。

あるとき労働組合本部の担当者が、こっそり病院を訪れた。組合員の看護婦たちに何やら焚《た》き付けるような不穏な言葉をかけ回っていた。

「あなたのしていることはただ騒ぐだけのゴマのハエのようなもの。目ざわりだ」

茂は追い返したので、後日、ひどく非難された。

三十五　従軍看護婦長の講義

石本茂総婦長が着任する三カ月前の昭和三十三年四月、筆者は国立国府台病院の附属高等看護学院に入学した。古い二階屋建ての大きな病院だった。昔は江戸川沿いに里見城があって、高台の森の中にあり、閑静な病院である。周囲には大学が多く、病院前の道路は市川駅から松戸市に通じて、店や住宅が並んでいた。近くの矢切には映画で有名な「野菊の墓」や「矢切の渡し」がある。

筆者は母親が不治の病に罹《かか》り、看護婦になって、少しでも役立ちたいと望んで上京した。病院は東京に近くて森の中のいい病院だと、叔母に聞いていた。叔父が傷痍《しょうい》軍人で入院したゆかりのある元陸軍病院であった。この病院が日本一大きくて、赤字経営の上、組合運動が激しい、最悪の病院とは露知らずに入学した。ナイチンゲール女史にもあこがれ、机上に写真を飾って、生涯を看護に生きようと、夢を抱いて福島から受験に来た。難しい試験になんとか合格した。厳しい寮生活と医学の勉強に慣れたころ、石本茂が総婦長として赴任して来た。上級生から病院の庭が、労働組合員の赤旗で埋めつくされたと聞いて、目をみはった。学院の教務主任が、組合に入らないようにと、朝礼で訓辞を垂れた。在学中の三年間、石本総婦長には職業調整や看護倫理の講義を受けた。うわさで従軍看護婦長だったという経歴を聞いて、衝撃を受けた。敬意を表して受講した。実に知的で、言動に無駄がなくてきびしく、威厳に満ちていた。早口で講義するので、聞き漏らすまいと必死に耳を傾けた。午後の授業が多く、居眠りやよそ見など、絶対にできないような、緊迫した教室の雰囲気であった。

先輩が入浴を共にして知ったのか、石本総婦長は質素で、手製の木綿の下着をつけていると、感心して言っていた。ナイロン製は吸湿性がないので、健康によくないからだという。少しも偉ぶらないで、誰にでもきさくに言葉をかけるので評判がよかった。

反面どこにでもひょっこり顔を出すので、うっかりしていられないとこぼす職員もいた。当時は勤務中でも他の職場の人が来ると、暇であればお茶を出して雑談したりしていた。のんびりした田舎的ないい病院で、噂話などが盛んだった。さぞかし仕事を怠けているように見られて困ったのだろう。病棟実習へ行くと、廊下でしばしばお目にかかった。いつも早足で、何か考えごとをしているのか、頭を少しかしげた姿勢で歩いておられた。目礼したが、親しくお話する機会はなかった。

ナイチンゲール女史（筆者所有）

石本総婦長が病院の立て直しに乗り込んできたことを知ったのは、後年、国務大臣に就任されてからお祝いに伺ったとき頂いた、『紅そめし』石本しげる著（北風書房刊）を拝読してからである。孤軍奮闘しておられるとは当時わからなかった。確かに婦長が数名姿を消し、ドイツ語を教えてくれた高齢の院長が退職した。病棟の主任の幾人かが、かつて不良組合員だったとは驚きである。

石本総婦長のおかげで、病棟実習ではよい指導を受けられた。

石本茂総婦長　前列右から５人目（筆者二列目右から 12 番目）

各科の医学書の看護法の講義は、日赤出身の婦長が多い。講義も上手で、熱がこもっていておもしろく、居眠りすることはなかった。看護体験に基づいた実例が多く紹介されたので、実にリアルで覚えやすかったからである。

　石本総婦長は昭和三十六年（一九六一）三月、国立国府台病院を辞職された。筆者が卒業する一カ月前である。そのため三月の卒業写真には残念ながら載っておられない。石本総婦長はその後、国立国府台病院での手腕をかわれ、厚生省の関東信越地方医務局看護専門官に抜擢されて、栄転していく。

　昭和五十七年筆者が文学の勉強を始めて、母校や病院へ見学実習へ行ったとき、精神科の婦長から、「病院が黒字になった」と聞いて喜んだ。洗濯などは院内で行っていたが、外注にしたり、病院を改革したという。人手が足りないそうで、見学実習に訪れたのに、精神科外来のパートナースにさせられて、二年間働くはめになった。人体解剖や精神科の電撃療法などがあるときは忙しいのに、見学させてくれた。医学は日進月歩しており、特に治療法や医薬品などが学生のころとは比べものにならないほど進歩していて、再勉強するいい機会に恵まれた。

労働組合はまだあって、組合員の看護婦が精神科外来に手伝いに来ていて知り合った。実に仕事熱心で、精神科の現状や患者さんの社会復帰に向けての活動に力を入れている後輩で、多くのことを教わった。後に母校の看護学校の教師となって、後輩の指導や同窓会の役員として活躍していた。精神科外来は受診者が多く、戦場のように忙しく、婦長とかけずり回って対応し、時折、外科や病棟のナースが手伝いに来ていた。病院が繁栄し、黒子に転じたのは、石本茂総婦長のおかげでもあろう。

石本茂に与えられた任務は、病院の経営の合理化と労働管理の是正だった。以来約二年半の間、厚生省と折衝するために幾度となく往復して、病院の立て直しに努めていた。厚生省で培ってきた行政能力を現場でフルに実行した。

「厚生省の天下り」と陰口されながら、総婦長として、信念にもとづいて、看護婦の労働問題や病院の改善に向けて自由に活動し、少しでも問題が解決するようにと取りくんだ功績は大きい。

当時、石本総婦長は日本看護協会の看護婦部会の部会長にも就任しており、活動していた。看護協会の建物が火災で焼失して、新館を建設するなど、総婦長の激務の中で、必死に兼務していた。その後も看護協会の会長に就任して、六年間も貢献していくのである。

「厚生省へ抜擢」

三十六　関東信越地方医務局看護専門官

厚生省が全国の国立病院の付き添い制の廃止と、週勤務時間数の四十八時間を四時間削減する方針を決定した。もしそういうことになれば、看護婦の仕事量が確実に増える。当時、重症の入院患者は家族や付添婦が看病していた。その上、看護婦の勤務時間数が短縮されるのである。それも厚生省では患者へのサービスを下げないで実施しようとしている。茂は国立国府台病院の総婦長のとき、相反するような改革にどう対処していくのかと、〝お手並み拝見〟というつもりで見守っていた。

ところが厚生省の関東信越地方医務局が、茂にその大役を引き受けてほしいと要請してきた。厚生省の坂本局長が省内や国立国府台病院長に働きかけていたのである。

「何がなんでも石本総婦長をこちらに引っ張る」

と、強引に言っているという。当時、局長は〝坂本天皇〟と呼ばれるほど、強い個性を発揮していた。国立国府台病院での任務が少しずつ改善の方向になりつつあった茂は難しい課題が多いことを承知しながらも、〝ひとつ、自分の力を試してみよう〟と、いつの日にか厚生省への転任を受ける気にさせられた。

昭和三十三年二月、石本茂は国立国府台病院を辞任して、厚生省の関東信越地方医務局へ転職した。

着任後二カ月間、看護専門官として、管内の六十六の国立病院と療養所を視察して回る。看護婦や看護助手、一般職員などの配置状況と業務内容を詳細にわたってチェックした。

茂はそろばんをはじきながら人員の再編成案を作成した。その結果、余剰人員の整理なども多少生じた。現状よりも手厚い看護業務を、限られた定員に課すことにはなった。そのため、看護婦らから、恨みを買って、損な役回りを演じたことになった。

茂は元の厚生省医務局、国立病院課へ戻って、看護課を併任した。半年後、坂本局長にベストと思う人員再編成案を提出した。一般の看護婦は一つか二つの病院勤めで終わることが多い。茂は己の半生を振り返って、どうして望みもしない新たな過酷な道を歩まなければならないのかと、考えさせられた。天に神様がおられて、それぞれの進むべき道を決めておられるとするならば、なんと忙しい心の持ち主の神様であることか。少々神様を恨みたい気持ちだった。

「国立がんセンター初代総婦長」

三十七　日本一最高の看護体制作り

茂は厚生省での難しい役目を果たして、ほっと一息する間もなく、国立がんセンターの総婦長職への話が持ち上がった。昭和二十年代の末ごろまで、死亡率の最高位にあった結核がようやく終息した。ところが、がんや成人病で亡くなる人が多くなった。厚生省はがんを撲滅するため、昭和三十四年八月、国立がんセンター設立の構想を発表した。

それ以来、厚生省と学会、医師会の間で、初めてがん専門の病院の設立の具体化を推し進めてきた。茂は国立山中病院と国立国府台病院で総婦長として頑張ってきたが、がん撲滅という大任を担う最初の病院で、しかも重要な総婦長職を果たして自分は切り盛りする能力があるのかと、疑問だった。

初めて構想を聞いたときは半信半疑で、この任務は自分には全く関係ないという思いを強く抱いていた。茂は厚生省と看護協会の仕事に忙しく、日夜励んでいた。四十五歳になったが、幸いにして健康で、疲れも覚えず風邪も引かなかった。医務局長が茂のところに日参して、総婦長になってくれるように説得に来る。茂は断り続けた。

「厚生省が理想通りのがんセンターをつくろうとするのでしたら、もっと若い人にやってもらうのがいいではありませんか」

「いいえ、十分な経験を積んだ人でなければ、とてもつとまりません。石本さん、頼みますよ」

医務局者側は断ってもあきらめなかった。坂本局長は、これまでの茂の数々の実績を高く評価していた。

「総婦長をやれるのはあんたしかいないよ」

と言い出す。周囲の職員の熱意と強引な勧めに、茂はそこまで買いかぶられて、固い決心もいつしかぐらつき、半ば屈服させられたような形で、総婦長職を引き受けた。

当時、がんはこれといった特効薬はなく、治療法も確立していなくて、不治の病とされていた。そのために入院患者をみるのは看護婦が中心となり、看護婦の仕事が重要になる。

「世界最高水準の臨床と研究を目ざす」

医師団は理想的な方針を打ち出している。実現するには建設する病院の敷地の確保・人事・莫大な予算など、難問題が山積しており、構想を発表してから二年の歳月が早くも過ぎていた。

「日本一の最高の看護体制を作り上げてみよう」

茂は挑戦する気概を抱いて、総婦長に就任することを承諾した。

昭和三十六年（一九六一）十二月、茂は厚生省の国立がんセンターの開設に向けての準備室併任となる。場所は以前、旧海軍医学学校及び附属病院だった、東京の築地にある施設をがんセンターとして再利用することに決まった。すでに改装と改築工事が急ピッチで推進されていた。

工事が終わるのを待っていられないため、年が明けて三十七年二月、総長の田宮猛雄日本医学会長と病院長の久留勝大阪大癌研究施設長と茂は、仮設がんセンター内の事務所に入った。灘尾厚相から正式に辞令を受けて二月一日に同センターの初代総婦長に就任した。久留勝病院長は金沢医大（現・金沢大）医学部の教授でもある。

「よろしくお願いします」

初対面の三人は互いにあいさつを交わした。山積する資料を前にして、がんセンターの運営や人事などについて検討を開始した。三人は互いに熟考し、練り上げてきた構想について語り合った。茂は看護方針などを説明した。

「看護に関することはすべて私に任せてください。購入する医療機器、機材の選定、許可もすべて担当させていただきます」

茂は願い出て、総長と病院長の了解を得た。茂は病院の必需品である医療機器や機材の注文作業を始めた。茂はベッド会社を訪れて、理想的な特製のベッドを注文した。入院患者は終日病で寝ていることが多いので、ベッドは特に重要である。従来のクッション付きのでは、体が沈みがちで寝苦しいと考えて、木製のベッドにマットレスを敷くことに決めた。そして手術の場合はベッドごと手術室に運べるものにした。

病棟内で患者を運ぶときなどに使用する手押し車（ストレッチャー）も、看護婦の体の幅より広くない新規格の車に決めた。廊下ですれ違うときなど安全でスムーズに通れて、迷惑をかけたり、事故を防ぐことができるからである。

病院内で使う各医療機器は、できる限り重複しないように、それぞれ同一製品とした。各医師は同じ機器でも、前の大学病院内などで使い慣れていたメーカーの製品を購入してくれるように、それぞれ要望してきた。だが、予算には限度がある。医師の意をすべて配慮してはいられない。茂は担当する専門職員と相談して、要望を絞り込んで、同一製品を選定した。当然、不満を言う医師がいた。

「これからはがんセンター方式に慣れてほしい」

茂はそう言って、説得して回った。

三十八　看護要員の採用

茂は人事について高いレベルの新しい看護体制を目ざすために、看護要員の採用には力を入れた。それは難しく容易ではなかった。最初に看護部門の中心要員となる八人の婦長を選んだ。茂は自身の改革を助けて働ける重要な人を選んだ。厚生省に勤務していたころ、優秀な人物だと評価し、目星を付けていた人たちに声をかけていく。志望者や医長たちから推薦された人は一切採用しないで、自からこれぞと見込んだ人材を選んで採用した。

看護婦は当初、百八十人を採用目標とした。前から全国の国立病院に、各地方医務局を通じて公募していた。約三百五十名の看護婦が希望してきた。茂は北海道から東北、上信越などの全国九地区で採用試験を行うため、庶務課長と一カ月間、飛び回った。がん専門病院では必要とされる重要な看護婦である。一度に採用するのは容易ではなかった。

入院患者は当時、不治の病とされて、死と背中合せに生きなければならなかったがん患者である。看護婦はそうした多くの患者であることを深く認識して、看護できる能力が要求されるだろう。そうした特殊な任務をおびたがんセンター病院なので、高いレベルの看護体制を確立しなければならないのである。

最大の採用のポイントとしたのは、現在勤務している病院のしきたりや慣習に染まり込んでいない人で、言葉遣いがきちんとしていて、いかなる状態の患者でも柔軟に受け止められる人であった。

茂はさらに熟考を重ねて、次の三つの条件を満たす看護婦にしぼって採用する。

一　看護の基礎教育をしっかり受けていること

二　人間的にしっかりしていること
三　三年以上、勤務経験を持つ正看護婦であること
茂は以前、厚生省で勤務したとき、全国の国立病院をつぶさに視察した。そのため応募者の履歴書を見るだけで、その人物の現在勤めている病院が目に浮かんだ。受けてきた養成所での訓練や看護の仕方をした人なのか、概略がわかった。履歴書であらかじめ予備知識を得て、各地区の厚生省地方医務局の面接会場へ向かった。

面接に臨んで、最後の採用の決め手は、同じ学校や病院でも個人によって能力や資質が違うので、一日に数十人も面接した夜は疲れて、面接した人々の顔が次々まぶたにちらついて、眠れない日もあった。

茂は『紅そめし草の色　石本茂日記』では応募総数、三百五十名を超える中から、東奔西走して各地区で面接して、開院前に正看護婦を八十名採用したと記している。看護学校の卒業予定の新卒者の正看護婦は応募者百名の中から、がんセンター内で学科試験と面接をして、四十名を採用した。同じころ、看護助手を三十名（『紅そめし』石本茂日記では四十名）を採用した。合わせて百五十名で、外来と病棟の勤務をこなすためには、百八十五名の要員が必要とされる。主力となる看護婦は八十名そこそこである。茂は開院までの日々を看護婦や病院の職員探しに精力的に励んで、面接や採用を続けた。

そうした多忙の間、院長や各部長、医長、薬剤長、運営部の部課長が集まる病院管理会議があって、茂は必ず出席した。看護婦の職務分担について、最終的に詰めていった。さらに急務とされたのは総

婦長として、がんセンター病院での看護のあり方、高いレベルの新しい看護体制を築き上げるために、具体的な方法を立案することだった。

「正しい看護をしてください。そして疑問符の付くような言葉は絶対に使わないで、相手の目を見て話してほしい」

茂は最初、看護婦たちに厳しく訓示した。副総婦長と十三人の各病棟婦長も決めた。茂は幾度も会合を開いて話し合い、互いに意見を取り交わした。そして看護の基本体制を煮詰めていった。茂は三年務めた古巣である国立第一病院を訪れて、採用した看護要員を開院までの間に、実務研修を受けさせてもらった。がん患者の看護の様々なあり方などについて、茂も教示を受けた。

三十九　理想的な看護婦宿舎の建設

旧海軍学校と付属病院は、明治二年に建てられた古いものだった。病棟はその旧施設の床や壁を塗り替えた建物で、見かけ上はなんとか立派になった。

「六十のばあさんにオシロイを塗りたくったようなものだ」

久留院長は言った。茂は名言だと思った。看護婦宿舎もかなり老朽化していた。開院すれば激務が始まるので、茂は気をもんでいた。いずれ新築される予定なので、それまでの仮住いである。そうした矢先、新看護婦宿舎の設計に関する相談を受けた。茂は「全員個室制にしてほしい」と申し入れた。誰にも気を使わずに、ゆっくりと心身の疲れを癒《いや》し、なおかつ勉強のできる個室がどうしても必要である。

茂は富山の日赤養成所のころ、七、八人の大部屋の共同生活で、気疲れした経験を振り返り、個室を切に願った。特にがんセンターは、不治の病とされるがん患者の不安そうな視線を絶えず受けながらも平然と働かなければならない。看護婦はかなり緊張を強いられて、ストレスを受けるだろう。

献身的に看護した患者の死をみとって、辛く悲しく、一人で声を上げて泣きたいときもあるに違いない。茂は看護者をおもんぱかって個室を主張した。そして医学や広い教養を身につけるために、誰にも邪魔されないで思う存分勉強し、自身を磨いてほしいと、茂は望んだ。

看護婦宿舎を全員個室制にするのは、茂の理想とする念願であった。国立病院などでは婦長や主任が個室だったが、看護婦はまだ全国に例がない。茂は総長と院長に理解が得られるように、幾度も通って交渉した。これだけはどうしてもゆずれない。実現したい。がんセンターが全国の病院の宿舎の先駆けとなって広がっていってくれたらという、願いも多少あった。

翌年の十月、ようやく茂の夢は実現した。四帖半という少々手狭ではあったが、五階建ての個室が並んだみごとな看護宿舎が完成した。これも茂のたゆまぬ努力と熱意のたまものである。

四十　国立がんセンターの開院

昭和三十七年五月二十三日、国立がんセンターが診療を開始した。開院初日から大勢の患者が来院した。すでに開院前から待望され、「がんセンターはいつから診察を開始するのでしょうか」という電話が殺到していた。

開院されたと思って、上京した人もいた。ベッド数は二百床だが、五百床に拡張される予定になっていた。当初は予定した看護婦の数にまだ満たなかった。満床になり、さらに増築されれば、二百三、四十名の看護婦が必要なので、茂は採用に再び力を入れた。

茂は副総婦長や各病棟婦長と話し合って、患者の自主制を尊重しようという、看護の基本方針や看護のあり方も定めた。患者の体力が許すかぎり、自由に散歩や好きなことをしたほうがいいし、生きがいになる。がん患者を病気の中に閉じ込めないで、あくまでも患者の生活を大切にし、重視していこうと、開院前に決めて、すべて徹底させてスタートした。

ところが、開院して、予期しなかった出来事が幾つも生じた。茂は耳鼻咽喉科系の第一病棟を見て回っていた。喉頭がんで喉頭を全剔し、声が出ない患者が二十人ほど入院していた。患者が「看護婦にインターフォンを押して、用事を頼もうとしても応じてくれないので困っていた」と、便箋に走り書きして茂に手渡した。

「インターフォンのボタンを押しても、看護婦は〝何かご用ですか〟と答えるだけで、こちらまで来てくれません。私は声が出ないので、答えられないのです。しばらくすると看護婦は何もいわずに、インターフォンを切ってしまう。この部屋の患者は、みな同じ目にあっています。困っています。とても悲しい」

「申し訳ありません。看護婦に厳しく注意いたします」

茂は看護婦室に飛び込んで、患者の訴えを婦長や看護婦に伝えた。

「どうしてあなたたちは、病室に行ってあげないのですか」

「……あの患者さんたちは、なにもいわないんです。退屈で、いたずらでもしているのか、と思ったりしました」

一人の看護婦はそう答えた。茂は唖然《あぜん》とした。何を寝ぼけたようなことを言っているのか。第一病棟を担当しているのに、どういう患者が入院して、どんな治療を受けているのかも十分に把握していない看護婦がいたからである。


ある日、茂は病棟を見て回っているとき、中年のがん患者に呼び止められた。

「実は私も医者なので、ここの看護婦さんたちの仕事ぶりには、感心させられどおしです。手順もいいし、テキパキしていますし……」

茂はいい評価を受けてほっとした。

「だけど、どういうわけでしょうか、私が話しかけようとすると、視線をさっとそらしてしまい、用事が終わるとぱっと病室を出ていってしまうんです。総婦長さん、この病院では、看護婦は患者と口を利いてはいけないという教育でもしているのですか」

「注意不行届きで申し訳ございません。今後このようなことのないように気をつけさせます」

茂は患者にお詫《わ》びして、看護婦室に行った。患者が話しかけてきたら、誠心誠意、耳を傾けること、ちょっとした言葉でもいいから言葉をかけ、患者の話し相手になりなさい。それは看護の一つの仕事だと茂は言い続け、教育をしてきた。

あれほど言ってきたのに……と茂は残念でならなかった。患者から忠告を受ける前から気にかかっていたことである。なんとかしておけばよかったと、悔やまれた。看護婦は確かにみんなよく働いている。だが、ほとんどの若い看護婦が、何か思いつめたようなゆとりのない表情をしているのが気にかかっていた。

みんながん患者なので必要以上に神経を張りつめているのだろうと思った。こんな状態では、患者を励ますこともできないと案じていた矢先だったので、悔やまれた。

回診後、病棟勤務の看護婦全員を集めた。茂は今朝、病棟を歩いているとき、患者から注意されたことを話した。

「どうして視線をそらす態度をとるのですか」

茂は一人一人の顔を覗《のぞ》き込むようにして聞いてみた。だが、答える者はいなかった。

「私がそうしなさいとでも言ったんですか！」

茂は思わず声を荒げてどなった。

「こわいんです。自信がないので話せないのです。何か話してしまったら、患者さんががんだと思ってしまうのではないかしらと、心配で話せないんです……。患者さんが胃が痛いとおっしゃっても、私たちには、胃がんと胃潰瘍《かいよう》の痛みが、どう違うかなんてこともわかりません。それで、どうしても口が重くなってしまうのです」

一人の看護婦が言った。他の人もみんなこの発言に救われたかのようで、「わかってください」と言わんばかりに、茂を見た。

「私も同じです。これではいけないと思うのですが、やっぱりこわいんです。患者さんが何か私にいかけようとすると、慌てて時計を見て、次の用事を思い出したような振りをして、病室を出てくることもあります」

もう一人の看護婦が言った。茂は患者に話しかけられるのを恐れるあまり、逃げる方法まで工夫していることを知った。だから皆一様に顔が引きつったような、ぎこちない顔して廊下を歩いていたのかと悟った。

「あなたがたは、このがんセンターを自分で希望して入ったのではありませんか。自信がありません、こわいんです……などと、子供みたいなことを言っていて、そんなことで、許されるとでも思っているんですか」

茂は看護の基本である患者の接し方について、もう一度話した。自信を持たない看護婦は、患者に心の安らぎを与えられないこと、こわがっていたら患者の不安をつのらせるだけであること、そして、看護婦は医者からはもちろん、患者からも信頼感を得て、安心してお任せしますといわれる存在にならなければいけないこと……」

茂はしつこいと思われるほどくり返して話した。

四十一　がんの研究会

看護婦の恐怖感を除去し、自信をつけさせるためにはどうしたらよいのか。精神訓話だけではだめで、何か具体的な方策が必要に思われた。がんについての医学上の正しい知識を学ぶことが大切であろう。

茂は病棟単位で勉強会を開こうと決心した。手のあいている人は積極的に参加するように勧めた。医師も参加して、入院中の患者の具体例を引いて、看護の仕方などについて意見を交換し合った。看護婦を主体とする勉強会を最も応援してくれた人は、梅垣放射線部長だった。専門である放射線治療の理論や治療中の患者の経過などについて詳しく講義してくれた。久留院長も皆に呼びかけてくれた。

「自分だけの殻に閉じこもってはいかん。がんのように診断も治療も難しい病気に取り組むには、専門を異にする者が、できるだけたくさん集まって議論しなければいかんのだ」

さらに週一度、カンファレンス（研究会）も開かれた。手のすいた看護婦は傍聴して、より深くがんに関する知識を学んでいった。

みんな意欲に燃えていて、看護婦は懸命に頑張った。医師も朝の八時に出勤して、必死で治療に当たった後、夜は九時や十時過ぎと遅くまで病院に残って、熱心に研究に励んでいた。

茂は当時、東京都板橋区内にある蓮根団地に、大学生の弟と暮らしていた。がんセンターの勤務は朝の八時半から始まり、夕方は七時から八時ごろまで勤めた。その後、しばしば日本看護協会の会議に出席していた。看護部会長だったので、帰りが遅くなるときは、がんセンターの敷地内にある看護婦宿舎の自室に泊ることもあった。そのため弟とは朝食しか共にできなかった。

厚生省の看護審議会調査委員、文部省看護視学官も兼任していた。地方からの要請を受けて、会議や指導に方々へ出張していた。そのため、一日中、がんセンターで勤務していたのはまれだったのかもしれなかった。

「総婦長さんは、どこから給料をもらっているのですか」

などと、冗談を言う人もいた。

「さあ、どこでしょうかね。国じゃないでしょうかねえ」

茂も冗談でいい返した。忙しい日々で、方々へ出向いて、良かれと思ったことは、なんでも言って歩いていた。時には立場の違いから意見がかみ合わなくて、激しく議論することもあった。茂は言い争ったり、声高に怒鳴り合うことは人一倍嫌いだったが、避けられないことも生じた。

無事に病院が開業し、順調に営業が始まって、ようやく一段落した。茂はほっと胸をなでおろしていたころ、何か看護業務に対して、ご意見などあるのではないかと思って、院長室を訪れた。

「医師と仲良くやってください。大いに喧嘩《けんか》をし、大いに仲良くする。それが仕事を発展させるのに、いちばんいいんだ。総長も満足してますよ」

久留院長が笑って言われた。「大いに喧嘩をし」と言われて、茂も苦笑した。開院に向けての準備期間から、茂は院長や医師たちと、看護婦の役割分担などについて、よく対立し、激しく議論を交わしてきたからだ。

四十二　診療委員会

日本の医学界では、看護婦を雑用係か、医師の下働き的な存在と、長年みなされてきて、医師との役割分担が不明瞭のまま行われようとしていた。未だに多くの病院で、医師と看護婦、病理検査技師など、さまざまな職種の仕事の分担がはっきりしていない。茂は今後、明確にしたいと願った。看護婦の本来の役割は患者の容態を観察し、身の回りの世話、不安におびえる患者がいれば話し相手になって慰めてあげることだと思っている。

ことにガンセンターはがんという厳しい、不治とされる苦しい病気と、心身ともに闘っている、患者のための特別な病院である。茂は「高レベルの看護」も求められるし、病院側もきちんと対応し、報いなければならないと考えている。従来の旧態依然の馴れ合い的な医療を改善し、「医師は患者の診断と治療に専念して、看護婦は病人の世話を行うことに心をくだく」というけじめをはっきりつけてほしいと主張してきた。ところが診療委員会でもめる。

「患者の面倒については、私たち看護婦が責任をもって当たりますから、どうかお任せください。治療に必要な道具を運ぶ仕事は、看護婦がやらされてきましたが、これは本来、治療の仕事であって看護活動ではありません。ですから、医師がご自分で運んでください。もちろん、手のあいている看護婦は、お手伝いいたしますが……」

「そんなことを言われても、患者のことはわれわれだって診ているんですよ。任せろなんて、一体どういうことなんですか」

「医者がいちいち器具を運んでいたら、それで時間がとられてしまって、十分な診療ができないではありませんか」

「そんなことをしていたら、大勢の患者に手が回りませんよ」

「器具運びは、どんな病院だって、看護婦がやっています。患者を待たせてもいいから、私たちに雑用をやれというのですか」

「一日のなかで、何十人もの患者を診ていかなくてはいけないというのに、そんなことに割ける余裕もありませんよ」

医師側からこのような反論する声が上がった。茂の発言に目をみはり、戸惑っている表情の医師も見受けられた。茂は抵抗にあって、かえって度胸が座わった。

「重ねて申し上げますが、どうぞ看護婦を医者の雑用係とお考えになるのはやめてください。がん患者さんと四六時中、接しなければならないのは看護婦なんです。特にがんの患者さんは、容態の経過を十分に観察することがとても大切であるということは、先生がたがいちばんご存知のはずではありませんか。病気については、先生がたにじっくり診て、治療していただきます。病人については、看護婦がみます。どうか、この職務分担をはっきりさせてください。患者の面倒は私たちがみます。私たちを信頼してください……」

茂が幾度も繰り返してお願いしても、医師の多くは憮然《ぶぜん》とした面持ちで見返している。

「総婦長さんのご意見はわかりました」

しばしの間、診療委員会は重苦しい沈黙の空気に包まれていたが、竹田千里耳鼻咽喉《いんこう》科長が理解を示した。

「私は耳鼻咽喉科の医者ですから、私には首から上の治療しかできませんし、それが私の務めです。

患者が何を着て、何を食べ、いつ眠るかということまで、私には世話できません。おっしゃるとおり、診断と治療のほかは、すべて看護婦さんにお任せしましょう」

茂は竹田科長の〝勇気ある〟発言に救われ、果たして他の医師がどう反応するかと見守る。

「総婦長のおっしゃる線で、お任せしましょう」

田宮総長が決定してくれた。久留院長もうなずいていた。「医療と看護の分離」の基本方針は決まったものの、医師がこの原則を守ってくれるまではさまざまな混乱が生れ、開院後、三カ月を要した。

「ここの看護婦は、何をしているんですか！　病棟に行っても、何も用意していないじゃありませんか」

方々の科から茂に苦情が寄せられる。茂はそのつど原則に合わないことをはね返す。

「先生、ここはがんセンターです。ここの看護婦のやり方については、私が責任を持って決めています」

茂は主張し続けた。理解されずに、激論を闘わしたこともあった。そうした経緯を院長が知っておられて、「大いに喧嘩をし……」と言われたようである。

田宮総長はツツが虫病と細菌学の権威と言われている。人望も厚く、がんセンターの神様のように崇拝されていた。職員は全国から経歴や流儀も違う職員が大勢集まってきた新設の病院である。開院から順調に診療が行われているのは、田宮総長の大いなる人格と力量によるところが大きいと、茂は思って感謝していた。

「ちょっとお茶でも飲んでいきなさい」総長室に仕事上の報告に行くと言われた。

田宮総長は慣れた手付きでお茶を入れ、お菓子まで出してくれた。茂は勤務中ですからと、お断りするのは不調法に思えて、喜んでご馳走になった。

久留院長は胃や直腸のがん切除の手術にかけては、日本一の腕前で知られていた。八時半診療だが、毎朝、七時半に出勤し、自他共に厳しい医師としても名高かかった。若い医師は皆、畏敬の眼差しで眺めていた。

ある日、茂は院長室で、若い医師が当直の報告をしているのを見かけた。

「○○さんが亡くなられました」

当直室は久留院長から三メートルも離れたところから、直立不動の姿勢で報告していた。

「ただ死んだなんていうのは、報告じゃない。亡くなる直前に至るまでのことを、きちんと報告しなきゃ駄目《だめ》じゃないか」

久留院長は厳しく怒鳴りつけた。当直医は、緊張のあまり、声を震わせていた。説明の後、「そのときの処置は？」と院長は突っ込んで聞いた。茂は若い医師が不びんに思えて口を開いた。

「院長先生、あんなに震えているんですよ。ああまで厳しくおっしゃったら、酷じゃないでしょうか」

「医者にいろいろ聞くのは、私の役割です。これは教育なんです。酷だという見方はしないでください」

と、言われた。確かに院長ともなれば、多くの患者が入院しているので、患者の名前だけ報告されてもよくわからないだろう。詳しく病状や病気の経いを聞き、治療や処置などを正しく行ったかどうかを質問したのだと思い直した。

茂は秀れた田宮総長と久留院長と共に仕事ができて、本当に幸せであった。

「看護のことは、あなたに任せたのですから、思うようにおやりください」

お二人は茂の影になり日向になって、励ましてくれた。

四十三　医療と看護の分離実現

開院後、医師とのトラブルが生じた。「医療と看護の分離」の原則は診療委員会で承認されていたが、医療現場で実現させるまでには次のような苦情が茂へ舞い込む。

「ここの看護婦は、一体、何をしているんですか！　病室にいったら、牽引台も用意していないじゃありませんか」

牽引台の運搬をめぐり、整形外科医が総婦長室に怒鳴りこんできたのである。原則として「病棟や外来に治療器具を運ぶ運搬車はもちろんのことや治療に使う器材は、原則として医師が持っていくことになっているんです」茂は答えた。

「そんなもの、体裁が悪くて医者が持ち運べますか。ぼくのいた大学では、看護婦がちゃんとやってくれましたよ」茂は内心で、「それ、きた」と思った。

「先生、ここはがんセンターです。ここのやり方については、私が責任をもって決めています」

牽引台は重くて格好の悪い形であり、医師が運ぶと確かに体裁が悪いかもしれない、看護婦だって同じである。旧海軍の施設を改装しただけの病棟なので、廊下は狭くて床も平らでない。そのために運搬車は体の幅より広くない新しいのを購入したのだが、器具類を運ぶとガタゴトと音をたてて揺れた。それが体制悪いと言う。茂は冗談じゃないと腹が立った。看護婦は不自由な廊下を患者を抱えたり、運搬車に乗せて気づかいながら歩かなければならないのである。医師は器材や道具を運ぶだけではないかと思った。

「放射線科検査室の手洗い鉢のクレゾール液がきたなくなっているのに、誰も取り替えようとしません。看護婦に毎日、取り替えるように言ってくれませんか」

放射線科の梅垣外来部長が、検査技師長と総婦長室にやってきて言った。そこは看護婦が誰もいない科である。茂は管理外なので断った。すると梅垣部長が続ける。

「なんとか病棟の看護婦をこちらに回して、時々、クレゾール液を取り替えてもらえないでしょうか」

茂は頼まれて様子を見に検査室に出かけた。確かにクレゾール液はひどく汚れていて、消毒の役目を果たしていなかった。

「これは誰がお使いになるものですか」茂はわざと、意地の悪い質問をした。「もちろん、われわれ放射線科の人間です」

「それでしたらやはり、この手洗い鉢の取り替えは、お使いになるあなたがたがおやりになることです。この検査室を管理なさっている人が、入れ替えてください」

茂はきっぱりと筋を通して話し、お願いした。梅垣部長は納得してくれた。この件も解決して茂はほっと胸をなでおろした。

三件目の苦情も放射線科からだった。

「患者をガンマー線の治療室に連れてゆくとき、看護婦は患者を部屋まで案内しないそうだ。どうしてそうなのかね。ここの看護婦は気がきかん者ばかりじゃないか」

院長が医師からの苦情を受けたらしく、茂の部屋を訪れて、いぶかしげな表情を浮かべて言われた。

「その件でしたら、私の指示でそうさせているのですから、看護婦に責任はありません」

放射線科の医師や技師たちは、胸に放射線照射の防具を着用している。だが、看護婦は着けていない。看護婦は放射線の治療資格がないので、治療室に立会っても危険手当てが支給されない。そうした理由から患者を治療室の入口で、医師か技師に送り届けるようにしていると、茂は院長に説明した。院長は「そうか」と言って、帰られた。

次の問題は患者の採血をめぐってであった。病棟看護婦が入院患者を採血室に連れていった。主任検査技師が看護婦に採血するように頼んだ。

「でも、それは私の仕事ではありません」

その看護婦は断った。検査技師は、医療法で採血の資格を認められていなかった。茂は事情を聞いて、外来看護婦を一人行かせて、採血させた。

「これからは看護婦に採血させてほしい、そのための人員を確保してほしい」

主任技師に言われたが、茂は検査技師が検査に必要な採血をしてはいけないという法律そのものがおかしいと思った。茂は数日後、医療法を改正してくれるように、厚生省医務局に出かけた。幾度か足繁く通ってお願いし、晴れて検査技師の採血が可能になった。

これらの他にもたくさん苦情が医師側から舞い込む。直接病棟を取りしきっている各病棟の婦長は、医師と看護婦の間でさまざまなトラブルに対応しなければならなかった。

「ここの看護婦は生意気でどうしようもない」と、悪口をしばしば言われた。

「医師と看護婦は車の両輪のようなものですから、お互いに助け合ってやっていってください。お願いします」

ある日、管理会議で久留院長に茂は言われた。院長も病棟の医師からいろいろな苦情を寄せられていて頭を痛めていたのだろう。

「この場を借りて、各医長先生に申し上げたいのですが……」

茂は看護婦側の立場から発言した。

「確かに私たちは、車の両輪となって、患者さんのために力を出し合っていくべきものでしょう。でも、先生がたの中には〝さあ、車に乗せてくれ〟〝御飯を持ってこい〟という具合に、上げ膳、下げ膳が当たり前みたいなお考えのかたがいらっしゃいます。これでは両輪と言えるでしょうか」

「そりゃいかんですね。君たち、そんなことをしているんですか」

医師の中には院長に問われて、ばつの悪い顔をされている人もいた。


病棟婦長たちが最も頭を悩ませた問題は、医師の回診時間が医師ごとにばらばらなため、看護計画を立てていても、医師の回診に付かなければならないので崩れてしまうことだった。回診時間をきちんと決めて毎朝十一時までに終了させてほしいと、願い出て、改善してもらった。

茂は開院後の三カ月間、試行錯誤を繰り返して、ある程度の基本線を決めた。当初は看護婦数より医師の数が多く、看護婦の手を待っていたら仕事ができなかったため、医師の理解が得られ、異例の三カ月という速さで可能になったのである。

診療委員会や管理委員会で、茂の要望を直接に聞いて、初めは抵抗した医長クラスの人たちが、先頭に立って実行してくれたからであった。それに全国各地から医師が集まってきて、若い医師は「手弁当でもいいから、この病院に奉職したい」という熱意に燃えていた。そのため順応性に富み、がんセンターのやり方に従ってくれたのであった。

四十四　看護婦の低賃金

昭和三十八年（一九六三）の秋、念願だった看護婦宿舎が完成する。鉄筋五階建てで、台所とトイレは共同だが、四帖半一間の個室である。カーテンや電気の笠などは個人の好みにした。狭いが、全員個室なのは当時、画期的であった。

発足したとき、勤務が厳しいため、看護婦は独身者とし、全寮制だった。茂は激務の看護婦が誰にも気をつかわずに、十分休養して、静かに勉強できるだろうと安堵《あんど》した。

茂は厚生省の医務局の勤務時代と比べて、がんセンターの総婦長の給料は低い。役職につかない看護婦の給金はもっと低かった。多かたの看護婦は地方出身者で、夏の休暇で帰省するのに、親から旅費をもらっていた。ゆとりのある家庭では、月々、仕送りしている。

茂は看護婦が専門職を得て必死に勤務しているのに、自活できないのはおかしいと思った。茂は疑問を覚えて、五つの事業所の賃金表を取り寄せ、がんセンターの看護婦の賃金と照らし合わせて見た。

すると予想したように、一般の事業所よりもはるかに低かった。高校を出て三年間も看護教育を受け、国家試験に合格し、夜勤までしているのに、高卒以下の低賃であることがわかった。

「それは、声を大にして叫ぶべきですよ。どしどし書いてください」

茂は知り合いの新聞記者に話すと言われて、誌上に託して訴えた。だが、公務員である看護婦の給与体系を変えてしまうことなど、たやすく出来ることではない。なぜ近くのデパートやおもちゃ屋の店員よりも激務の看護婦の給与が低いのか、疑問でならなかった。茂は「いつの日か、看護婦の給与をあげさせなくてはならない」と、決意した。

そうした当時、悲しい事実が発覚した。ある病棟の看護婦が、銀座のバーでアルバイトをしていて、交通事故を起こしたタクシーに乗り合わせた。茂が事情を聞くと、生家が貧しく、日勤後アルバイトをして、仕送りしていたのだという。茂はもう少し給料が高かったら、夜のアルバイトまでしないですんだかもしれないと悔やまれ、悲しかった。だが、哀れんでばかりはいられない。

看護業務に心身を打ち込んでいれば、疲れて、夜のバー勤めをするなどできないはずである。深夜まで〝夜の蝶〟として働き、お酒を飲んで帰れば、休養も勉強もできず、本来の看護業務がおろそかになるだろう。総婦長として情状酌量の余地なく、院長に事情を話して、辞職させたいと願い出た。

「やむをえないだろう」と院長も同意した。

後年、茂は参議院議員に当選して、看護婦の給与を改善することに全精力を注いで、実現させる。がんセンター時代、一生懸命に働いても報われない、貧しい看護婦たちの姿が強烈にまぶたに焼きついていたためだった。

四十五　田宮総長の殉死

昭和三十八年（一九六三）七月、国立がんセンターの田宮猛雄総長が、がんのために亡くなられた。一年前の昭和三十七年二月、プレハブの仮設事務所で、茂は総長と久留勝院長と病院開設に向けて、運営や人事について検討を始めた。以来、山積する資料を前に、着々と準備を重ねて、無事に昭和三十七年五月二十三日に開院した。その後も順調に診療を行う上で、多大な問題を解決し、ようやく軌道に乗ってきて、ほっとした矢先であった。

「世界最高水準の臨床と研究を！」と、高邁なる精神を掲げて設立し、がん撲滅の大任を背負って奮闘し、自ら築き上げた病棟の一室で息を引きとられたのである。前にも記したが田宮総長は日本医学会長で、ツツガ虫病と細菌学の分野で、世界的に知られた著名な医師だった。人望が厚く、がんセンターの神様のような存在で、職員にあがめられていた。

全国各地から大勢やってきた職員を温かく受け入れて、最先端をいく国立がんセンターを無事に設立した。田宮総長の人格と力量によるたまものと思い、茂は尊敬していた。茂自身、看護業務を推進する上で、多くの理解や協力を得られ、指導を受けた。総長室に報告に訪れると、茶菓子で労をねぎらってくださる優しい総長であった。

病院の大黒柱であった偉大な総長を失って、茂のみならず多くの職員の心に悲嘆と、大きな衝撃を与えた。がん撲滅を捧げて先頭に立って歩み、そのがんに殉死されたと思われた。がんの恐ろしさをまざまざと知らされた。やがて茂は哀しみを乗り越えて、残された職員と共に総長の遺志を継いで、がん撲滅に向かって邁進していった。

田宮猛雄総長の後任には医学界の長老の比企能達《ひきよしさと》医師が選ばれた。昭和三十八年度、病院は経営上、二億円の赤字が出て、大問題になる。病院では予定ベッド数が五百床に対して、看護婦不足のため、三百床が限度で、二百床も空く状態であった。当然、赤字の原因としてベッド数を増やす問題が浮上する。

昭和三十九年の春、茂は厚相に呼ばれて出頭した。矛先が茂に向けられたのである。

「入院患者を増やすのはたやすいことですが、総婦長としては責任が持てません」

茂は厚相に自説を貫き、増床をきっぱり断った。茂は看護の仕事を守ることに懸命であった。それに看護婦の給与を適正にアップさせなければ、と切実に考えて決意していた。

四十六　池田勇人首相の入院

昭和三十九年（一九六四）九月九日、池田勇人首相が、がんセンターに入院した。東京で開催されるオリンピックが約一カ月と迫る矢先である。

比企能達総長は前もって病院の幹部を集めて、池田首相をどのように受け入れるかなどの対策を協議した。そして幹部に厳しく命じた。

「病院内でもここに集まっている人以外は、総理の病状について一切もらさないでほしい。報道陣には、私か久留病院長が会うことにします。病名については、当面、慢性喉頭炎と発表します」

茂は入院する病室の確保から始めた。当時、予定した四階の個室は満室であったためである。入院患者の病状を調査して、安定している人を捜した。もう一般病棟に移ってもらっても差しつかえない人なので、転室をお願いして、移ってもらった。

池田首相は集まった報道陣のカメラのフラッシュを浴びて、国立がんセンターの玄関に現われた。当日の写真には、長身で男前の比企総長がにこやかな笑顔で迎えられ、池田首相も満面の笑みで迎えを受けられており、健康そのものの、堂々たるかっぷくのよいお姿に写っている。花柄の小紋の着物なのか、白っぽい帯が映える満枝夫人も笑顔で、首相の後ろからつつましやかに付き添われている。

池田首相は鈴木善幸官房長官や伊藤昌哉秘書官、池田派議員ら十人ほどがすでに来ていて、病棟四階の特別室に入院された。茂は比企総長から首相に紹介された。茂は国立がんセンターの予定ベッド数が五百床なので、

「五百分の一の気持ちでお迎えしました」とあいさつした。

「それで結構です。お世話になります」

池田首相は大きくうなずかれて言われた。

茂は首相が病室に落ち着かれると、満枝夫人や鈴木官房長ら、付き添ってこられた人々を控室にご案内した。

「今日から総理大臣のお身柄はこちらでお引き受けいたします」

茂は改めてごあいさつを申し上げた。

「ご病気の治療は梅垣放射線部長が中心になりまして致しますが、お身の回りのお世話は、すべて看護婦が致しますので何のご用意もなさらないでいただきます」

茂はがんセンターの治療や看護の仕方を説明した。満枝夫人はいろいろと入院のご用意をされてこられ、病院の片隅に荷物が山積みされていた。茂は病室には一切の荷物や食べ物まで、すべて担当婦長と看護婦の許可を得るようにと、厳しく念を押した。茂は総理の療養を第一と考えて申し上げた。

入院当日、側近議員の一人が、無断で豪華なベッドを入れようとして、ドタバタした。病院には茂が病人に最善と考えて選んだベッドが備え付けてあるので、丁重に断った。持ち込みを自由に放っていたら、見舞いの品々で病室がいっぱいになって、総理はゆっくり療養できない。茂はなんとうるさい看護婦だろうと思われたかもしれないが、病院の入院規則を申し上げて、守ってもらう。

「アメ玉はいいかね」

「ゴルフはどうかね。ちょっとパターを使う程度だけれど」

などと、総理はいろいろと尋ねられた。

「食べものはのどに影響しますから、あめ玉一つでも、いちおう私のほうにおっしゃってください……ゴルフは困ります。お身体にさわりますから」

茂は総理大臣といえども特別扱いはできないので、厳しいようだが、言下に答えた。

「総理大臣としてではなく、一人の患者さんとしてお世話させていただきます。ですから、九時の消灯時間も厳守していただきます」

さらに茂は申し上げて、首相の側近や池田派の幹部もおられたので、病院の規則を守っていただきたいとお願いした。

翌朝、「池田首相国立がんセンター入院」のニュースが報道された。見舞客が次々と訪れる。だが、特定のかたのみとし、他の来客の面会は許可しなかった。お見舞の品々や差し入れも続き、満枝夫人がその都度相談に来られた。品の中には絹製の豪華な寝具やおしゃれな調度類もあった。それらの見舞品は、そのまま持ち帰っていただいた。

同日の朝、満枝夫人が大きな膳を抱えて、茂の総婦長室を訪れた。築地のなじみの料亭からの見舞料理であった。夫人は許可を得たいと言われたので茂は拝見した。小鉢や皿にいくつもきれいなごちそうが盛りつけられていた。だが、総理は今、検査中で、熱いものや冷めたいもの、のどを刺激するものは避けるようにと、医師から指示されていた。

「池田はこれが大好物なんでございますけど……」

お断りすると、夫人は残念そうに言われた。茂は玉子焼きだけならと許した。

「でも、先生の指示に従うのが、いちばんご主人のためになるのですから、もうしばらくご辛抱ください」

茂は夫人をお慰めするように申し上げた。

総理に特別な便宜を図ってさし上げたのは、新聞ぐらいであろうか。早朝出勤する看護者に依頼して、種々の新聞を買ってきてもらい、総理にお届けした。茂はたまたま政治家という職業のかただったので、一刻も早く新聞をお読みになりたいであろうと思って、とってあげただけである。特別待遇をしたわけではない。

茂はどんなことがあっても、いつも筋を通しておきたい性分である。社会でどのような立場にある人でも、入院した人は皆、等しく患者だとして看護に当たっていた。

総理の検査がほぼ終了した。入院して三日目、「口がさみしくて仕方ない。いつも晩酌でウィスキーなどを飲んでいたのですが」

総理が恨めしそうな眼差しで言われた。

「そうですねぇ。あめ玉ぐらいならいいですかね」

茂が申し上げると、にっこりされて、すぐさま秘書官に病院の売店へあめを買いに行かせた。

「いつもベッドでお休みになってる必要はございません。多少はご自由になさってください」

茂の言葉に、総理は病室内でゴルフの素振りを始めて、上機嫌であった。

病院では池田首相の病状をがんになる一歩手前の「前がん症状」と発表していた。だが、入院前に院長と放射線診療部長から、茂は末期の喉頭がんであることを知らされていた。池田首相は職員に不要な気遣いをさせまいとして、どんな指示でも快く応じてくれた。誠に優等生の患者で、偉ぶらず、いつも気さくに話しかけてくれた。

十月十日、東京オリンピックの開会式に、首相は外出許可を受けて、代々木の国立競技場へ車で行かれた。

十月二十四日、東京オリンピックの閉会式の日、首相は病室のベッドで、テレビをご覧になっておられた。

十月二十五日、首相は退陣声明を発表された。十二月五日、三カ月にわたる長い入院生活を送られて退院された。首相も満枝夫人もうれしそうな笑顔で、退院の朝、ごあいさつに来られた。

「ほんとうによくしていただきましてありがとうございました。どうぞ……」

満枝夫人は風呂敷から何かの品を差し出す。

「いろいろと固苦しいことばかり申しあげまして、どうぞお許しください。最後になってまた失礼ではございますが、私どもは、患者さんから一切、戴き物はしておりませんので、どうぞあしからず……」茂はお断りした。

「わかりました。私のほうこそ失礼申しあげました」

満枝夫人は一瞬、怪訝《けげん》な表情を浮かべられたが、そう言われた。

患者の世話をするのは茂たちの仕事で、特別なお礼など頂く筋合いはない。「ありがとうございました」と、一言だけで十分である。茂は山中病院に勤務以来、お礼を頂かない方針を貫いてきた。入院すれば費用がかかる。患者は病気のことで精いっぱいのはずである。お礼など余計な心配を避けてあげるのが、茂たちの職員の務めだと心得ている。

「ここの病院はいいですよ、お礼の心配がいりませんから、本当に気が楽です」

茂は以前、がんセンターの外来の待合室で、受診者が話しているのを耳にした。お礼の問題は、やはり負担なのだと悟った。基本的にはあくまでお礼を頂かないことに決めていたが、茂は例外として頂いたことがある。

山中病院に在職中、山奥の村から早朝、家族がおはぎを持参したときである。「夕べのうちに作っておきました。お口にあうかわかりませんがどうぞ……」という。茂は断りきれずに、有難く頂き、職員とごちそうになった。

がんセンターで、おばあさんがしわくちゃの千円札を出して渡されたときも、「いいえ」と言えないで、頂いた。この例外を除いて、茂はあくまでお礼を頂かないことを基本とした。首相夫人であろうと丁寧にお断りした。

四十七　池田勇人首相の訃報

池田首相は退院後八カ月余りして、昭和四十年八月十三日、東大病院に再入院した。茂が見舞ったとき、秘書官の伊藤昌哉氏が、

「今度はダメかもしれない」

と言われて、落胆されていた。その翌日の十四日未明に茂は池田前首相の訃報に接した。茂は「身柄をお預かりします」と大言壮語した。私服警官が大勢詰めかけて、物々しい三カ月で、もし事故でもあれば私の責任だと思っていた。ご無事に退院されて、ほっと肩の荷を下ろした。茂はその後、国立がんセンター病院を退職した。参議院議員となり一カ月、政治家として出発した矢先であった。

前池田勇人首相は享年六十五歳であった。経済政策への自信は強かった。

「経済のことは池田にお任せ下さい」

と国会で答弁した人である。

（『紅そめし』石本しげる著　北風書房刊）

オリンピック後、日本は景気にかげりが見え始めて、経済不況が本格化していた。この年小説家の江戸川乱歩が七十三歳で他界した。谷崎潤一郎は七十九歳、高見順は五十八歳の若さで亡くなった。朝報は朝永振一郎がノーベル物理学賞を受賞したことである。（『読める年表―日本史』（自由国民社刊）

第四章　日本看護協会への貢献

四十八　日本看護協会での活動

　茂は昭和三十七年春、日本看護協会の第一副会長に就任した。国立がんセンターを開院後、一年ほど経たころである。総婦長として激務の中、協会の活動にも力を注いでいた。

「総婦長さんは一体、年にどれくらい病院にいますかね」

がんセンターの運営部次長が冗談のように言った。茂は二年前の昭和三十五年から、看護婦部長も務めていて、各地の国立病院や看護協会各支部から研究会の講師を依頼されて、全国を講演して回っていた。

　勤務後も会議に出席し、夜遅くなると看護婦宿舎に寝泊りしたこともある。茂はがんセンターには年に半分ぐらいはいたつもりだが、「三分の一ぐらいですかね」やおら答えると運営部次長はにやっと笑った。少し皮肉まじりに聞いた。

「それで給料はどこからもらっているのですか」

「さあーどこからでしょう。国じゃないでしょうか」

茂はとぼけて答えた。茂は講演を受けて出張するとき、院長の許可や承認を得ていた。そのため内心では「文句があるか」と、舌を出していた。


日本看護協会は戦後間もない昭和二十二年（一九四七）六月に、社団法人として創設された。茂は看護婦になって、石川県支部が創設されるとき、当然のこととして専門団体に入り、副会長に就任した。厚生省に勤務を始めた昭和二十五年には、東京都支部の看護婦部長などを歴任し、協会看護婦部会の書記長を六年間務めてきた。

当時は戦後の混乱がようやく終息して、新しい医療体制の中で、看護婦の業務の確立や労働条件の向上が叫ばれ始めていた。

「看護を何とかよくしたい、何かにつけてだらしない現状ではダメだ。仲間の意思が結集すれば何でもできる」

茂は強くそう思い、確信していた。本来は声高に怒鳴り合ったり、他の人と言い争うことは人一倍嫌いだが、会合などで発言するときは、自然と力が入る。テーブルを叩いて熱弁を振るう場合もあったかもしれないという。

茂は何事も「万機公論に決すべし」を基本姿勢としていた。協会の第一副会長のころは、会議などでは専ら発言をよく聞くことに徹していた。全国各支部の支部長や書記長会議などでは、出席者全員に必ず意見を尋ねた。何か問題が生じたときや新しく事業を企画するときは、反対意見や不満を抱く人の話も聞き、会議をまとめていた。そうすることで、総意に多少不満な人でも最終的には納得し、積極的に全体の決定に従ってくれたからである。

当時、茂は厚生省の看護審議会委員や文部省の看護視学官、日本医師会の看護制度委員を相次いで委嘱されて活動していた。身も心も看護に情熱を燃やしていた。特に知恵や才覚などはないが、重責を果たすには、仲間や周囲の意見に耳を傾けてまとめていくのが最も肝要だと、自身に言い聞かせていた。こうした活動は看護を「より良くしたい」という一念からであった。

日本看護協会では、昭和二十二年に初代会長の井上なつゑを国会に送った。戦後、婦人参政権がようやく与えられた翌年である。井上参議院議員はイギリスに留学し、日赤社会看護婦養成所で、訪問看護制度などについて講義した。茂はイギリスの新しいシステムに感動し、井上講師を尊敬した生徒だった。

井上議員は戦後の混乱期に、いち早く看護婦の権利と育成を唱えて、一期六年間、奮闘した一代目である。だがその後、日本看護協会の議席は空白となり、昭和三十六年に林塩会長を立候補させたが、残念にも落選した。皆の悲願だった。

四十九　選挙応援

茂は林会長が出馬するとき、今度こそは必ず当選してほしいと願い、看護協会の第一副会長として選挙運動に奔走した。昭和三十七年七月の第六回参院選の全国区である。

茂は昭和三十年代前半は看護婦の待遇や労働条件の改善を目指したが、一つの試練の時代に思えた。昭和三十一年に国は行政の整理の一環として厚生省の看護課を廃止させた。正規看護婦の慢性的な不足、医療制度の改善などもいっこうに進まず、次々と問題が取りざたされて、厳しい情況にあった。

協会は看護に理解のある国会議員らに陳情や請願を繰り返してきたが効果は得られなかった。つづく政治的無力さを痛感して、「われわれの代表を国会に送ろう」という思いが募って、看護協会の林会長を再度推選した。

茂は講師として全国各地の講演会や研修会に出向した折、林会長への支援を呼びかけた。茂は国立がんセンターの総婦長だったので、庶務課長に辞表を託し、休暇届を出して、選挙応援に全国を回り歩く。選挙運動は不慣れの身であり、「途中で何らかの間違いをしてがんセンターの名を汚してはいけない」と考えた。「万一のときは茂という看護婦はとうの昔に辞めており、がんセンターとは関係ない」と言ってほしかったからである。

そのころ、厚生省の担当弁護士が訪ねてきた。国家公務員の身で選挙運動をしているので、少しは控えるべきだと言いたかったのか。茂は「協会の第一副会長として運動しているのです」と述べた。

「そこまで割り切っているのなら何も言いません」

弁護士はそう言って帰っていった。茂は立ち遅れている看護の現状を正して、医療体制の完全化を図るには、林会長を何がなんでも当選させるしかないと思い詰めていた。皆の必死な応援が効を奏して、林会長は約五十二万票を獲得して、初当選を果たした。

ところが悲願がかなって、喜びもつかの間、警視庁の捜査員らが、協会本部事務所に突然、家宅捜索に入った。茂は一体何事が起こったのかと、事務所から通報を受けて肝をつぶした。茂は他の役員に先駆け、参考人として事情聴取を受けた。最高裁隣の建物の一室には、押収された協会の会議録や書類が山積されていた。茂には検事のように見受けられる三人の男性が、厳しく質問しながら会議録の裏付けを取る。

後日、選挙違反の容疑が判明した。選挙運動中に、協会が都内で選挙対策会議を開いたとき、出席者たちに足代として現金を配ったことであった。茂はその会議については全く知らされていなかった。茂は「心当たりがない」と主張した。残念ながら当時の東京都支部長らが逮捕された。茂は痛恨の極みであり、政治活動に対する未熟さを思い知らされた。この不名誉な事件は全国へテレビや新聞で報道され、筆者も恩師の映像が流れて、衝撃を受けた一人である。

五十　日本看護協会の推薦で政界へ

昭和三十九年十月二日、第十三回全国看護学会を控えて、徳島県徳島市で全国支部長会が開催された。茂は部会長として出席した。ところが学会の諸々の連絡や打ち合せが目的と思っていると、突然、翌四十年七月の第七回参院選の全国区に向けて、候補者を擁立する議題が持ち上がった。事前に話がまとまっていたのか、各支部長から「石本部会長に」との意見が次々と出てきて、茂は驚がくして持っていた湯飲み茶腕を落としかけた。これは青天の霹靂《へきれき》だと思った。出席者から拍手が起こった。茂は「ダメです。嫌です」と言い、手を横に振り、断り続けた。

「石本さん、ちょっと部屋を出てください」

他の役員に言われて隣室に移った。そこへ林塩協会長が招かれていて、会長の立ち合いのもとで看護婦部会として、次期参院選の全国区の協会代表候補に推薦することが決定された。茂はすんなり受けたわけではない。茂はこれまで次々と意志に反して新たな進路を勧められて歩んできた。今度は政界である。我が運命を恨めしくさえ思い、悩まされた。この時ほど悩み、迷ったことはなかった。

得体の知れない政界に入ることに強い拒絶感を持っていた。政治には向かない性格で、決して雄弁でもない。たしかにこれまで職務上、いろいろな場で意見を述べてきたが、必要に迫られて、やむをえず話してきたにすぎない。

必死で看護をなんとか良くしたいと願い、厚生省などへ折衝や陳情に出向いて、要求してきた。茂は方々でまくし立てるので、弁のたつ者と思われてきたのかもしれなかった。政界に入れば、政策を自ら編み出して、推進していく逆の立場に回るのである。茂は迷った。

看護婦の賃金や権利が、専門職なのにあまりにも低すぎる。これらの難問を解決するには、国会議員を出すしかないと協会は言う。茂は協会の部会長なので、要請には納得した。だが政界に入ることはどう考えても嫌だった。

茂は政治家になる能力や見識があるとはとても思えない。そこで要請を受ける条件の一つとして、不可能と思われるが、看護協会の会員全体の推薦でなければ決められないと言った。当時、日本看護協会は、保健婦、助産婦と看護婦部会で組織されていた。茂は他の二部会の推薦は受けられまいと思ったからであった。ところが協会がアンケートを実施すると、助産婦会は全員支持した。保健婦部会は三分の二が推薦すると回答した。

茂はこの結果を受けても信じられなかった。あり得ないと疑問視し、出馬決意を要請されるが、断固として断り続けた。

茂は「いったん心に決めたことは、てこでも動かない」という性格であった。そうした状態が一カ月も続いていた。茂は国立がんセンターの総婦長として、三年目を迎えていた。病院が開院したときは、問題が山積し、医療と看護の分離をめぐって紛糾したが、看護業務は軌道にのって、円滑に行われていた。だが、まだなすべき仕事はたくさんあった。

「総婦長さん、義を見てせざるは勇なきなり、という言葉を知っていますか」

久留病院長が問いかけた。そして言われた。

「あなたは勇気のある人のはずだ」

「私は政治に無関心ではありませんが、そんな世界に入ろうとは思ったこともありません」

院長に出馬を促されて、茂は言葉を返した。そのとき、ふと、病院長の言わんとした考えを悟った。国立がんセンターでは看護業務は一応軌道に乗っているし、後任も育っている。だから、いつまでもがんセンターにしがみついているなと、言っているのではあるまいか。そうした疑念が茂の脳裏をかすめた。

茂はあと二年ほどがんセンターで、看護体制を確立させたいと考えていた。だが、急に自分はがんセンターでは必要な人間ではなくなったのだと悟った。今後は自分を求めてくれている世界へ行くべきなのだと、急に心変わりした。茂は間もなく林協会長に、出馬する決意を伝えた。会長や協会の人々は驚いて「ああ、本当によかった」と喜んでくれた。尊敬する先輩の跡を継いで、三人目として国会へ送るべく推薦されたのである。だが、出馬してもはたして当選できるのだろうか。不安が脳裏をよぎったが、運命を天に託すことにした。茂は十二月五日、協会臨時総会で、満場の拍手をもって、協会の推薦を受けた。同昭和三十九年十二月三十一日付で、茂は国立がんセンターを退職した。昭和三十七年二月一日、正式にセンターの初代総婦長に就任して、約丸二年心血を注いで看護体制を築き上げた。その功績は後世に残る偉業であろう。

第五章　石本茂のゆかりの地

五十一　富山赤十字看護専門学校

日本赤十字社は、明治二十三年からイギリスのナイチンゲール看護学校の方式を取り入れて、看護婦養成所を始めた。

富山赤十字病院は五年後の明治二十八年に、日本赤十字準備看護婦養成所として、全国で五番目に発足した。以来、一世紀にわたって看護教育を継続して、現在まで三三〇〇名の卒業生を輩出している。学校は三階建てである。

石本茂は昭和五年（一九三〇）に入学し、昭和八年（一九三三）、日本赤十字社富山支部病院救護看護婦養成所の名称のときに卒業している。第三十回生である。当時は全寮制で、入学金や授業料、寮費、食事も無料だった。奨学金として毎月五円七十銭が支給された。現在は入学金が五万円、授業料年額二十五万円、施設整備費十五万（年額）で、合計四十五万円かかる。総定員は百二十名（一学年四十名）である。修業年限は以前と同じく三年間。卒業生の三千三百名の中で、ナイチンゲール記章の受賞者は四名おり、石本はその中の一人である。

平成二十八年九月の台風十号で風雨の激しい最中、筆者は学校を見学に行った。満間信江副学校長が応待してくれた。石本先生の資料はあまり残っていないと言われ、第三十八回ナイチンゲール受賞者の略歴をコピーして下さった。後日の九月十二日、第三十回生二十一名の卒業写真の写しが送られてきて、実にありがたかった。

当時の石本茂の黒い制服姿や教員・病院関係者の紋付や袴姿、江戸褄の正装、軍服の軍医の人たちのセピア色の写真であった。病院玄関は西洋建築で、日本の国旗が掲げてあって、当時の世相をほうふつさせられた。

（参考資料——富山赤十字看護専門学校入学案内書より）

第30回生（昭和8年卒業）21名

伊井ミドリ	石本　茂	上坂とし子	奥田ソトヱ	奥村　ミツ	梶尾　ミサ	川上美登利
境　ヨシイ	佐野　外喜	島地さつき	竹田喜代子	長久ゆり子	西村　富子	東野　ふさ
本田キミノ	三上きみ子	宮腰はつゑ	宮崎　喜久	森　キヨ	山岸　信	山本ますゑ

日本赤十字社富山支部病院　救護看護婦養成所卒業記念写真

富山赤十字看護専門学校

日本赤十字社
Japanese Red Cross Society

〒930-0859 富山県富山市牛島本町2丁目1番57号
Tel 076-442-0844（代）
Fax 076-442-0804（代）
http://www.toyama-med.jrc.or.jp/school/

富山赤十字病院

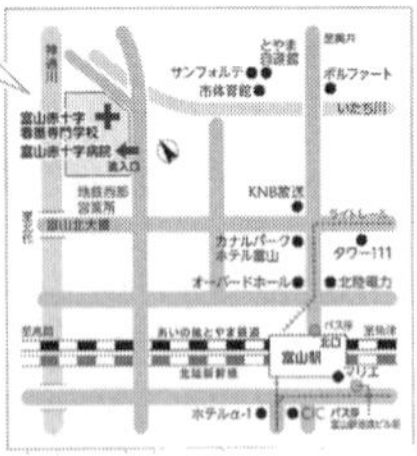

■ 交通機関
富山駅北口より
徒歩…15分
富山赤十字病院行きバス…5分
富山駅地鉄ビル前より
富山赤十字病院行きバス…10分

赤十字の起こり

赤十字は、1864年8月22日、アンリー・デュナンの主唱により成立した「ジュネーブ条約（赤十字条約）」に基づき、敵味方の差別なく傷病兵を救済する機関として誕生しました。

赤十字の創始者、アンリー・デュナンは1828年5月8日、スイス連邦共和国ジュネーブ街で誕生しました。1859年6月24日、イタリアのソルフェリーノの戦いで、負傷した兵士の悲惨な光景を目の当たりにし、付近の住民、旅行者、衛生兵などと共に負傷者の救護にあたりました。1862年11月に「ソルフェリーノの思い出」を自費出版し、ヨーロッパ諸国で大きな反響を呼び起こしました。ここで提案した考えが、今日の赤十字をつくるきっかけとなっています。1901年、世界平和を希求する意識を啓発した功績が賞賛され、第1回ノーベル平和賞が授与されました。平和賞に添えられた賞金は赤十字国際委員会に寄贈されました。1910年10月30日、スイスの田舎ハイデンの老人専門福祉病院で82年の生涯を閉じました。

本校卒業生のナイチンゲール記章受章者

ナイチンゲール記章とは、フローレンス・ナイチンゲール女史の功績を永遠に記念し、赤十字国際委員会の決議により、看護事業に功績のあった者に贈られる賞です。

第45回受賞 平成27年（2015年）
NPO法人デイサービス
「このゆびとーまれ」理事長
惣万佳代子さん

第38回受賞 平成13年（2001年）
元国務大臣・環境庁長官
石本　茂さん

第31回受賞 昭和62年（1987年）
元東京都青梅市立総合病院
総看護婦長
作本シズヰさん

第7回受賞 昭和8年（1933年）
日本赤十字社富山支部病院
看護婦長
大野ヨリさん

日本赤十字社富山赤十字看護専門学校入学案内より

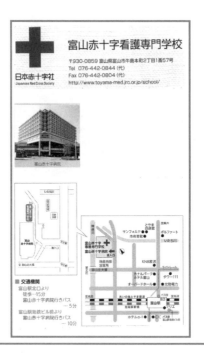

五十二　日本赤十字社

日本赤十字社は東京都港区芝大門一―一―三にある。都営地下鉄三田線の御成門駅Ａ３出口から、徒歩三分と近い。帰路はＪＲ新橋駅まで歩いて帰れる、交通の便利な所である。近くに慶応大学薬学部や東京美術倶楽部がある。平成二十七年（二〇一五）十一月二十日の雨の日、石本茂の足跡を求めて見学に訪れた。

日赤本社は七階建てのレンガ色の建物である。玄関を入ると広いロビーがあって、その正面の奥に赤十字社の創始者であるアンリー・デュナンや、明治十年（一八七七）の西南戦争で博愛社を設置した初代日赤社長の佐野常民・元老院議官の胸像や碑文が飾られていた。受付で許しを得て見学させてもらう。他に団体の見学者が多く、外国の人も訪れていた。

石本茂は昭和八年九月中旬、日赤社会看護婦養成所に入学し、翌昭和九年九月三十日に卒業した。養成所と生徒寮は日赤本社構内にあったというが、どの辺にあったのか尋ねたが、受付ではわからないと言う。当時のことを知っている人は、もういらっしゃらないそうである。

一階に「赤十字情報プラザ」があって、図書や資料の他に当時の貴重な写真や品々が展示され、情報が公開されていた。案内書に赤十字一五〇年の歴史年表があり、その活動が記録されているので、次に紹介したい。

安政　六年（一八五九）デュナンがソルフェリーノの戦争で傷病兵を敵味方の区別なく救護したのに始まる
文久　二年（一八六三）五人委員会結成し、赤十字規約や赤十字の標章を決定
明治　八年（一八七五）会を赤十字国際委員会と改称
明治　十年（一八七七）日本は西南戦争で博愛社設立
明治　十九年（一八八六）日本はジュネーブ条約に加入博愛社病院を開設
明治　二十年（一八八七）日本赤十字社と改称。戦場の負傷兵を初めて救護
明治二十一年（一八八八）福島県の磐梯山噴火で、日赤初の災害救護活動を開始
明治二十三年（一八九〇）看護婦養成を開始
明治三十四年（一九〇一）デュナンが第一回ノーベル平和賞を受賞
大正　元年（一九一二）後の照憲皇太后から赤十字国際委員会に基金が下賜された
大正　八年（一九一九）赤十字社連盟（現国際赤十字・赤新月社連盟）の創設
大正　十二年（一九二三）関東大震災で救護活動
昭和　二十年（一九四五）第二次世界大戦終結、戦時救護活動終える
昭和五十二年（一九七七）日本赤十字社創立一〇〇周年を迎える
平成　七年（一九九五）阪神・淡路大震災で救護活動
平成二十一年（二〇〇九）赤十字思想誕生一五〇周年アジア地域から初めて、近衛忠煇日本赤十字社社長が、国際赤十字・赤新月社連盟会長に就任

平成二十三年（二〇一一）　東日本大震災で救護活動、復興支援を行う

その他
平成二十五年（二〇一三）　フィリピン台風災害支援、伊豆大島の土砂災害支援、群馬県へ図書寄贈、小学校へ
平成二十六年（二〇一四）　内戦続くシリアへ「海外たすけあい」の支援

この前にも二〇〇四年のスマトラ島沖地震津波災害の支援、二〇〇七年からケニア乳幼児の保健医療サービスなどの海外支援を行う。

史料展示コーナーには、貴重な濃尾地震災害や磐梯山噴火災害時の救護活動の写真が展示されていた。この他博愛社設立請願書（佐野常民元老院議員が有栖川宮熾仁親王に提出）ナイチンゲール記章、北清事変をはじめ、関東大震災時にも患者の輸送と救護に活動した病院船の博愛丸模型や映像、パネルなども見られた。

五十三　石本茂に関する資料

図書コーナーには赤十字関連の書籍や資料が所蔵され、情報公開コーナーでも、自由に閲覧して調査・研究の他に相談やコピーもできて、とてもありがたかった。石本茂は『日赤石川従軍看護婦の記

録』（日本赤十字社刊）の一九九頁の欄に「富山（三〇回）昭和八年三月卒業とあり、東京都練馬区東大泉の所番地と電話番号が記載されていた。

日本は第一次大戦の余波が東亜に及延し、日英対独の関係が切迫するのを見て、いつ日赤社に救護班の派遣を命ぜられるかも測り難く、大正三年度に、海軍大臣・八代六郎に準備救護団体の数を提出している。

病院船　二隻、看護婦組織救護班　百十一箇、救護医員　百九十六名他計四千五百三十八名である。

（『日赤史』第四編第二章・二六九頁）

石本茂は昭和十二年（一九三七）から日赤救護員として病院船に勤務し、南京、開封などの陸軍病院で戦時救護に従事した。昭和二十一年（一九四六）引揚船に乗り、引揚げ者の救護に当たった。

石本茂に関する資料を他にも捜してみた。前にも記したが、茂は昭和八年（一九三三）九月中旬から日赤社会看護婦養成所に入学した。この制度は昭和三年に開始し、日華事変のぼっ発までの昭和十二年まで続いて中止された。茂は六回生で、卒業生は全部で百十九人で、一年間、公衆衛生看護業務に従事する教育を受けた。

（『日本赤十字社社史稿　第五巻』）

戦時中、中国の陸軍病院で救護看護婦長として激務に就くが、俸給を除くと、地位は下士官に準じた。

昭和十二年第一次救護班派遣で広島から乗船するが、一七三編成である。第二次派遣は十二個班の三三六の編成だった。計五九班で、一三一七人が病院船に勤務している。陸士密第二七二号の陸軍大臣通達で、病院船に勤務する衛生要員の派遣要請を受けたのだった。

昭和十五年には日本軍の仏印進駐、十六年の十二月八日に太平洋戦争が起こり、病院船や内外の陸海軍勤務の救護員派遣が増加した。

図書コーナーや展示室を見て回り、往時の石本茂を偲んだ。渋谷のカラスと石本茂らが言われた黒い日赤の看護学生の制服などの実物もじかに見られて胸打たれた。

日赤史で日中戦争が始まった昭和十二年七月の救護班や救護に従事した人員を調べてみた。終戦の昭和二十年八月まで、日赤が派遣した救護班数は九六〇班で、人員は三三一五六名である。その内訳は医師が三三二四人、薬剤師六五人、書記五九三人、婦長一、八八八人、看護婦二、九五六人。使丁七三四人。(『日本赤十字社、社史稿第五巻 第二章』一七九頁、二〇三頁、他十五頁、昭和四十四年四月一日発行)
殉職者数一、一八七人。(『遺芳録、殉職救護員追補』昭和五十五年三月の資料。第二次世界大戦についても詳細に記録されている)

五十四　遺芳録

日本赤十字社の「遺芳録」には、日赤出身の従軍看護婦のうち、この戦争で死亡した人は一千八十名で、また未帰還もいたと石本は『紅そめし』に記している。

戦争の敗色濃くなった昭和十九年には、各地で日本軍の全滅、撤退が行われ、軍民の傷病者数も増加して、北や南の外地にと大量の救護班派遣を要請された。内外合計すると二二〇班、四六三九人という年間最多救護数を派遣。

昭和二十年には終戦の八月まで、日赤社の残る総力を結集して、合計一九八班、四一七二人を編成派遣した。戦争の大詰め近くには、部隊と共に総員全滅した救護班もあった。未帰還あるいは任務が解かれた救護班が三四〇班にものぼった。

（『日赤社刊の資料、「派遣・救護班」一四七頁）

茂は日赤の救護班看護婦として、九年半もの間貢献した。いつ戦闘がどこで始まり、救護班が派遣されたのか、世界や日本の情勢、資金源などは『日本赤十字社史稿』に掲載されている。石本茂が戦時救護に従事していた年代の日本赤十字社の情況や世界の主な事件が、詳細に記されているので、機会があれば参照されることをお薦めしたい。第四巻は大正十二年から昭和十年まで記述されていて、昭和三十二年十一月一日発行された。第五巻は昭和十一年から二十年までの十年間の記録で、昭和四十四年四月一日に発行された。大きな日赤の組織や、より詳細にどのように日赤が活動したか、資金面も理解されよう。凡例によると関東大震災から第二次世界大戦と終戦時の混乱期で散いつした資料が多く、支部や他の援助で脱漏や欠如などがないよう編さんに努めたという。

なお、それ以前の日赤年表は昭和四年十月二十日に「日本赤十字社史続稿」上下巻が刊行されている。明治四十一年から大正十一年まで記述されているので、参照されたい。

国民の大半は本当の事実を詳しく知らされないまま、戦争に巻き込まれてお国のために戦い、辛苦の生活を余儀なくされ、戦災や戦死、負傷するなど計り知れない被害を受けた。もう二度と戦争を起こさないように、参照してほしい。

殉職救護員慰霊碑（日本赤十字社）

日赤社を出ると雨がしとしとと降っていた。左側の庭木の茂みに、「救護看護婦立像」が晩秋の冷たい雨にぬれていて、胸が痛んだ。銅像は元東京芸術大学教授の菊池一雄作の彫塑と刻まれていた。慰霊碑内には殉職者の名簿が納められていて、昭和五十二年（一九七七）の日赤社創立百周年に建立された全身の銅像である。手を合わせて、ご冥福をお祈りした。殉職者で靖国神社に合祀の手続きを終えた人は一二三柱だという。（日本赤十字社救護員殉職者より）

ＪＲ新橋駅まで近いので、雨の中をとぼとぼ歩く。戦史や展示品で往時を知り、胸いっぱいになり、石本茂を偲びながら重い心を抱いて帰る。日赤救護班の献身的な活動からかい間見た戦争史であるが、二度と戦争を起こしてはいけないとつくづく思い、声を大にして叫びたかった。

日本赤十字社救護員殉職者

1．戦時救護関係

（人）

年代別・戦役（事変）名称		派遣救護員数	殉職者数	殉職救護員の職種					
				医師	調剤師	書記	看護婦	看護人	使丁
明治10年	西南戦争	126							
明治27・28年	日清戦争	1,396	25	2			4	19	
明治33年	清国事変	459	1					1	
明治37・38年	日露戦争	5,170	101	5	3	2	39	39	13
大正3・4年	第一次世界大戦	291							
大正7～11年	シベリヤ事変	361	3				2		1
昭和6・7年	満州事変及び上海事変	685							
昭和12～20年	日華事変及び第二次世界大戦（注）	35,785	1,187	8	1	38	1,120		20
計		44,273	1,317	15	4	40	1,165	59	34

（注）第二次世界大戦の中には、戦後（昭和22年12月まで）引き続いて行われた外地引揚者の援護業務を含む。

2．災害救護関係

（人）

年代別・災害名称		派遣救護員数	殉職者数	殉職救護員の職種					
				医師	調剤師	書記	看護婦	看護人	使丁
大正7～11年	伝染病（流感）蔓延	776	2			2			
大正12年	関東大震災	2,080	6	1		2	2		1
昭和47年	集中豪雨災害（岡山）	706	1	1					
計		3,562	9	2		4	2		1

3．合計

（人）

	殉職救護員数	殉職救護員の職種						男女別内訳	
		医師	調剤師	書記	看護婦	看護人	使丁	男	女
戦時救護関係	1,317	15	4	40	1,165	59	34	152	1,165
災害救護関係	9	2		4	2		1	[illegible]	[illegible]
合計	1,326	17	4	44	1,167	59	35	[illegible] ~~154~~	1,167 ~~1,172~~

（慰霊碑）

- 救護看護婦立像　彫塑　菊池一雄作　　（元東京芸術大学教授）
- 慰霊碑内には殉職者名簿が納められている。
- 昭和52年（日本赤十字社創立100周年）に建立
- 靖国神社合祀の手続きを終了したものは23柱である。

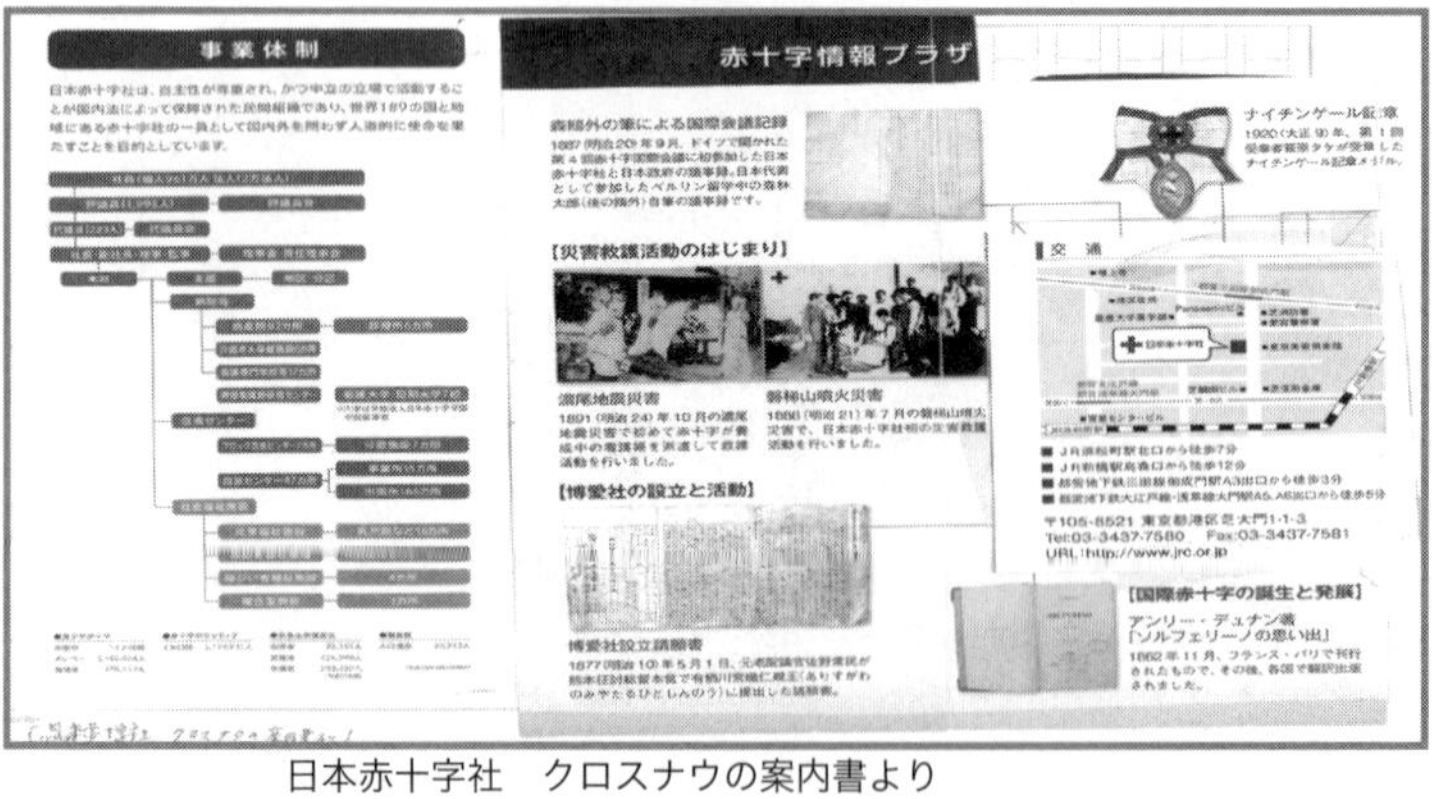

日本赤十字社　クロスナウの案内書より

五十五　日本赤十字社医療センター

石本茂は昭和八年（一九三三）九月中旬、日赤社会看護婦養成所に一年間入学した。卒業したのは昭和九年九月三十日である。養成所と生徒寮は日赤本社病院の構内にあったのか、平成二十七年（二〇一五）十一月二十三日筆者は訪れた。十字の赤い標章を掲げた十階建ての白い病院が聳えていた。住所は東京都渋谷区広尾四―一―二十二番地である。JR渋谷駅東口の学〇三系統の都営バスで約十五分で病院前に着く。途中、実践女子学園や國學院大学、東京女学館があり、病院の隣には、美智子皇后妃殿下が卒業された、聖心女子大学がある、緑の多い閑静な学園の地であった。

病院の外来受付は受診者や家族で混雑していた。案内書を頂いて、院内や敷地内を見学して、石本恩師の往時を偲んだ。庭内には乙女像が昭和五十一年に建立されていて、小林隆院長の「医学の心――いたわりとはげましの心……病める人々のためわが日赤医療センターはこの心とともに在る」と、銅像の下に銘記されていた。浦山一雄製作の裸像である。

髪を風になびかせて、両手を翼のように後ろに伸ばし、つま先立ちの天に飛び立とうとしている姿で、後ろ手に棒（バトン）を握っている。実に均整のとれた美しい像で見とれた。庭園の裏は病棟か宿舎なのか、幾棟も見える。

明治十年（一八七七）佐野常民、大給恒らが博愛社を設置した。その後、明治十九年（一八八六）十一月、博愛社病院として飯田町に開設された。ベッド数は六十二床であった。翌年五月、日本赤十字社病院

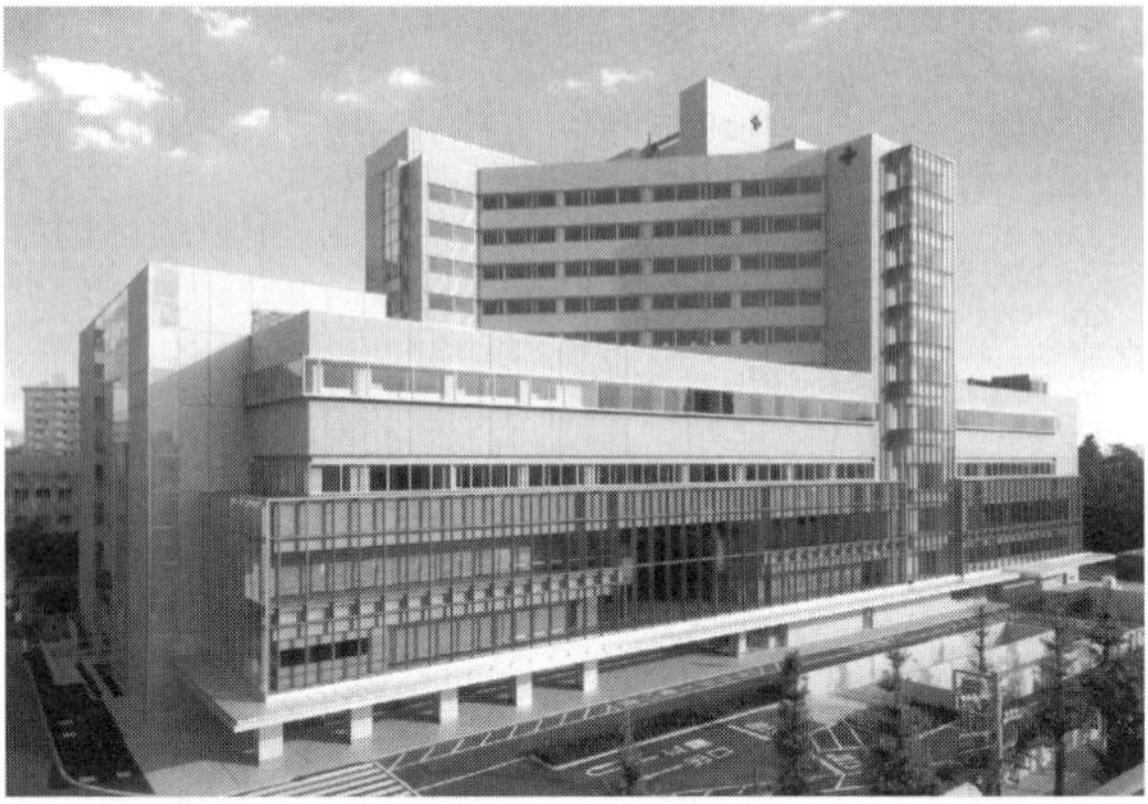

渋谷・恵比寿からバスをご利用の場合

●JR渋谷駅東口から
学03系統：都営バス日赤医療センター行終点下車（約15分）

●JR恵比寿駅西口から
学06系統：都営バス日赤医療センター行終点下車（約10分）

●港区コミュニティバス「ちぃばす」
青山ルート「日赤医療センター」下車徒歩（約2分）

地下鉄広尾駅から徒歩で来院される場合

●地下鉄日比谷線 広尾駅から
徒歩（約15分）

タクシー・車で来院される場合

●タクシーで来院される場合
JR渋谷駅東口から　（約10分）
JR恵比寿駅西口から　（約5分～10分）

●車で来院される場合
首都高速道路3号線（下り）高樹町出口で降り、すぐの交差点（高樹町交差点）を左折。

（上り）渋谷出口で降り、そのまま六本木通りを直進。

青山トンネルを抜けてすぐの交差点（渋谷四丁目交差点）を右斜め前方に曲がる。東四丁目交差点を直進し、突き当たり左の坂を登る。 ※駐車場 360台

と改称された。三年後の明治二十三年（一八九〇）四月に、救護看護婦生徒十名の養成を開始した。昭和十六年（一九四一）日本赤十字社中央病院と改称された。その後、昭和四十七年十一月（一九七二）に、日赤産院と統合し、現在の日本赤十字社医療センターとなった。昭和五十年（一九七五）十一月、新病院を新築して、ベッド数一〇一一床という大病院となる。平成二十二年（二〇一〇）一月、新病院に移転開院し、現在は七〇八床のベッド数である。

五十六　日本赤十字看護大学

日本赤十字社ビルの前には、レンガ色の日本赤十字社幹部看護師研修センターと、日本赤十字社助産師学校がある。左側の広い庭園に水を運ぶ乙女像があり、桜の木々が紅葉してきれいだった。日赤看護大学はその奥にあった。受付前のホールには、明治二十三年（一八九〇）、飯田橋の日赤社病院での看護婦養成から一二六年に至って、救護活動の歴史が記されたパネルが写真とともに展示されていた。

赤十字の創始者アンリー・デュナンの写真と名言が掲げられている。明治二十年（一八八七）六月二日、小松宮の令嬢、各将軍や華族夫人、有栖川宮熾仁親王妃童子を始めとする二十九名の貴婦人が発起人となり、翌年三月に日赤篤志看護婦人会が設立された。写真の中央に、NHKのテレビの朝のドラマで人気を得た、同志社の新島八重の貴重な写真も見られた。福島の会津出身で新島譲夫人となった人である。この年は西南戦争が起こった年で、救護に当たった。その後、各地に会員が増えて、慰問活動などを展開したと、記されている。

日赤看護大学は昭和六十一年（一九八六）になって、三十年目を迎え、その記念行事の展示で、自由に見学してよいと許可をいただいて拝見した。第一回の日赤の救護活動は一八九〇年の濃尾地震であった。その後、度重なる災害や相次ぐ戦争で救護活動を行った。

大学史による主な活動を次に紹介する。

大正　三年（一九一四）第一次世界大戦へ、イギリス、フランス、ロシアへ派遣
大正　九年（一九二十）ポーランド孤児救済を開始
大正　十二年（一九二三）関東大震災の救護活動
昭和　二十年（一九四五）第二次世界大戦の救護活動
平成　七年（一九九五）阪神・淡路大震災の救護活動　地下鉄サリン事件の救護活動
平成　八年（一九九六）ペルー日本大使公邸人質事件
平成　十三年（二〇〇一）アメリカの同時多発テロ
平成　十六年（二〇〇四）スマトラ島沖地震へと派遣
平成二十三年（二〇一一）東日本大震災の救護活動、復興支援へと派遣

日本赤十字社看護大学は一九八六年に設置されて、人々の尊厳と権利を守り、看護を通して赤十字の理念の「人道」の実現にむけて努力する人間を教育している。一九九六年から看護学部を男女共学

新島八重子　右から二人目

制とし、二〇一四年には大学院も設けられた。

（『日本赤十字看護大学三十周年』）

ナイチンゲール記章は「フローレンス・ナイチンゲール基金」の事業として一九一二（明治四五）年に設立された。ナイチンゲール女史の生誕百周年を記念して、一九二〇（大正九）年に、日赤病院の萩原タケ、山元ヤヲ、湯浅うめが授与された。以来、隔年ごとに最も多い年で、世界では五十名の看護婦に与えられた、世界最高の栄誉ある記章である。

日赤病院での養成時代の卒業生は、三十一名受賞した。看護師だけでなく、他に実務練習生五名、専門学校生二名、短大顧問一名が受賞している。最近の第四〇回（二〇〇五年）には、樋口康子名誉学長、第四十一回（二〇〇七年）には、川嶋みどり名誉教授が受賞された。合わせて四十一名である。

（『日本赤十字看護大学　二〇一六年刊』）

『従軍看護婦』の中で紹介されている制服が、等身大のマネキン人形に着せて展示されていて、目をひいた。黒かと思ったが紺のワンピースで、色白の美しいマネキン人形なのでよく似合った。

肩が格調高く上がったモダンなデザインのロング服で、左衿元に皇后陛下の股肱を意味する衿章が、確かに誇らしげに光っていた。まるでパーティ衣装のようにおしゃれである。

沿革
Brief History

日本赤十字社中央病院

1886年（明治19年）11月　博愛社病院開設（麹町区飯田町）62床
1887年（明治20年）5月　日本赤十字社病院と改称
1890年（明治23年）4月　救護看護婦生徒養成開始　生徒数10名
1891年（明治24年）5月　現在地（渋谷区広尾）に病院新築移転　111床
1941年（昭和16年）1月　日本赤十字社中央病院と改称

日本赤十字社産院

1922年（大正11年）5月　日本赤十字社産院を開設　45床
附属産婆養成所併設　第1期生 15名
1948年（昭和23年）4月　附属産婆養成所を日本赤十字社助産婦学校
（現・日本赤十字社助産師学校）と改称
1948年（昭和23年）7月　附属乳児院を併設

日本赤十字社医療センター

1972年（昭和47年）11月　日本赤十字社中央病院と日本赤十字社産院とを統合、
日本赤十字社医療センターとなる
1975年（昭和50年）9月　病院新築落成　1,011床
2007年（平成19年）2月　新病院建設起工
2009年（平成21年）10月　新病院建設竣工
2010年（平成22年）1月　新病院移転開院　708床

概要
Outline

診療科目	内科（糖尿病内分泌科、血液内科、感染症科、アレルギー・リウマチ科、腎臓内科、緩和ケア科、神経内科、呼吸器内科、消化器内科、循環器内科）、メンタルヘルス科、外科（呼吸器外科、乳腺外科、胃・食道外科、肝胆膵・移植外科、大腸肛門外科、心臓血管外科）、整形外科（骨・関節整形外科、脊椎整形外科）、脳神経外科、皮膚科、泌尿器科、腎不全外科、眼科、耳鼻咽喉科、産科、婦人科、新生児科、小児科、小児保健、小児外科、麻酔科、集中治療科、化学療法科、内視鏡診断治療科、放射線科（放射線特殊治療科、放射線診断科、放射線治療科）、リハビリテーション科、救急科、健康管理科
その他の組織	看護部、薬剤部、病理部、輸血部、医療技術部、検査部、医療社会事業部、業務部、経理部、国内医療救護部、国際医療救援部、周産母子・小児センター、MFICU、NICU、GCU、救命救急センター、EICU、リウマチセンター、創傷ケアセンター、脊椎センター、血液浄化センター、血管内治療センター、サイバーナイフセンター、脳神経血管内治療センター、健康管理センター、MEセンター、中央手術室、ICU、PCU、化学療法室、内視鏡室、総合医療安全推進室、教育研修推進室、災害対策室、総合医療相談室、がん相談支援センター、医療連携室、治験事務局
病床数	７０８床（個室217床）
主な機能	東京都救命救急センター、東京都地域救急医療センター、東京都地域災害拠点病院、東京都地域がん診療連携拠点病院、東京都脳卒中急性期医療機関、地域医療支援病院、東京都総合周産期母子医療センター（母体救命対応総合周産期母子医療センター）、WHO・UNICEF認定「Baby-Friendly Hospital」、東京都エイズ診療協力病院、臨床研修指定病院、臨床修練指定病院、臓器提供施設、非血縁者間骨髄採取施設・移植診療科、東京都CCUネットワーク加盟施設、日本医療機能評価機構／病院機能評価緩和ケア機能認定施設、日本病院会・日本人間ドック学会／人間ドック・健診施設機能評価認定施設
併設施設	日本赤十字社医療センター附属乳児院 日本赤十字社助産師学校 日本赤十字広尾訪問看護ステーション
外来受付時間（月曜日〜金曜日）	初診　午前8時30分〜午後3時 再診　午前7時50分〜午後3時
休診日	土曜日、日曜日、祝日、12月29日〜1月3日、5月1日(日本赤十字社創立記念日)
駐車場（収容台数）	366台（機械式300台、自走式66台）

五十七　福井赤十字病院

病院は大正十四年（一九二五）四月、日本赤十字社福井支部病院として現地の福井市月見二丁目四番一号地に開院（一三八床）、看護婦養成を開始した。

現在六百床で一般五八六床、結核病床十床、感染病床四床と大きな総合病院である。

石本茂は昭和九年（一九三四）日赤福井支部病院に勤務し、訪問看護、衛生知識の普及に従事した。

中野里加総務係長にお会いしてお話を伺ったが、当時の資料はないようなので、病院の案内書を頂く。中に開院当初の貴重な写真があって、往時をしのぶことができた。

交通のご案内

JRでお越しの場合	■ JR福井駅下車　タクシー10分、バス12分
	■ JR越前花堂駅下車　徒歩20分
福鉄福武線でお越しの場合	■ 赤十字前駅下車　徒歩5分（シャトルバス4分）
お車でお越しの場合	■ 北陸自動車道福井I.Cから15分
市内バスでお越しの場合	■ JR福井駅前から福井赤十字病院行12分

福井赤十字病院
Japanese Red Cross Fukui Hospital
日本赤十字社

〒918-8501　福井市月見2丁目4番1号
TEL.0776-36-3630（代）FAX.0776-36-4133
HP　http://www.fukui-med.jrc.or.jp/
E-mail　webmaster@fukui-med.jrc.or.jp

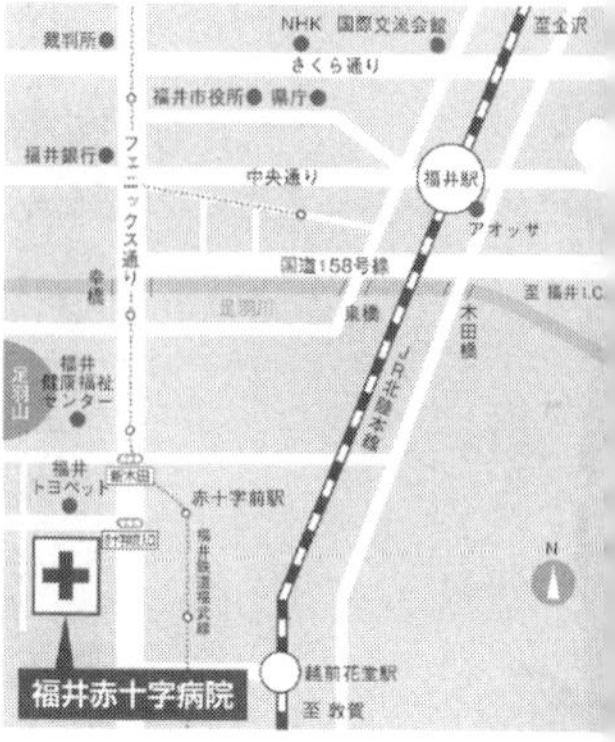

開院当初

五十八　山中温泉ぬくもり診療所（旧国立山中病院）

創立は昭和十六年十月一日である。山中海軍病院として、舞鶴海軍要港部より、三万坪の建設用地を海軍省に献納された。昭和十四年から山中町民挙げて、延べ七千余名が勤労奉仕し、寄附金も総額十五万余円に達して建設された、歴史を有す国立病院である。

平成十年三月一日、国立山中病院と国立療養所石川病院が統合され、附属看護学校も統合地の石川病院に移る。国立山中病院は公設民営の社団法人地域医療振興協会が運営に当たり、山中温泉医療センター（一九九床）として、新たに開設された。敷地は一万三千坪と縮小された。その後、平成二十一年に公益法人となった。

石本茂は昭和二十二年（一九四七）から三年間、総婦長として勤務した。平成二十八年九月に、石本茂の足跡を訪ねて台風の中訪れた。

畦地和司事務長に旧国立山中病院内を見学させてもらった。戦争が終わって、現在は使われていない海軍施設や一般旧病棟がそのまま幾棟もあった。当時の満床のころのにぎわいが偲ばれた。廊下の角にナースが崇拝するナイチンゲール女史の白い像か、ぽつんとビニールで覆われて置いてあった。

かつては看護学生の戴帽式の式典に飾られていたであろうにと思われて、胸が痛んだ。看護学校が閉鎖されたとき、置き忘れられたのではなくて、学校があった証《あかし》として記念に置いてゆかれたのだと考えたかった。そうでなければ哀れすぎる。

同窓生の部室に案内されると、石本婦長の著書『紅そめし草の色』が二冊、書棚に保存されていた。何か石本婦長の写真や資料がないかと、記念誌などを見せてもらう。貴重な看護婦一同との記念写真の中央に婦長として映っていた。もう一枚は白い大きな写真集に「石本婦長のあの時」と記された横向きの写真がはってあった。とてもなつかしく拝見し、遠路訪ねてきたかいがあったと喜んだ。

畦地事務長から石本婦長の教え子だった吉田タミ看護師を紹介された。戴いた『創立十周年記念誌』(山中温泉医療センター刊)に、ボランティアをしていて、執筆されていて顔写真も載っていた。あいにくおられず、後日、電話で当時の様子を伺うことができた。

石本婦長が着任したのは、吉田看護師が看護学院の一年生の冬で、二年間教わったという。その後、選挙に石本婦長が立候補されたときは、ポスター貼りや戸別訪問など、公務員なのに違反すれすれの応援活動を行った。

当選された後、北陸へ帰郷される際には、必ず山中病院に立ち寄られ、歓迎したという。その後、お手紙や貴重な写真のコピーも送って下さった。とても婦長を尊敬しておられ、卒業後も親しくお目にかかれて光栄だと言われた。

帰路、台風で大雨の中、地図をたよりに歩いていると、突然声をかけられた。道に迷って困っていると思われたようである。バス停まで車で送ってあげるというが、はじめは断った。聞けば〝一日一善〟を心がけている年輩の人である。山中海軍病院を見学し、石本茂婦長の足跡を訪ねていると語ると、なつかしそうにほほえまれた。石本婦長は山中では有名で、当時は知らぬ者はいなかったという。

どうやら地元の方で、軽自動車には山のように何やら荷物が積んであり、会社名も明白である。見ず知らずの人に乗せてもらうのはいかがなものかと、ためらったが、お言葉に甘えて乗せて頂いた。「海軍の患者さんは今さら帰郷もできないし、山中温泉を気に入って、住みついた人もいました。看護婦さんは患者さんや漆器職人と恋に落ち、幾組も結婚しました」と、語ってくれた。バス停までは五分ほどと近く、すぐ降り、名刺を差し出すとプラスチック製漆器製造販売会社の辻正治取締役会長の名刺を頂いた。

山中病院は山の中の高台にあり、閑静で桜の大木が病院の周囲に植えてあった。花が咲いたらさぞかしみごとであろう。ロマンスの花も咲いた話を伺い、心まで華やいだ。帰郷すると、「無事帰られましたか」という電話を頂いた。実に親切で、誠実な人である。ほんのお礼に拙書を送ると、「また来て下さい」と言われた。山中温泉の地元の人々は、行く先々でも親切でやさしかった。ホテルの温泉や食事もよく、大満足した。雪深く、漆器製造に関わる人が多いそうで、漆器店を見て回りたかった。

石本婦長は国立病院として残るように、組合活動に励んだが、敗戦と同時に海軍の役目は終わり、縮小されて診療所になったのだった。

公益社団法人地域医療振興協会山中温泉医療センター
（平成二八年四月より　加賀地域医療支援センター山中温泉ぬくもり診療所・このゆびとーまれ山中）
住　所　〒九二二―〇一九八　石川県加賀市山中温泉上野町ル15―1
TEL　〇七六一―七八―〇三〇一　FAX〇七六一―七八―五二三四
診療科――入院は内科、小児科、整形外科、産婦人科、リハビリ科がある。
外来はこの科の他に、皮膚科、泌尿器科、眼科、耳鼻咽喉科、歯科である。

診療所

当時の石本茂総婦長
前列右から６番目（中央）

国務大臣の石本しげる
（左側から３人目
吉田タミ看護師、
その隣４人目）

石本茂総婦長右側から１人目

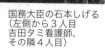

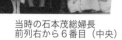

五十九　国立国際医療研究センター国府台《こうのだい》病院

国立国府台病院は歴史が古く、明治五年(一八七二)に建設された。当時は乃木希典(陸軍大将)らもいた、大阪の教導団兵学寮が移って、その学生患者を収容したのである。その後、明治十八年に教導団病室は病院と改称された。明治三十二年(一八九九)には、軍隊が永く国府台に駐屯する國府臺衛戍《こうのだいえいじゅ》病院となる。昭和十一年(一九三六)には、國府臺陸軍病院と改称。二・二六事件が起きた年である。

(『三十周年記念誌』国立国府台病院附属看護学校刊)

千葉県市川市国府台の高台には、昭和十二年当時、陸軍の旅団司令部があった。野戦重砲兵の第一連隊や第七連隊、工兵連隊が駐屯し、西と東の練兵場、陸軍射撃場で訓練を受けて出兵していた。陸軍の医務局長の小泉親彦軍医総監は、日清、日露の戦史を研究し、戦争神経症をはじめとする精神衛生対策に着目した。

同年十二月十二日、国府台に精神・神経疾患専門の陸軍病院建設を企画して、西練兵場の所にベッド数が千床の陸軍病院を建設した。以来、国立国府台病院は陸士密七〇号患者と称された精神・神経症患者の特殊な使命を受け入れて、敗戦の昭和二十年十一月三十日まで、戦傷病患者約三万の内、一万四五三名の精神神経病患者を治療・処置した。

全国から大学教授や若手の優秀な精神・神経専門の医師が、軍医並に軍医予備生として応召されて、諏訪敬三郎初代病院長の下で診療に当たり、国の重要な役割を果たした。

その中に後の著名な斎藤茂太《しげた》精神科医（作家）がおり、『國府臺陸軍病院の想い出』や日経新聞の「私の履歴書」に、精神科の〝最前線へ〟として、国府台陸軍病院での体験を記している。茂太医は斎藤茂吉医（歌人）の子である。

病院の特質上、世間を騒然とさせる事件を起こした患者も収容した。横浜駅で、客十一名を剣道五段の腕前で突き刺し、その内一名を死去させた梅毒の進行麻痺のK中佐、嫉妬妄想から隣室の将校の首を切ったN大佐の殺傷事件、極東裁判で異常な発言をしたT少将等、精神科に問題の患者も収容して治療した。

内科に歌手の灰田勝彦が入院していて、國府臺陸軍病院歌を作って、歌ってくれた。昭和二十年、連夜の空襲で、病院の庭に大型爆弾が落ちたが、幸いにも硝子の破損ですんだ。三月十日の東京大空襲では、東京の深川に在住の浅井利勇副院長の両親が、痛ましくも亡くなられた。

終戦の日、病院の石橋ソヨ電話交換手が、十九歳の若さで服毒自殺した。小泉親彦軍医総監は軍陣衛生学、化学兵器の世界的権威者だったが、戦後、初代の厚生大臣に就任するも戦争責任をとって、同年九月十三日に自決した。

浅井副院長医は、『三十周年記念誌――国立国府台病院附属看護学校刊』や『國府臺陸軍病院の想い出』國院会出版の序文の中で、右のように戦時下の国府台について伝えている。

終戦後の昭和二十年、國府臺陸軍病院は国立国府台病院と改称した。振武台陸軍病院より移ってきた看護婦を養成し、三期生まで出す。昭和二十五年（一九五〇）に看護学院を開校した。三年後、病院附属高等看護学院となり、昭和五十年に学院は附属看護学校と改称された。

昭和六十二年（一九八七）、病院は国立精神・神経センター国府台病院となる。平成十三年（二〇〇一）、四十六回生の卒業後、看護学校は閉校した。卒業生の総数は一七〇四名で、国の重要な看護師養成の使命を果した。

閉校は青天の霹靂《へきれき》で実に寂しいが、東京の清瀬に看護大学が新設されたので、喜ばしいことであった。より質の高い看護を目ざした石本茂の意図が反映されていると思われる。

現在は木造の古い病院が改築を重ねてきて近代的な病院に新築され「国立国際医療研究センター国府台病院と改名し、地域の医療に努めている。

平成二十九年、国府台病院を訪れて、石本総婦長の写真など、看護部長室（元総婦長）に飾ってあるかどうかと尋ねたが、ないという。ベッド数は石本総婦長の昭和三十三年ごろは八百床だった。現在はその半分近くに縮小されて、約四百床であった。石本総婦長の資料もないと、事務部管理課の服部真一氏が語ってくれた。

だが、『三十周年記念誌』編集のとき、年表や村松常雄第二代病院長の息女・村松英子（女優で詩人・随筆家）先生の講演抜粋文、浅井利勇元副院長の記事の抜粋文、校正などを手伝った。石本茂は三代総婦長として、「三十周年をお祝いして」と題した貴重な祝辞文が記念誌に寄せられて残っている。

石本総婦長の足跡がしかと国府台病院や学校の卒業生の胸に強く焼き付いており、皆がその後、政界でも大活躍されたことを誇りに思っておられることが、記念誌に記されている。

四代目の高瀬松子総婦長も昭和五十年に、ナイチンゲール記章を受賞され、国府台病院や看護学校に貢献されている。

昭和五十九年（一九八四）三月末、発刊された『三十周年記念誌』を看護学校の伊東淑子教務主任と、浅井利勇元副病院長医に届けに行った。先生は千葉県東金市家徳三十八の一の地に、昭和二十二年二月、精神科の理想的な一大総合病院・浅井病院を建設されていた。訪れると寒い日なのに素足で、九十歳になられてもにこやかでお元気だった。

浅井院長は終戦時、焼却されるべき国府台陸軍病院の精神科の貴重な第二次世界大戦中の記録や八千余冊にも及ぶ病床日誌を十数年も保管して整理し、不明な箇所を調査して、病歴を分析し、統計処理をしておられた。

初代国府台の大野菊衛総婦長と振武台の教育班長を務めた後、国府台病院で外科担当となった渡辺日出代婦長は退職後、浅井病院に勤務されていた。二人とも高齢になられたがお元気で、お会いできて光栄だった。渡辺婦長には外科学看護や実習で教わった。その後、精神科外来に手伝いに来られて一緒に働かせていただいた。

「腸チフスなどの伝染病患者も多く送られてきたけど、看護婦さんは伝染するかもしれないのに、背負って病院に運んだんですよ。本当に偉かったねえ」

浅井院長が話されると渡辺婦長はにこやかに笑っておられた。大野元総婦長は理事長でスパスパとおいしそうにたばこを吸って、聞いておられた。

「もう、話していいでしょう」

浅井院長は大野元総婦長を見詰めて、二・二六事件のとき、浅井院長が目撃したことや、大野婦長が都内の国立病院に勤めていて、反乱軍の負傷者を手当てしたことを語ってくださった。実に貴重な生き証人のお話に瞠目した。ご高齢になられて、他言することを断く禁じられていた事件だが、誰かに伝えておきたいと思っておられたのであろう。

『國府臺陸軍病院の想い出』の中に、金谷重吉二年兵が、「二・二六事件の思い出」を記している。救護隊編成の命令が出た。国府台病院から二月二十六日深夜、押火病院長の訓示を受け、隊長の滝田三等軍医正、内藤二等看護長ら他兵五人の一人として救護に当たったという。

34　I　戦時神経精神障害者の歴史的概観

表2　精神神経疾患一覧表

（自昭和12.12.1　至昭和20.11.30）

年度 / 病名	昭13	昭14	昭15	昭16	昭17	昭18	昭19	昭20	合計	
	%	%	%	%	%	%	%	%	実数	%
1. 頭部戦傷（外傷）外傷性てんかん	11.0	12.4	11.4	11.2	12.4	10.9	9.6	6.3	1086	10.4
2. 中毒精神病	0.8	0.6	0.9	0.7	0.4	0.6	0.4	0.5	61	0.6
1）酒精中毒	0.8	0.1	0.2	0.1	0.2	0.1	0.1		（16）	0.2
2）麻薬中毒		0.5	0.5	0.5	0.2	0.4	0.3	0.3	（37）	0.4
3）その他中毒			0.2	0.1		0.1		0.2	（8）	0.1
3. 症状精神病	0.5	5.8	3.3	2.6	3.2	4.0	4.1	3.5	368	3.5
1）マラリア精神神経障害		5.3	2.7	1.7	2.5	3.3	3.0	2.1	（277）	2.7
2）その他の症状精神病	0.5	0.5	0.6	0.9	0.7	0.7	1.1	1.4	（91）	0.9
4. 脳病精神病	0.3	1.5	1.4	1.8	1.6	1.5	1.8	1.4	157	1.5
1）脳しゅよう	0.1		0.1	0.1	0.1	0.2	0.4	0.2	（19）	0.2
2）脳出血及び軟化		0.1	0.2	0.3	0.6	0.6	0.6	0.8	（49）	0.5
3）その他	0.1	1.4	1.1	1.4	1.0	0.6	0.8	0.4	（89）	0.9
5. 梅毒精神病	9.4	7.5	3.1	5.1	6.9	5.5	6.1	4.9	608	5.8
1）脳梅毒	0.3	0.2	0.4	0.2	0.2	0.3	0.2		（20）	0.2
2）進行麻ひ	9.0	7.2	3.0	4.3	6.2	5.0	5.5	4.4	（556）	5.3
3）その他	0.1	0.1	0.1	0.4	0.5	0.3	0.2	0.2	（26）	0.2
6. 退行期精神病	0.5		0.2		0.1	0.1	0.1		10	0.1
7. 精神分裂病	37.9	41.2	42.9	41.2	45.0	43.9	42.3	39.1	4384	41.9
8. てんかん（なるこれぷしい）	3.7	2.3	3.3	4.9	4.5	3.9	3.3	4.1	393	3.8
9. 躁鬱病	4.8	4.4	2.5	3.5	3.3	3.3	3.4	3.5	363	3.5
10. ヒステリー	13.7	8.7	14.1	12.5	8.7	11.3	11.1	12.9	1199	11.5
11. 反応性精神病	1.7	3.4	3.8	1.7	2.4	2.4	3.9	1.2	267	2.6
12. 神経衰弱	13.7	8.9	9.0	8.5	7.2	5.8	4.2	5.5	739	7.1
13. 精神薄弱	0.9	2.9	3.0	5.2	2.9	4.7	7.9	13.9	622	5.9
14. 精神病質	0.8	0.5	0.3	0.9	0.6	0.9	1.7	2.0	112	1.1
15. 脊髄及び神経疾患	0.3	0.1	0.7	0.4	0.1	1.1	0.5	1.2	76	0.7
16. その他						0.1		0.2	4	0.0
計（実数）	628	941	970	1387	1455	1573	1876	1623	10453	

浅井院長は平成五年（一九九三）八月十五日、『うずもれた大戦の犠牲者——国府台陸軍病院・精神科の貴重な病歴分析と資料——』の編著をついに完成し、出版して、贈呈してくださった。難しい精神科の専門書なので、その中の入院患者・精神神経疾患一覧表だけでも紹介させて頂く。

石本茂総婦長は前記のような古い歴史と特殊な使命を果たしてきた、国立国府台病院の第三代総婦長として、約三年間貢献したのである。

現住所　千葉県市川市国府台一—七—一　電話　〇四七—三七二—三五〇一

国府台地区（市川市）
『こうのだいの想い出』
閉校記念誌より
昭和 62 年４月病院全景

国府台付近の図
（昭和 12 年頃）

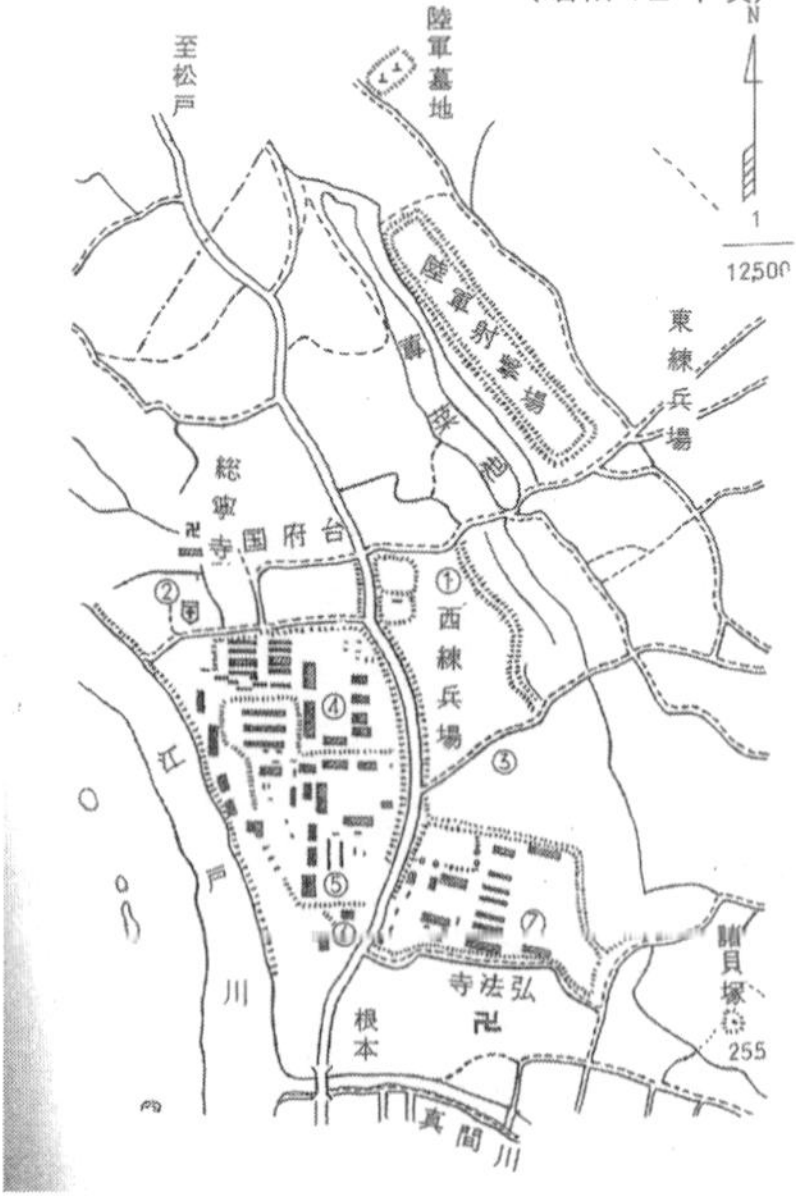

①現在の国立国府台病院
②現在の里見公園（旧里見病院）
③現在の市営野球場
④野戦重砲兵第七連隊
⑤工兵連隊
⑥旅団司令部
⑦野戦重砲兵第一連隊
なお④⑤⑥⑦は現在いづれも各種学校となっている

現国立国府台病院正門　昭和 56 年

旧國府臺陸軍病院正門前　昭和 16 年頃

『国府臺陸軍病院の思い出』（抜粋）

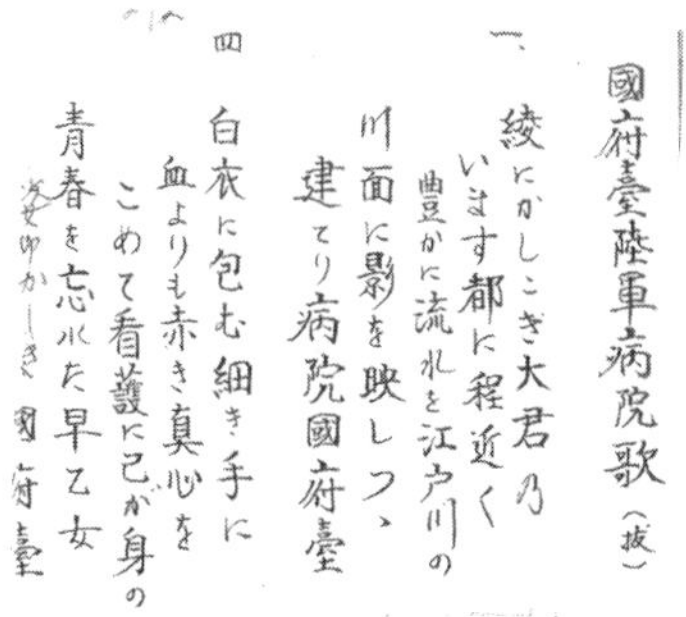
國府臺陸軍病院歌（抜）

一、綾にかしこき大君乃
います都に程近く
豊かに流れを江戸川の
川面に影を映しつゝ
建てり病院國府臺

四
白衣に包む細き手に
血よりも赤き真心を
こめて看護に己が身の
青春を忘れた早乙女
ゆかしき國府臺

灰田勝彦氏（歌手）作　病院歌

国立国府台病院付属看護学校　学校玄関

（昭和25年～27

年代		社会史	医学・看護史	病院史
1950	25	朝鮮戦争起こる	聖母厚生女子学院が最初の看護短期大学 社会保険診療における看護料加算（付添廃止・看護業務の適正化を目標に完全看護・完全給食制度が誕生　昭和33年基準看護となる） 第1回甲種看護婦国家試験実施8,600人受験 文部・厚生大臣より新制度の甲種看護婦学校養成所として88校が許可される	看護学院開校
1951	26	児童憲章制定 GHQ 占領政策終結 日米安保条約調印 結核が死因の第2位となる	保健婦助産婦看護婦法改正法公布（看護婦の甲乙2種の別を廃止・准看護婦制度新設）	外来診療棟増築 完全給食実施

国立国府台病院付属高等看護学院　その一部
（『三十周年記念誌』より抜粋）

30周年をお祝いして

三代総婦長　石　本　　茂

看護教育、新制度発足、30周年を心から御祝い申しあげます。

昭和33年から35年の約3年間、看護学校の教育科目のひとつに、職業調整があり、その科目を受持って、若い学生の皆さんと交り合った日を、懐かしく思い起しております。

男子学生の各位との出会い、問題提起等について、教務主任の清宮先生、病院長の宮崎先生と、よく語合ったことが、昨日のようによみがえってきます。

日本中を歩く私に、当時の学生の方から呼びかけられ、大きく成人された現実を、まざまざと、見出しています。

皆さん立派に行動し、活躍しておられます姿に接し、涙の出る思いでございます。

変革期に直面している看護教育、どうぞ明日にむかって、大きく羽搏かれますように、良き人材を実社会に送り出して下さることを祈念して止みません。

卒業生各位の御健勝と、ご発展を希《ねが》い、在学生の皆さんには、実りある勉学に専念されますように、そうして、学校長様を中心に教務の皆様の、御活躍をお祈りして止みません。

S 46年参議院議員となられ活躍中

国府台病院に総婦長として着任されたのはS33年7月ですが往年を振り返ってみると、当時の建物は軍当時のもので廊下等も継ぎはぎで時には板が折れて片足をつっ込んでしまう事もあった頃でした。総婦長さんは人格、識見にすぐれ、看護科のリーダーとしていろいろと改善し実践されました。その1、Nsの勤務時間がそれ迄は日勤ですと7時～15時、続いて準夜、深夜と云う体制でしたが、それを8時からの勤務時間にされ他の職種との調和を計られました。その2、抄読会を始め各病棟より1名宛交代で出席し勉強しあった。看護研究会の前身でした。又、時に総婦長さんとNsが廊下で出会うと「顔色が良くありませんが何処かお悪い所はないのですか？」とデリケートに気遣われる一面もありでした。S46年の参議員当選はこの上ない朗報でしたが、かくも立派な総婦長さんに直接ご指導戴けた事は誠に光栄の至りであったと感慨深い思い出となって居ります。

（27年卒業　岡崎記）

— 59 —

国立国府台病院付属高等看護学院　その一部
（『三十周年記念誌』より抜粋）

初代院長
諏訪敬三郎

初代総婦長
大野菊衛

ナイチンゲール記章受賞者

四代総婦長
高 瀬 松 子

昭和50年
ナイチンゲール記章受章さる

推薦の根拠となる証拠

高瀬松子女史は、1926年（大正15年）3月、日本赤十字社大阪支部病院救護看護婦養成所を卒業して、翌4月、大阪赤十字病院看護婦に任命された。以来、戦前戦後を通じて約50年間にわたり、一貫してわが国の病院看護業務、救護看護業務ならびに看護教育にてい身活躍して、看護事業の進歩発展に貢献し、極めて顕著な巧績を残した。

うずもれた大戦の犠牲者

──国府台陸軍病院・精神科の貴重な病歴分析と資料──

浅井病院　名誉教授

医学博士　浅　井　利　勇　編著

著者　浅　井　利　勇

■A5判・上製・箱入　■本文459頁

■編集　国府台陸軍病院精神科病歴分析資料・文献論集記念刊行委員会
千葉県東金市家徳38－1
（医療法人静和会浅井病院内）
電話　0475-58-5000

六十　日本看護協会

石本茂が日本看護協会に加入して、足繁く訪れた本部は、東京都渋谷区神宮前五―八―二にある。ＪＲ山手線原宿駅と地下鉄表参道駅の中間近い表参道に面している。道を隔てた向かいに表参道ヒルズがある。協会の案内書や入会案内書によると、現在のモダンなビルは有名な黒川紀章の設計による日本看護協会ビルで、平成十六年三月三十一日に竣工された。地下二階、地上八階建で約二四四三、四三坪（八〇七七、四七㎡）の延床面積を持つ協会である。

日本看護協会は看護職（保健師・助産師・看護師・准看護師）が自主的に加入し、運営する日本最大の看護職能団体である。四十七都道府県看護協会と連携して活動する全国組織である。加入している看護職は現在、約七十万人いる。使命として〝人々の健康な生活の実現に貢献すること〟を掲げている。

昭和二十年十二月十七日、選挙法改正で、婦人参政権が許可された。

昭和二十二年（一九四七）六月、日本看護協会が社団法人として創設された。石本茂は加入した。国立山中病院の総婦長のとき、石川県支部の創設に立ち合って、副会長に就く。初代看護協会長で、石本茂の恩師である井上なつゑ会長が看護婦の代表として、国会へ送られ、看護婦の権利と育成に尽力した。

昭和二十五年（一九五〇）、茂は厚生省の勤務時代、東京都支部の看護部会長を経て、看護婦部会の書記長を六年間務めた。

昭和三十七年（一九六二）林塩日本看護協会長が国会の参院選に当選した。石本は第一副会長に就任、国立がんセンターの総婦長としての激務の傍ら、協会活動に尽力した。

昭和三十九年（一九六四）看護協会の看護会長に就任、参議員選全国区候補の協会の推薦を受けて立候補する。翌年当選し、政界へ。

昭和四十四年（一九六九）日本看護協会の会長に就任。その後、次の役員職を歴任。

一、厚生省看護審議会調査委員
一、文部省看護視学官
一、母子保健審議会委員
一、国際看護交流協会理事
一、日本国際社会事業団副理事長など、石本茂は重責を担う激務の中、長年看護協会で熱心に看護界のために多大な貢献を行った。

平成二十七年（二〇一五）十一月二十五日に訪れると、日本看護協会の総務部総務二課の植竹氏が応待して下さった。看護協会の創立七〇周年記念のビデオを見せていただいた。聖路加病院の湯槇ます看護協会会長や日本看護協会会長で参議員議員の林塩氏、石本茂恩師のにこやかな映像が見られて、なつかしさで胸がいっぱいになった。林塩会長は確か国立国府台病院附属看護学院の式典に臨席されて、祝辞を下さったと記憶している。

「石本先生が環境庁長官に就任されたころ、日本看護協会を訪れられたときは、ＳＰの人（警備員）が下見に来ました。翌日、長官が訪問されました。本当は一人で来たかったのですがねと、長官は笑っておられました」

長官は物々しい警備の中で講演したという。

後日、石本長官が協会長に就任した昭和四十四年（一九六九）ごろの資料をいただいた。参照すると、やはり石本茂は、名古屋市での第六回通常総会で、出席者・六千名の日本看護協会員の中で、林塩会長の後を継いで、選出されて政界に入ったとあった。

当時は看護婦不足が深刻で、大幅な看護人員の増加のための学校増設、労働条件ならびに待遇改善等による看護職員の離職防止、看護職員の質を下げない制度などが決議された。石本会長は数々の協会の要望を受けて、政界に入り、法制の実現に尽力したのである。

公益社団法人日本看護協会

公益社団法人日本看護協会
入学案内より

第六章　政治の世界での活躍

「参議院議員」

六十一　参議院議員選挙に立候補

昭和四十年（一九六五）、石本茂は正月が明けて早々に、選挙運動を開始し、厳寒の北海道網走市に飛ぶ。林塩先輩の選挙運動を応援して三年後、今度は自身の選挙戦に臨むとは夢にも思っていなかったのに、遊説の第一歩の地に降り立つ。積雪が背丈ほどの道中を、日本看護協会北海道支部の役員に案内されて、地域にある病院や保健所などをあいさつして回った。

網走刑務所で名高い市内を遊説後、汽車に乗って各地へ移動する。車窓から流氷に覆われたオホーツク海が見えた。その凍りついた海の上から吹き寄せる寒気が車内に流れてきた。

「さあ、これから力の尽きるまでがんばるぞ」と身を引き締め、闘志を燃やした。

看護協会の支部が全国にあるが、全国区候補として戦うには広く、無所属であり、無名の新人である。その上、他の候補はすでに三年前から選挙運動に奔走していた。投票日まで機関決定から半年しかない。心細かったが、林塩参院議員が選挙本部長として陣頭指揮に当たってくれたので、心強く、ありがたかった。後援会も発足した。思いもよらなかったことは同じ北陸出身者の作家・水上勉やコメディアンの榎本健一も応援をかって出てくれたことである。有名人なので話題を呼び、テレビで全国へ放映されて筆者も見た。

しげるは戸籍係が茂と改名したが、親が命名したひらがなの「石本しげる」の名で選挙戦に臨んだ。北の北海道から本州の各県へ順にあいさつに訪れると、日本看護協会や日本看護連盟の各支部の役員が、熱気にあふれた笑顔で出迎えてくれた。そして先頭に立って病院などの医療機関や団体を回ってくれた。しげるは無我夢中で、告示前の五月末までに、ほぼ日本全国の津々浦々まで、隅なくあいさつして回ることができた。

しげるは公示の日、立候補の届けをした。いよいよ正式に選挙運動がスタートした。

「健康で明るい社会の建設をめざします。石本をよろしく」

選挙演説は最初に、東京の明治神宮駅に近い「公益社団法人・日本看護協会」本部の事務所前で行った。人通りの多い原宿で、しゃれた店やビルが建ち並ぶ渋谷区神宮前五丁目八番二号の地である。しげるは白いタスキを右肩からかけて、白い手袋をしてマイクを片手に街頭に立ち、必死の思いで演説をした。協会役員たちも傍らに並んで、「ナースの声を国会へ」との熱い思いを胸に抱いて、道行く有権者に手を振って応援してくれた。

その後、全国の主要都市を走り回って街頭演説をした。地方の小都市や農漁村へは訪れる時間の余裕はなく、看護協会の支部員らに依頼した。

「みなさまの健康を守る看護婦の石本です」

しげるは大声を上げて有権者に、清き一票をとお願いして回った。食事をゆっくりする暇《いとま》もなかった。まるで超特急車に乗ったように、大都市で声が枯れるほど叫んだ。前に総婦長を務めたしげるを国立国府台病院では、職員や看護学校、同窓生一同がこぞって応援したと聞く。筆者も育児に専念しながら、恩師が看護婦の念願である地位向上、待遇改善、医療の改革などを実現してくれる旗手として、頼もしく、誇らしく、熱い思いで心から応援した。

選挙戦の終盤の頃、しげるは疲れ果てて、一人になると、当落はともかくとして、少しでも早くこのような選挙戦は終わってほしいと願った。最後の三日間は東京都内に陣を張る。投票前日の七月三日の夕刻には、新宿駅前の広場で街頭演説を行った。広場は通勤客や他の立候補の運動員らであふれていた。マイクのボリュームいっぱいに上げて、互いに候補者名を連呼しており、異常なほどの熱気に包まれていた。しげるは協会の仲間が朝から確保してくれている広場の一角に立って、あらん限りの最後の声を振り絞って、有権者に支持してくれるよう呼びかけた。すでに運は天にお任せしており、「後は野となれ山となれ」の心境で、初めての選挙戦を終えた。

六十二　参議院議員に当選

昭和四十年七月四日、石本しげるが出馬した第七回参院選の投票が、同日の夜から開票が始まる。

しげるは投票を済ませた後、日本看護協会本部の事務所の一室で休養しながら、開票の結果を待つ。わずか半年にも満たない選挙運動を戦ったのだが、全国各地を遊説して、疲労困憊《こんぱい》し、一種の虚脱状態に陥っていた。今からもう一度するように言われても体がとてももたないほどの運動量だった。食事を満足に取る間もなく、まさに東奔西走して戦った。

選挙監理委員会の中間発表の結果が、その都度、事務所に送られてくる。全国区の立候補者は九十九人である。改選議席は三年議員となる補欠二名が含まれ、上位五十二人が当選者である。しげるの得票数は当落線上を上下し、事務所内は一喜一憂の状態に沸いていた。

しげるは自ら望んで立候補したわけではない。控室に一人こもって、成すべきことを行ったので、結果はどうでもよいなどと、自分に言い聞かせて、表向きは平静に票の伸びるのを見守った。

熊本県の五木、坂本両村が集中豪雨で投票日が一週間延期されていた。有権者は約一万人である。開票は七月六日午前六時半、両村を除いて全国の開票集計作業が終了した。開票を始めて一日半過ぎた頃である。しげるは四十三万九千票余を獲得して、五十一位に入る。落選者の五十三位とはかなり票差がある。当選は確実だが、六年議員になる五十位には、三千票とわずかに差があった。五十位と五十二位の熊本出身の保守系候補者の二人は、直ぐに熊本へ飛んで、最後の選挙戦に向かった。石本も五十位に当選すべく熊本を目ざした。

しげるは両村の水害の惨状を目にして衝撃を受け、当惑した。マイクを持って投票を叫ぶわけにはいかなかった。被災地域を林協会長や地元協会会員と見て回りながら、「ご苦労さま」、「お体は大丈夫ですか」と優しく、お見舞いを申し上げるだけで精一杯だった。

熊本から帰京して選挙本部の日本看護協会事務所に戻ると、待っていた協会の仲間たちが、「石本さん、おめでとう」と口々に叫んで、拍手で迎えてくれた。

「女性の組織から私に続いて石本さんと二人の新人を国会へ送り出せたことは全会員の一致団結のたまものです」

林協会長があいさつに立って、勝利を高らかに宣言して、全員で祝杯を上げた。

「ありがとうございました。がんばります」

しげるは礼を述べて、仲間の一人ひとりと力いっぱい握手を交わした。政治には全くの素人を当選させてくれたのは、日本看護協会を母体とする関連の諸団体の尽力のたまものである。しげるは感謝の念で胸がいっぱいであった。

補欠の三年議員の当選だが、全看護婦五十万人の代表の一人として、国政を担うのである。単に晴れがましいと思うだけではなかった。看護に関する解決すべき難題が山のようにある。みんなの期待にどうしてもこたえねばならない。しげるは当選のうれしさよりも、その責任の重大さを考えて緊張感から、身震いした。

六十三　無所属第二院クラブ

「いっしょにがんばりましょう」

昭和四十年、しげるが政界に入り、第二院クラブに在籍した。国会に初めて出席した日、白髪の市川房枝議員が笑顔で迎えてくれた。しげるはまる三年間、二院クラブで本会議や予算委員会、決算委員会などで看護の重要性と問題点について、提議し、理解を求め続けていく。

応援してくれた人や全国五十万人の看護婦を常に背負っているようで、その重さにつまずき、よろめきながらも三年間、未知の政界でがんばる。これまで疲れを覚えずに、学校や病院、厚生省や戦地などで働いてきた。だが、政界に入って、ときには疲労困憊した。

「石本さん、しっかりしてください。あなたは、私たちの代表ではありませんか。どうぞ、私たちのためにがんばってください。さあ、元気を出して……」

そうした声が聞こえるような気がした。

当選して初めてしげるが参院予算委員会で発言の機会を得られたのは、一年後の昭和四十一年四月二日である。しげるが相対峙する閣僚席には佐藤栄作首相をはじめ、各大臣が並んでいた。首相は大きな眼で、ギョロリとしげるを見据えており、威圧感を覚えた。

しげるはようやく訪れた絶好の機会なので、怯《ひる》むことなく医療政策問題を主に質問した。

「今後も努力します。検討します」

などと、佐藤首相や鈴木善幸厚相が答弁する。どの答えも今一つつかみどころがなく、しげるは少々期待していただけに落胆した。

翌四十二年四月の参院予算委員会では坊秀男厚相に次のような質問を行う。

「入院患者の妊婦四人に看護職一人を置く規則となっているが、出産して赤ちゃんと合わせて八人となっても看護職一人というのはおかしい。看護職の労働にも無理がかかる」

「そう言われればそうだ」

坊厚相は理解してくれて、新生児四人に対しても看護職一人を割り当てることを約束してくれた。

当時、文部省が高校の衛生看護学科創設を計画していた。卒業生に何らかの資格を与えて、看護婦を乱造しようとする考えであった。

「あくまで教養の範囲であり、石本さんのようなプロの看護婦養成をめざすものではない」

と、佐藤首相から答弁を得ることができた。これを阻止できてしげるは安心した。

しげるの質問に、佐藤首相や他の閣僚はそれなりに誠意を込めて答えてくれた。

しげるの所属する第二院クラブは「一人一党」の精神で、所属議員が集まって、政策審議をすることはなかった。そのためしげるは委員会での審議に力を注ぐが、期待が持てなくなった。

四十二年の春の参院決算委員会で、二時間の質疑時間を得た。厚相や労組に国民医療の充実と医療従事者の改善の必要性を説いて、考え方をただした。だが、両大臣からは何一つ受け入れられなかった。しげるは看護協会から押されて、山積する課題を背負って議員になった。だが、思うように成し得ず、はがゆく徒労感に襲われた。国の政策が政府・自民党の話し合いの中で決まる。野党はなかなか政策に影響を及ぼせないのが現実であることを痛感した。しげるは現実の政治の厳しさと、個人がどう頑張っても、どうにもならないという無力さを第二院クラブの三年間で思い知った。

無所属第二院クラブは、議会においては孤立無援の少数派であった。発言する機会に恵まれない。看護に関する要求を政策にのせることなどは、全く夢にすぎなかった。それでも三年間がんばって、ようやく次の三点を実現させた。

一、新生児に対する看護要員の設定
四十一年度より新生児四人について、看護職一人が実現。
二、日本赤十字社救護班員に対する適用法について（しげるが厚生省在務中から取り組んできたもの）
四十二年に救護看護婦長以上が恩給の適用を受ける。
三、小中学校に勤務する看護婦の養護教諭資格認定について
四十四年度に結論をみる。

街頭で支援を呼びかける茂。
左から3人目（昭和40年）

六十四　第八回参院選に落選

しげるは逓信委員会や決算委員会の委員も勤めた。任期終了後、昭和四十三年、第八回参院選にしげるは再度出馬した。ところが日本看護協会と日本看護連盟に推薦されて、大勢の人々から支援を受けてがんばったが、残念ながら力が及ばず次点であった。このときに困ったことは看護協会出身の先輩議員である林塩議員と立候補が重なったことだった。

そのため昭和四十二年一月、日本看護協会の理事会が開催された。しげると林塩先輩と同時に出馬させては票がわれる。確実に当選を実現させるには、どちらか一人に立候補を絞るしかない。理事二十人の投票で推薦候補を一人に決めることになった。投票の結果はしげるを推した理事が十三人おり、協会組織として、しげるが選ばれた。その後、しげるを出馬させることが、春の総会で決定された。しげるは先輩をさしおえて選ばれて、複雑な気持ちだった。一部の会員から当然不満の声がしげるに「後輩のくせになぜ推薦を辞退し、林さんに譲らないのか」などとささやかれた。しげる自身も不満の人のいる組織が一つにまとまらないままで、選挙に臨んでも、当選できないかもしれないのである。しげるは悩んだ。

「組織として決めた以上、あなたに辞めてもらっては困る」

当時の金子みつ協会長（現・社会党副委員長）はしげるをそう言って励ましてくれた。

それから四カ月過ぎた頃、しげると同じ無所属第二院クラブに所属していた林議員が突然、自民党に入った。次期選挙に党公認候補として立候補するという。しげるは協会の決定に従うだけと心に決めていた。だが、「苦戦は避けられないだろう」と、内心では少し弱気になっていた。

選挙結果は危惧した通りであった。しげるは五十三位の次点で落選した。林議員は六十二位で落選した。しげるは「何ともいえぬむなしさと自分を応援してくれた仲間たちへの申し訳ない気持ちでいっぱい」だった。「これも私に課せられた一つの宿命か」と思ったのだった。

日本看護協会では、二議席とも失うという大きな打撃を受けた。

昭和四十五年（一九七〇）、日本看護協会は臨時総会を開いた。石本しげるを次期参議院選挙に立候補させるべく予定していた。日本看護協会は議席を失ったが、山ほど抱えている看護会の難問を解決するために、また、職能団体の利益や権利を得るためには、無所属議員では不可能ではないかという意思が生まれた。政党政治がまかり通る現実を踏まえて、「今後は国会に送り出す代表者は政党に入るべきである」とし、「実績を上げるには与党に」という、決議がなされた。しげるはたじろいだ。「私は、労働組合もやってきたんですよ。その私に、自民党に入れなんていうんですか」

しげるは協会の決定に反論した。だが、個人の主張などは聞き入れられなかった。しげるは不本意であったが、協会の方針にこれ以上逆らえずに、同年八月、看護協会の総会で、責任政党の自由民主党へ入ることに決めた。

どんな小さい権利でも、獲得するには大勢の人が力を結集して、必死に闘わないと、勝ちとることは出来ない。ようやく獲得したその大切な権利でも、そのまま放置しておくと、たちまちに形骸化する。それも違う方に利用されて奪われたり、後退を強いられたりする。だから、職業を同じくする団体は、獲得した権利が正しく行使されているかをたえず監視し、次に解決すべき問題を明確にして、追求していく役割がある。こうした協会の考え方に従ってしげるは再度、自民党公認候補に推されて、昭和四十五年の九月、自民党に入った。当時の佐藤栄作総裁から、しげるは次期参院選への党公認証を受け取ったのである。

しげるは自民党が多数の国民の支持を受けているが、その上にあぐらをかいている政党にすぎないとみていた。だが、無所属第二クラブに所属していては、孤立無援の少数派の一員で、政策上の発言力は乏しく、看護婦仲間の期待には応えられないとわかった。

六十五　第九回参院選に当選、自民党に入る

昭和四十六年六月、第九回参院選全国区に立候補し、これまでにない多くの人々の支援を受けて、約五十四万七千票を獲得し、三十七位で当選できた。与党議員になって、これから六年間、新しく一年生になったつもりで教えを請い、学んでいこうと覚悟した。

議会では四十七年度の予算審議が始まる。種々の部会があって、毎日、議員が活発に討論していた。しげるは当選後、すぐに自民党の政務調査会の社会、労働、文教、自治の各部会に入って、政策審議に加わっていった。

社会部会においては「勤労婦人福祉法」の制定に全力をあげて取り組む。この法律の目的は、勤労婦人の職業生活と家庭生活の調和を図ることであった。婦人向けの職業指導や訓練、企業内託児所の

設置、育児休業などである。育児休業は入党して一年の昭和四十七年に大旨《おおむね》、制定できた。

社会部会などが開かれるたびに、しげるは出席議員の末席にいて、いきなり挙手した。

「私に一言いわせてください。ぜひ聞いてください」

同僚議員に看護の実態をぜひ知ってほしいと願って、発言を求めた。看護現場の現況や抱える問題について、一気に説きまくった。しげるの話し方は早口で激しいので、聞く者は圧倒される。その姿はまるで少し気が触れているのではないかと思われたかもしれないほど必死で話したという。

別の議題の審議中はじっと押し黙っていて、看護の縁のない議員たちにどう説明すればよいかと、思案を巡らせていた。いつ手を挙げたらよいのかと、その機会を探り続けていたのだった。

しげるの政策上の究極の目標は国民医療の充実と強化であった。その医療を構成するのが医者による診断、治療と看護職による看護であり、どちらか欠けても健全な医療体制は望めない。しげるが政界入り前に務めた国立がんセンターの久留初代病院長は、医者と看護職は「車の両輪」の関係にあるべきだと語っていた。

ところが、当時の看護職の地位や待遇などは、あらゆる面で立ち遅れていた。この事実を党内で理解する議員はいなかった。日本医師会を背景にして、医師に関する問題に取り組んでいる議員はいた。看護問題はその関連でとらえられる程度であった。

「病気は医者が診て、病人は看護婦が看るのです」

しげるは「看護婦は医者とともにある」ことを説いて、看護婦の仕事や労働条件の厳しさを繰り返して力説した。

するど「初めて聞く話だ」とうなずいてくれる議員が相次いだ。しげるはその後も社会部会などで看護問題について、一人で叫び続けた。

六十六　看護議員連盟の結成

昭和四十六年、しげるが社会部会合を終えて帰りかけたとき、植木光教参議院議員に声をかけられた。このことがその後、しげるが看護問題を実現する大きな機会を生むのである。

「私も熱海の病院で看護婦さんに大変世話になった。石本さん、仲間ですよ。仲間をお作りなさい」

「仲間ってなんでしょうか」

何も知らない新一年議員のしげるは尋ねた。植木議員はにっこり笑って、言葉を続けた。

「看護の議員連盟をつくって応援してもらいなさい。一人で何かやろうとしても無理ですよ。仲間をよく説得して、いっしょになっていかなければいけません」

しげるは植木議員の勧めに、初めて目が開かれる思いがした。そういうものかと悟った。だが、どのようにして連盟を結成するのか皆目わからないので、すべてをお願いした。

衆参両院から十二人の議員が世話役となってくれて、連盟の規則を作り、加入者を集めてくださった。全部で二百二十人という大勢の議員が、「看護技術者対策議員連盟」の主旨に賛同して、加盟してくれたのである。しげるには想像もし得なかった人数であった。しげるは強力な味方を得て心強く、大船に乗ったようだった。議会やいろいろ委員会で発言するときは、連盟の方がたが後ろに控えてくださっていると思うと、勇気がわいてきた。

「そうだ」「その通り」などと賛同の掛け声をかけてくれた。しげるは常に怯《ひる》むこともなく主に看護の問題を提案して改善を求めた。

昭和四十七年七月、しげるは自民党社会部内の看護問題対策特別委員会の副委員長に就任した。法的に権利を得るには、陳情書や請願書の提出だけではだめである。担当者に陳情者の真意を理解してもらうために出向き、説明が必要だった。

六十七　念願の看護職給与の増額

看護婦問題で念願の給料を増額することは看護職の給与が医療職三表なので、社会部会で理解を得た上で大改善を意図して、しげるは人事院に日参した。人事院総裁、事務総長、給与局長の方々と親密にならなければいけない。しげるは佐藤達夫人事院総裁の人柄やご趣味についてさる人から教えられた。佐藤総裁は温厚な紳士で、植物をこよなく愛され、草花の画集を幾冊か出版されていた。甘いものがお好きだというので、しげるは「貰い物で失礼でございますが……」などと言いつくろって、上等の和菓子を買って差し上げたりした。総裁は戸棚からお菓子を出されてごちそうしてくださるので、しげるまで甘い菓子が大好きになった。

毎日のように人事院を訪れて、「お願いします。お願いします」と言って、出かけてゆくのも押しつけがましいかもしれない。

「通りがかりましたので、ちょっとお寄りしてみました」

しげるはそんなふうに言ってみたりした。

「先生の絵は、ほんとうにいいですね。拝見するたびに、心が潤います」

といっては日参して、看護婦の給与の問題をいつ切り出すべきかと、たえず考えていた。しげるはけっして社交的な性格ではなく、不器用であったが、後年、よくできたものだと述懐している。

佐藤人事総裁にしげるはようやく話す機会を得た。総裁に看護婦のおかれている薄給で、激務の現状をつぶさに話した。

「看護婦さんが、そんな状態に置かれていたとは、知らなかった。長いこと、ほったらかしにしておいて、ほんとうにすまない。気がつかなかった私も悪かった」

総裁はしげるの話にじっと耳を傾けて聞いてくださり、涙を浮かべて言われた。しげるも涙があふれて思わず泣いてしまった。

こうして根気よく人事院に日参して、昭和四十七年にしげるの念願であった五十万の看護婦の給与を、増額することが実現できた。翌年の四十八年、年二回の昇給も確定した。初任給でも看護職が大学卒の一般行政職より上回った。民間病院の給与も上がっていくであろう。でも、喜んでばかりはいられなかった。病院経営者や労働組合から、総裁へ、非難の声が次々と舞い込んだ。病院経営者から
「医療費がこんなに安いのに、看護婦の給料をあげたりするとは何事か。病院をつぶすつもりか」

と、怒りの内容の手紙である。他にしげるは幾通かの手紙も拝見した。

「病院には、栄養士、検査技師も働いている。それなのに、なぜ看護婦の賃金だけ上げるのか」

こうした抗議の手紙も届けられていた。しげるはこれらの内容の手紙は筋違いだと思った。「こちらが立てばあちらが立たず」の問題でもない。要求があるのならば、それぞれ自分たちの立場で努力して勝ち得るべきだ。正当な要求であれば、必ずや道は開けるはずであると思った。

「私はもう年だから、もうじき、この仕事をやめることになるでしょう。仕事をやめても、私はずうっと、あんたの味方だよ」

佐藤総裁はそう言われた。しげるはすばらしい理解者にお会いできて、悲願が達成された。

二年後の昭和四十九年、佐藤達夫前人事院総裁は逝去された。石本は涙が止まらなかった。ありし日の総裁の優しいお顔を思い出しては涙にくれて、偲ばれた。

六十八　夜間看護手当の増額

以前から日本の看護婦の慢性的な不足は、低賃金が大きな原因で、結婚、出産で退職者も多く、特に夜間勤務を嫌がる人が大勢いた。しげるは昭和四十年から四十三年の三年間、無所属議員として、ようやく夜間手当を一回について、五十円にすることが実現できた。しかしこんな少額では、看護婦不足を解決できない。

「こんな賃金で留《とど》まれというほうが、無理な話ではありませんか。国はもっと看護対策に目を向けるべきです」

しげるは国立がんセンターや看護協会の資料をもとに看護婦の厳しい現状を声を大にして議員に訴えた。夜間勤務手当てについては、看護問題対策特別委員会で、夜間看護手当の増額を要望するときは体験を話して説得した。当時は一晩に三百円と安い夜間手当をなんとか増額してあげたかった。

「勤務時間は夜も昼と同じ八時間ですね。だから特別な手当は必要ではないのでは……」

「夜、働いたら、次の日は遊んでいられるではありませんか」

医師会関係のある議員がとんでもない発言をした。無理解もはなはだしい。しげるは落胆したが「負けてたまるか」と闘志を燃やした。看護の分野に門外漢の人に理解してもらおうと願い、第二次大戦中、日赤の救護班の看護婦長として陸軍病院で働いたときの経験談を語った。

「ほとんどの病室で五十人ぐらいの病人や負傷者を看護していました。明日にも死にそうな患者もおられ、看護婦二人で大抵の夜間勤務は激務でした。人手不足で一人のときもあり、亡くなられたときは、隣の病棟の看護婦に手伝ってもらって死後の処置をしました。二人で遺体を担架に寝かせて、二階から降ろし、病院の外れの霊安室へと、真っ暗いでこぼこ道を運びました。雨の中をカバーを探して死人を包み、看護婦はずぶ濡れでした。霊安室に安置して蠟燭を灯し、ご冥福をお祈りしました。この小一時間に二つの病棟には看護婦が一人もいない状態でした」

しげるのこの実体験に心打たれ、「そうでしたか」と、眼鏡を外して涙をふく議員がいた。他の議員もうなずいて理解を示してくれた。

「お金で計算できるような仕事ではないが、とりあえず三千円に引き上げてはどうでしょう」

しばらくして一人の男性議員が言ってくれて、ついに自民党としての要求額が三千円に決定した。

ところがその後、大蔵省側と折衝して、千円に減らされた。しかししげるは三百円が三倍増に決まって、安堵《あんど》し、みんなに感謝の念でいっぱいだった。

六十九　看護婦の増員を目ざす

しげるが昭和四十六年から自民党参議院議員として最も力を入れて取り組んできたのは、看護婦の増員対策であった。

昭和三十年代に入って、国民皆保険と公費負担制度の充実が図られてきた。そのために受診する患者が増加した。また医療内容が一段と向上して、看護業務も複雑で高度化し、看護業務量が多くなっていく。厚生省は昭和三十年代の後半ごろから少々の改善策を打ち出した。だが、看護に対する認識や職場での労働条件などは昔のままであった。そうした悪条件の中で責任の重い過酷な勤務をしいられて、看護婦の退職者が増加の一途をたどり、看護婦不足は一層深刻化していた。

しげるは党の社会、労働部会で発言した。

「不足する看護婦を増やすのは簡単な話です。給料と待遇を勤務にみあった適正にし、養成機関を作ればいいのです」

しげるは自民党の社会、労働部会で、看護婦の充足率が国の医療機関で、七割しかないことを話した。そしてそのしわ寄せが患者にきていると強調して、理解を求めた。

「看護婦の養成に関しては、以前から病院や民間に任せっきりで、国は見て見ぬふりをしていました。

医師も看護婦も国民が同様に必要としている職業です。私立の医大へも何十億円と補助金を出しているのに看護婦の養成機関へ何の援助もしないのはおかしいではありませんか」

しげるのこの発言に部会内で議論が盛んに交わされた。出席者の了解が得られて、ようやく昭和四十七年から、看護教育機関への運営費補助が認可されたのである。

しげるが自民党に入った時期から、国の看護関係の予算が増大した。四十六年度は前年に比べて四十七％増の約十七億二千万円になった。四十七年度にはさらに十二％増と大幅に伸びた。こうした功績に対して「入党した石本さんへの土産か」などと、党内の一部の人らにささやかれた。しげるは看護の代表として責任政党の自民党に入籍したから実現されたと痛感して、その後の活動に意を強くした。

七十　病院内保育所の設置

看護婦が他の職業の女性勤労者と同じく、結婚後も勤めるには、我が子の育児をどうすべきかが、大きな問題となる。しげるはその悩みを解決する一つとして、病院内保育所を設置しようと考えた。国が保母の給料ぐらいの運営費補助をしてほしいと願って、大蔵省に幾度もかけ合いに出向いた。ようやく認められて、昭和四十九年に実現した。現在までに全国六百カ所に病院内保育所が設けられた。

二年後には利用者が増加し、すずめの涙ほどの補助金を交渉して増額して頂いた。

国立病院が保育所を設置すると、私立病院にも広がっていく。看護婦不足の中で、結婚しても安心して出産し、勤務を続けられるようになった。子供が病気に罹《かか》っても、外来診療がすいたころに、診察してもらえる。病気が重くなったときは入院させて、昼休みなどに見舞うことができた。筆者の後輩は三人も出産して保育所にお願いし、定年まで勤務できた。

昼休みには保育所の我が子と共に食事し、遊んであげてスキンシップをはかった。病気のときでも仕事を休まなくてすむ。職場でも常に人手不足なので、大いに助かった。院内保育は看護婦だけでなく、子供の健全な育成に大切であり、病院側も退職者が減っていいことづくめだった。

七十一　ナースバンク（看護婦無料職業紹介所）

退職した看護婦を再復帰させることは、看護婦不足を解消する上で最も重要である。だが、一度退職すると、再就職する機会がつかめないのが実情であった。石本しげるは昭和四十九年、ナースバンクの設置補助を願い出て、ようやく国の予算が得られた。日本看護協会の各支部が、看護婦の立場から病院を紹介できるように事業として行うことが実現できた。

退職して育児を終えた級友がナースバンクを訪れた。「今から働けば年金がもらえますよ」と、勧められて再就職した。

「忙しかったけど、子供が大きいので安心して働けたし、協力も得られたの。やりがいのある仕事ができて、年金まで頂いて嬉しいわ」

級友は頑張って勤務し、総婦長にまで昇進した。ナースバンクにとても感謝している。

しげるは看護婦が安心して働けるように、職場の環境を徐々に整えていった。だが、しげるだけの力で実現したわけではない。しげるは次々と看護婦問題を考えて提起し、党内と政府間を行き帰してお願いして歩いただけだという。党内の根回しや政府の働きかけに、他の多くの議員が応援してくれたため、実現したと謙虚に語っている。

同年第一次看護婦増員五カ年計画を立案し、約四十九万人余が増員できた。その後、第二次計画で、六十五万人余の増員が決議された。これで看護婦不足がかなり解消された。

七十二　育児休業法制定

昭和四十七年から勤労婦人福祉法が施行された。この法は働く婦人の保護を目的としていた。しげるはこの法律の中身を充実したものにしたいと考えていた。それは女性が就業する上で育児問題が大きくのしかかる。法律が施行されても、内容が事業主に対して、育児休業などの便宜を図るよう、努力目標を掲げることという抽象的な法律にとどまっていたからである。しげるはなんとかもっと具体的な法律へと進めたいと、機会をうかがっていた。

その機会がようやく巡ってきた。昭和四十九年、党の文教部会で、育児休業法制定に向けて、議論が白熱していた。趣旨は希望者に我が子が満一歳になるまでの間、無給だが休業を保障し、職場に復帰するときには不利益な扱いを受けないことを法的に認めようというものであった。しげるには休養中の代替要員の雇用を義務付けるということが魅力的だった。そうなれば一人が休みを取っても代替者がいて、仕事全般になんら支障がないので、休む者が安心して育児休業制度を利用できる。ところが、対象者は義務教育諸学校などの女子教員とされていた。しげるはその議論がされていることに納得できず、激しい口調で発言した。

「女子教員だけを対象とするのはおかしいではありませんか。給料の面でも諸待遇の面でも、もっともっと冷遇されているのは、同じ特殊職業である看護婦や保母たちです。ぜひいっしょにしてください」

法案審議がようやく軌道に乗りかかった時だった。そのためこの法案を実現すべく頑張ってきた委員たちは、しげるが「後から来て何を今さら言っているんだ」と、不愉快そうな表情を浮かべて言い放った。しかし、しげるは主張して少しも譲らなかった。

その後、しげるの提案した育児休業対象者の拡大問題は、党内の社会部会でも取り上げられた。看護婦、保母なども含めた法案とすべきだと決定し、文教、社会両部会の間で論争となった。その結果、この年はこの法案の国会提出が見送られた。

翌年の昭和五十年、育児休業法は女子教員と看護婦、保母などを対象とするとして国会で成立した。

「後から出てきた風鈴のようなものにさんざんかき回され、三年も遅くなってしまった」

文教部会の幹部議員たちはつぶやいた。しげるは風鈴議員などと陰口を言われたが、意見が採用され、目的がかなって、全然気にかけなかった。

この法律の制定によって、安心して出産し、仕事を辞めることなく休業し、育児に専念できるようになった。これは赤子も母親とふれ合えて人格形成の上でも、はかり知れない大きなメリットがあると、しげるは語っている。

しげるは中小企業から大企業に至るまでのすべての働く女性が育児休業法の適用対象になるよう

に、各方面へ十年以上の長きにわたって働きかけてきた。労働省から経営者側の理解を得るために経済団体連合会、日本商工会議所へと出向いていった。当初は「時期尚早」と反対された。

昭和五十年代の末、議員立法で新しい育児休業法案を一度、国会に提出する直前までこぎつけた。だが、労働省側と立法化に向けての最終調整を進めている間に、男女雇用機会均等法制定の新たな動きに押されて、実現できないでいる。残念ながらしげるが議員の間には、検討中のままであった。すべての働く婦人を対象とした、新しい育児休業法が一日でも早く制定されるよう、今でも取り組まれている。

「自民党婦人局長に就任」

七十三　婦人議員の連絡協議会結成

しげるは昭和四十六年、自民党参議員となった一年生のとき、同党の婦人組織をまとめる局長という大役を仰せ付かった。しげるは日本看護協会の会長を三年間つとめ、正看と準看護婦の会員の約二十万名をまとめてきた実績があった。その経験から、約十五万人の自民党女性組織ぐらいなら、なんとでもなるだろうと思った。

だが、自民党の組織については全く関心がなく、知る由もなかった。看護協会の代表として国会議員になった経歴から、組織のことについては、なんでも熟知しているだろうと思われたらしい。しげるがいかにしてまとめていくのか、議員の人たちが「お手並み拝見」という向きもあったようだった。

婦人局長の任務は婦人組織の強化、拡充であるが、しげるは党勢拡大化するよりも、婦人が低い地位に置かれている現状を思い、なんとか高めていきたいと願った。しげるは手初めに全国の町村議会まで含む、女性の自民党議員で組織する「婦人議員連絡協議会」を結成した。しげるはこの協議会によって婦人組織を固めて、その発言力を強化しようと考えた。これまでは女性の声が党中央に伝えられる場は、各都道府県連の婦人部長会議しかなかったからである。

女性の各種団体にも呼びかけて、役員クラスの人たちに、事あるごとに自民党本部に集まってもらった。自民党の政策や国家予算に対する考え方などをテーマにして、懇談会を開き、党所属の婦人議員とともに語り合ってもらうことにした。女性同士でよく話し合うことで、自民党への理解につながるし、婦人組織の自覚や意識の高揚になるだろうと確信した。

当時、婦人問題は労働省の婦人少年局が担当窓口だった。労働省の所管だったのは、働く婦人を主な対象としていたためであった。しげるは勤労婦人だけでなく、多くの家庭婦人も対象とする広い範囲にわたって、婦人問題を考えるべきだと思っていた。

しげるは当時の倉石忠雄党政調会長を訪ねた。婦人問題を全省庁を統括する新たな部署を総理府内につくってはどうか、と進言した。倉石会長はしげるの提案に一応うなずいて、

「あなたが言う新しい部署の規模や人員などの青写真をとにかく作ってみなさい」

と、助言してくれた。

しげるは超党派の女性国会議員で組織している「婦人議員懇談会」に自身の考えを提案して、皆の意見を求めると受け入れられた。総理府内に婦人問題を総合的に扱う設置を要望することに決まる。しげるらは市川房枝議員とともに、総理府総務長官など、関係機関へ陳情を繰り返していく。

七十四　保育所運営費の予算の獲得

昭和四十八年、しげるは厚生政務次官に就任し、保育所の健全育成に力を注いでいく。

痛ましい少年犯罪が起きるたびに、しげるは心を悩まされた。「人間性のひとかけらもない冷酷な事件」で、「少年非行の無軌道ぶりを象徴するかのような犯罪」であった。「犯行に及んだ少年たちは本当の愛情を受けることなく育てられてきたのではないか、心貧しい乳幼児期を送っていたのでは」と思われた。

「人間はだれも生まれた時から悪人なんてことはあるはずがない。人間性の形成が行われる乳幼児期に母親にしっかりと抱きしめられ、深い愛情と豊かな人間性の存在を自然と教えられていれば、みんなよい子に成長していく」

と、しげるは信じていた。そのため、乳幼児期の保育対策にも取り組んでいく。

当時は婦人の職場進出が徐々に進み始めていた。乳幼児数が増加し、それに伴って保育所への需要が高まっていた。だが、保育所の運営費は少なく、「スズメの涙」ほどだった。保育所は勤労婦人の「母親に代わる子育てを担う大切な施設」である。しげるは保育行政の遅れを痛感した。こうした切実な問題をなんとかしたいと願った。

しげるは昭和四十年から五十一年まで、婦人局長の大任も受けていて毎年、国の予算編成のときには、方々の各省へかり出されていた。しげるは文部省、労働省、農水省の各省関係を中心に訪れていた。十年を越える長きに渡って、婦人に直接関わる予算のすべてに関与し、党内や大蔵省などへ各予算の陳情に回った。特に自民党内で、しげるが訴えた。

「選挙のときだけ婦人局をかり出すのはおかしい。予算のときも婦人局の言うことを少しは聞いてほしい」と。

「よくわかっている」

などと、党の男性幹部議員が返答していたが、予算獲得をする現実となると、厳しかった。しげるらはあきらめずに要望して回った。

保育行政で最も問題なのは、保育所運営費が乏しいことと、保母の数が不足していることだった。勤労婦人が増加しているのに、こんな状態では安心して出産できない。しげるは昭和四十九年の暮れ、翌年度の国家予算案の編成作業が行われている最中に、保育議員連盟会長の大橋武雄さんと相談し、自民党本部に、松野頼三政調会長を訪ねた。

「まだ看護で何かありますか」

予算の打ち合わせをしていた松野会長は、しげるの顔を見て、少し驚きの表情を浮かべた。

「看護より大事な保育が残っています。お願いしますよ」

しげるは頭を下げて頼んだ。松野会長は「うーん」と、しばし腕組みして考えていた。その後もしげるはねばり強く保育問題の解決のため、大橋武雄保育議員連盟会長と、夜遅く政調会長を訪れたりして、説得した。ようやく認められて、保育所運営費の増額と保母定員の増加のための予算をいただくことができた。

次に取り組んだのは、乳児保育の適用の枠を拡大することであった。ベビーホテルのニュースが当時話題になっていた。しげるはそのあり方についても検討しなければと思った。公認の保育所で預かる新生児は、低所得家庭の子どもに限られていたので、是正する必要があった。高所得者からは保育費を多く払ってもらうようにして調整を図り、保育所に預けて働きたい希望者のすべての新生児を保育すべきだと思う。

すでに昭和四十八年度、四十九年度から病院共同利用保育所、病院内保育の設置をしげるは提唱して、実現させた。これは子どもを持つ看護婦に勤務を保障するものだが、結婚、出産で退職せざるをえなかった状態を改善して、看護婦を職場にとどめることが主題だった。国の補助金を得られて、0歳児から預かっており、院内保育だけでも、全国に六百カ所以上設置された。両保育所の実現は看護婦の仕事と家庭育児を両立させ、看護婦要員が定着し、看護婦不足を解消する大きな成果となった。しげるは0歳児保育を看護婦だけでなく、他の勤労婦人へさらに広げていきたいと願って、活動を続けていく。

その後、しげるは毎年、国家予算の編成期が来るたびに、保育関連の予算に気を配った。「保育は家庭で母親が行うもので、国が構うものではない」という風潮があったためなのか、やっと確保した予算や優遇措置も放っぽなしにしておくと、すぐに削られる。しげるは参院社会労働委員会でも、保育施設の充実を声を大にして訴え続けた。

また、当時、女性の八割以上が貧血症だということに、しげるは大きなショックを受けた。少しでもやせてスタイルをよくしたいと、十分に食事をしないためなのか、とんでもないことに思えた。「母親となる女性が健康でなければ、健康な子供は生まれてくるはずがない。そのためには学校教育や社会教育の中で、若い女性たちに母親となるときのための心構えをしっかり教える必要がある。子供たちは私たちの未来を担うものである。その子供たちの環境を整えることが、私たち大人の責任である」と、しげるは広い視野に立って力説している。

七十五　幼児教育対策費予算の獲得

昭和四十八年度、幼児教育対策費が、初めて国家予算の中で承認された。しげるらが当時、文部行政の大御所だった元文相の灘尾弘吉、稲葉修両大臣に、すがる思いで支援を頼みに出かけた。

「今はまだ時期尚早です。あきらめなさい」

と言われたが、お願いを続けた。大詰めの大臣折衝が始まる間際に、稲葉大臣が「一億円でいいね」と、言ってくれた。

「一億円でもなんでも御《おん》の字です。よろしくお願いします」

しげるは礼を述べ、嬉しさのあまり跳び上がらんばかりだった。

初年度は一億三千万円の予算が計上された。ついに全国各地で乳幼児を対象とした巡回相談事業が始まった。現在では数十億円の予算が計上されるようになった。しげるは断られてもあきらめずに、足繁く陳情してよかった、本当によくやったと内心、自負している。

幼児教育対策費については、文部省が幾年も前から要望しても実現しなかった新規項目だった。しげるは富山県で社会看護婦（保健婦）の訪問看護をした体験から、乳幼児期の環境が、その後の人間形成を左右しがちだと考えていた。健康管理の在り方や母親の心構えなどを訪問指導する制度の必要性を強く感じていたからである。

七十六　国立婦人教育会館の建設

石本が昭和四十六年に当選後間もなく、自民党婦人局長に就任した。そうした矢先に、文部省の社会教育局の婦人教育課長が、しげるのもとに三日とあけずに訪れた。全国の各県あるいは各地域に婦人研修施設があるが、中央の東京には、全国婦人を対象にする研修施設がないと訴える。しげるも「婦人の社会的地位の向上を目指す上でも中央で婦人同士が意見交換する場が必要だ」と考えた。

地価の高い首都圏に、宿泊施設を完備した大型の会館を建設するには莫《ばく》大な費用がかかる。だからと言って「怯《ひる》んでいては何事もできない。ともかく予算獲得に向けて体当たりしてみよう」と決心した。

所管は文部省である。しげるは党文教部会を中心に、文部省や大蔵省へ強く働きかけた。足繁く夜も寝ずに訪れて陳情や折衝をするうちに、各方面から理解が得られた。埼玉県知事が秩父連山を望める比企郡嵐山町の丘陵地に、建設用地を確保する旨の申し出をしてくれた。しげるは設立準備に予算や用地確保に奔走《ほんそう》して、ついに昭和五十年度に建設費が承認された。昭和五十二年秋、国立婦人教育会館の本館と宿泊施設が完成した。その後、図書館や体育館などの諸施設が建てられた。総工費は約六十一億円を上まわる広大な会館が完成した。しげるたちは心に描く会館が青写真通りに建設されるのかと心配で、建設現場を視察するなど、全く気が抜けなかった。会館は大盛況で、しげるはあきらめずに実現できたことを生涯の喜びの一つとしている。

この会館は婦人の指導者研修、国内や国際交流事業、婦人教育、家庭教育に関する情報資料の収集と提供など、広く活用されている。

後年、文学の研修会で宿泊して、石本先生の恩恵に浴した。緑の木々に囲まれ、秩父連山の景観が良く、施設の完備した会館だった。地方から多くの女性が訪れていた。

「初めての国際会議」

七十七　人口問題

昭和四十九年（一九七四）二月、しげるは婦人局長をつとめながら、厚生政務次官に抜擢《ばってき》された。就任して三カ月後、米国のニューヨークの国連本部の主催で、人口問題対策国際会議が行われることになった。しげるに日本の女性を代表して出席するよう白羽の矢が立った。

しげるにとっては初めての国際会議である。人口問題に関しての知識は素人同然で英語の言葉へも不安があった。終戦後、マルサス著の『人口論』は読んではいた。英語は日赤の社会看護婦養成時代は得意であった。

昼休みにストーブに当たりながら英語の本を読んでいた。しげるの姿を見て、

「そんなに勉強しても総理大臣になれるわけでもないよ」

上司の男性主事が冷やかした。あれほど熱心に学んだ英語も忘れてしまって、国際会議に出席するのは不安だった。

しげるはどうにでもなれと開き直った気持ちで渡米した。ニューヨークの冬は厳しかった。国連ビルはイースト・リバーのほとりに、偉容を見せて聳えていた。その高層ビルを取り囲むように、加盟各国の旗が掲げられて、川風にはためいていた。日本の日の丸の国旗も見えた。しげるは日本代表として発言しなければならないのである。身の引き締まる思いがした。会議はバージニア州都のリッチモンドに、世界の百三十五カ所の女性代表が参加して、一週間、開催された。

人口がこのまま増え続けていくと、将来、深刻な食糧不足に落ち入って、地球が破滅へ向かうだろう。人口の爆発的な増加に発展途上国は悩んでいた。そうした国への援助問題や家族計画の在り方をめぐって、広範囲にわたり、議論が交わされた。

家族計画に成功している国として、会議ではスウェーデンと日本があげられた。だが、スウェーデンは避妊薬のピルを使用して、避妊の家族計画を推進している。ところが日本は妊娠中絶によってい

ると、強く批判された。

「日本は邪道だ。妊娠中絶という人殺しで人口を調節している。なぜ日本はピルを解禁しないのか」

出席した黒人女性たちが次々に立ち上がって発言し、日本に妊娠中絶の禁止と経口避妊薬の解禁を提唱した。しげるはある程度予想していた。ゴーゴーと日本非難の声が高鳴る。出席者の半数は、アジア・アフリカなどの開発途上国からの代表であった。ピルは一万人に一人の割合で、脳血栓を起こす副作用がみられたので、医師の管理のもとで慎重に使用されていること、中絶は母体を傷つけることなく行われていることなどを答弁した後に、

「中絶もやむを得ないケースがありまして、母体の安全を最優先にしています」そして、

「中絶がすべてよしとはいえないが、夫婦の合議があってこそ子どもは生まれて幸せになれるのであり、母体の安全を含め、不幸にして存在が許されない場合は、中絶もあり得る」などと日本の事情を説明した。

「この会議は増えていく人口にどう対処するかがテーマであり、話が横道にそれています」

と反論して、同意者もいて、どうにか非難の矛先を転じた。その後、国連本部が提起した子育ての話題の中で、再び日本は非難のやり玉に挙げられた。

「アジアの非常に豊かな富める国では一人の子供を育てるのに他のアジア諸国の三、四十人分の子どもを育てる額に匹敵するぐらいの経費をかけています。この国は驕っている」

国連側の資料の説明の終わった後、非難の発言が相次いでやまない。しげるは国連の明記している資料の数字が初めて見るものであり、即座に信用できなかった。だからといって、どのように反論し

ていいのか途方に暮れた。国際社会の中で、経済大国となった日本が、どう見られているのか認識を新たにし、深く考えさせられた。

七十八　東南アジアの視察

国際人口年を契機に、日本では超党派の人口対策議員連盟が組織された。翌年の昭和五十年八月、しげるは土井たか子社会党委員長と、女性国会議員の五人で、タイやビルマ、シンガポール、インド、フィリピンなどの五カ国を半月ほど視察して回った。

人口対策議連のバックアップで実現できた旅であった。しげるの目に強く焼き付いている光景は、どの国も子だくさんで、やせた母親に、幾人もの子供がまとわりついていて、貧困にあえいでいることである。

母親は貧しいために、教育を受けていないので、字が読めない。ある小学校では、子供たちに避妊薬のピルや避妊具の使い方を教え、家に持ち帰らせていた。国連会議でしげるは、「日本人の子ども一人の養育費は、アジアの三十五～四十人分の子ども養育費に相当する」と言われた。視察して納得させられた。

弟妹の世話や畑仕事の手伝い、食用採取に川や野に出かける子供などを見かけた。日本の戦前戦後と同様だ。インドで危いのはタクシーが止まると、子供たちが駆け寄ってきて、「モネ、モネ」と手を出して、お金をねだり、タクシーが走り出しても追いかけてくることだった。母親も食べる仕草をして、無心した。

そうした状況の下で、学校へ行けない子もまだたくさんいた。一方、王侯貴族のような裕福な子は、学校に自家用車で送迎されていた。しげるは、貧富の差の甚だしい現状を見た。

各国の厚生大臣は皆、貧困と人口問題に苦慮していた。しげるは戦中、戦後の窮乏生活を体験したが、日本が豊かになって、食料や衣料、日用品があふれるようになり、貧しい時代を忘れがちになっている。現在の日本の豊かさは、アジアの国々の人々には、夢の世界のことであるように思われている。

しげるは国際人口問題議員懇談会の委員として、家族計画問題を中心に、人口問題対策に取り組んでいる。アジア各国の視察で見学した光景は、職務上、多くの示唆を与えてくれた。

世界の人口問題を解決するには、大きな課題が幾つかあって、しげるにとって打ちのめされるような現状だった。だが、自分に何かできることはないかと考え続けた。ほとんどの国では、助産婦や保健婦が中心になって、人口調節を指導していた。でもその人員が不足している。

しげるが日本看護協会長のころ、国際看護交流会が設立されて、現在も理事をしている。その国際看護交流会で、これまで発展途上国からの看護留学生を受け入れ、看護婦などを海外に派遣することに力を入れてきた。だが、人口問題を解決するのは難しく、多くの対策に携わる関係者の努力を期待するしかないようだと痛感した。

七十九　プライマリー・ヘルス・ケア

昭和五十年（一九七五）一月、第五十五回ＷＨＯ（世界保健機構）執行理事会で、プライマリー・ヘルス・ケアの課題が決議された。

「プライマリー・ヘルス・ケアとは、人びとの健康状態を改善させるのに必要なすべての要素を地域レベルで統合する手段をいい、国の保健システムに組み込まれていて、予防、健康増進、異常の早期発見、治療、社会復帰、地域開発活動のすべてを含む」

要略すると、国民の健康づくり計画の上で治療よりも予防に力を入れる秀れた提唱である。日本は糖尿病や高血圧、心臓病などの成人病が増加する情況下にあった。腎臓病も増えており、七十歳以上の老人医療費の一律無料化で、どこの病院や医院も老人の受診者が増えて、〝たまり場〟になってしまったという非難する声が聞かれた。当時、無料化は理想的な医療の実現で、高く評価されたが、思わぬ弊害が生じて医療費の増大に悩まされていく。

昭和五十一年十一月、しげるは渡辺美智雄厚生大臣のもとで、二度目の厚生政務次官に就任した。渡辺大臣はとても勉強家であった。しげるは大いに啓発されて、諸々の問題に着手した。

この頃は福祉関係の政策は数の上では出そろっていた。テーマは厚生予算全体を一層効率化するには、どのように再配分するかだった。渡辺厚相は世情に精通し、数字にも明るい。しげるは厚相と相談しながら、地道に各課題に取り組んで、解決していった。

しげるたちが目ざしている国民健康づくりの計画に、プライマリー・ヘルス・ケアの提唱は合致していた。保健婦を中心に、地域全体の健康水準を上げていくことで、病気の予防に役立てるかもしれないと考えた。

当時、日本の保健所は大型すぎた。小単位の地域住民の健康管理には適していないため、保健センターを設立する。全国の市町村に、約五百カ所作って活動を始めた。将来は「小学校の数ほど保健センターを」と念願している。

地方では保健センターへの認識が高まって、設置が増えたが、東京では住民の関心が薄くて、保健センターの成果が上がらなかった。大都会ほど交通が便利で、運動不足になりがちで、成人病や空気汚染、人口過密によるストレスなどから、健康管理への配慮が必要とされた。行政側の不徹底さや広報活動の不足も原因と考えられて、努力の必要を覚えた。

保健センターの活動の中心となる保健婦の増員をしげるは叫び続けて、五十七年十月、五年計画で八千人増やすことに決定した。

保健センターで訪問看護を行うのは、主として看護婦である。家庭で療養しているあらゆる病気の人が対象だが、在宅の寝たきり老人の看護が、特に期待されている。当時は平均寿命が女性七十八・八歳で、男性が七十三・五歳と高齢化社会へ突入していた。そのため老人対策をあらゆる面で行わなければならなくなってきた。

病気を抱えた老人は病院で治療を受けるが、回復すれば自宅に退院する。寝たきり老人を受け入れる特別養護老人ホームはそれほどない。病人を介護する家族の負担を少しでも軽減し、病人が安心して自宅療養ができるように、訪問看護する制度は必要であった。

しげるはすでにナースバンクを昭和四十九年度から実現していた。結婚や出産、育児などで退職した潜在看護婦を社会復帰させて、働いてもらう制度である。日本看護協会が各県の支部に開設して事業化し、希望者が年々増えて、現在三十万人を超える登録者を得た。これらの看護婦を再教育して、保健センターで訪問看護でも活動してほしいと、しげるは願っている。

しげるは日赤で教育を受けた後、社会看護婦（保健婦）として、福井県をくまなく訪問看護したとき、医者にも診てもらえず悲惨な状態を余儀なくされている貧しい家庭の結核患者が多かった。衛生状態も悪く、乳児の死亡率も高く、新生児への指導を行ってきた。当時は指導に限られて、治療用の医薬品や医療用具などの援助はなく、充分してあげられなかった。当時の悲惨な体験が、国民の健康づくりを考えていく上でしげるの原点になった。

「プライマリー・ヘルス・ケアは医者にお任せなさい。それは日本医師会の仕事です」

などと主張する医師もいた。だが、しげるは、

「国民の健康づくりは、上から与えられるものではなく、保健所、保健センター、市町村、その他の地域保健、医療等の関係諸機関の連携が必要」だと考えている。

現在は保健所の中に保健所運営協議会が設けられて、管内の市町村長、県会議員、医師会、歯科医師会の会員、婦人会、食品衛生協会、ボランティアの人々が会員として参加した。協議会では衛生問題について議論されているという。しげるはこれらも一つの連携と見ている。

国民の健康作りという大きな課題を実行するには、医師だけでなく、「幅広い層から成る大きな枠の中での連携を保ちながら普及、推進させていかなければならない。その具体化が、目下の急務である」と考える。それが医療費の膨大な増大を少しでも減らす手だてになると、しげるは渡辺厚生大臣のもとで、政務次官として二年間活動して痛感した。

翌年の五十二年の夏に、議員の改選がある。渡辺厚相や事務方が配慮してくれたのか、地方視察の日程が多く組まれて、しげるは全国を回った。でも、政務次官は政府の中の一つの地位なので、積極的な議員活動は控えなければならない。そのため、予算などの陳情には、大蔵省の担当者たちに、こっそり手紙を書いたり、電話をかけてお願いしたりした。

活動は大っぴらに出来なかったが、広く世間を知り得て、勉強する絶好の機会となる。以後、政界の活動の上で大きな糧となった。

昭和五十二年六月の『月刊時事』に、しげるが目的意識を持つ福祉議員として載る。

「政治家とは、本来、国の存立をはかり、国民の幸せを実現させるべく奉仕する人間のことだ。単に職について名誉や利権を得るような人物は政治屋だ。日本には政治家といわれる人物が少ない。特に参議院に少なく今日の政界の混乱の原因である。その参議院で、石本茂は本当の意味で政治家といえる数少ない一人である。政界進出の目的は医療行政の改善と看護婦の地位向上をはかるという明確な目的意識を持ち、当選後は自己の掲げるビジョン実現のために活躍しているからだ」

このようにしげるは真の政治家として、高く評価されている。

八十　増大する医療費問題の見直し

昭和五十二年七月頃、五十三年度の予算編成の仕事が始まった。当面の大きな課題は年ごとに増加している膨大な医療費をどう処理していくかであった。

看護婦を増員してきたが、入院患者は増えてゆき、対応の仕様がなくなってきていた。各国とも福祉の見直しが叫ばれて、「国民経済に合った規模と内容を長期的な展望のもとに維持していこう」という政策に変わっていく。

各国とも不況期を迎えて、社会保障費が増加する一方で、十分に賄えなくなったためであった。優先順位をつけて配分するとか、国民の負担を増やすことで賄っていくなどの方策もとられた。

オイルショック後の七十年後半には日本も同様で、年々、国民医療費が増加して、頭痛の種になっていた。昭和五十三年の受給者は、月平均五三八万六千人にのぼった。五年間で国民医療費は倍増で、十兆四十二億となり、国民所得費の六％を占めた。同年度の国民一人当たりの医療費は、約八万七千円にも及んだ。国民医療費の増大の要因は、薬剤費が高いことと、高齢化が進んで、支給対象者の増加が考えられた。

昭和四十八年一月一日から老人医療費特別措置制度が施行され、老人医療費が無料化された。七十歳以上の被扶養者、国民健康保険被保険者に適用された。対象人数は五十三年で月平均、五三八万六千人にのぼった。その上四十八年十月から、六十五歳以上の寝たきり老人なども支給対象となるなどして、増加したのだった。

これらの増加した無料化を是正するために、新しい老人保健法案が提出された。それは四十歳からの保健サービスの実施、七十歳以上の医療給付、診療報酬支払い方式の見直しであった。既得権を剥奪するものだとか、福祉を後退させるものであるなどの批判があった。

しげるは長い間、医療関係に携わってきており、国民医療費問題を避けて通れなかった。

「老人の中にも金持ちの人が大勢いる。支払い能力の十分ある老人からは、それ相応に払ってもらうのは、当然の話で（略）国民がそれぞれ可能な範囲で支え合っていかなければ限りある国家予算の中で、福祉の充実を図ることは困難ではないだろうか。自分の生命と健康は自分で守るという気概を、老人に限らず、国民一人一人がもってほしい。（略）地域の保健センターなどを活用して、自分自身の健康づくりに心がけてほしい。病人を減らすことは行政の仕事であると同時に国民一人一人の努めである」としげるは主張した。

この他に年金制度もさまざまな問題をかかえていた。年金保険には、厚生年金保険、船員保険、国家公務員共済組合、地方公務員等の共済組合、公共企業団体職員等の共済組合、私立学校教職員共済組合、農林漁業団体職員共済組合、国民年金の八種類がある。これらの年金を将来は一カ所に集めて、誰しもが平等な額を受けられるようにしていくべきだと、しげるは思った。だが、どこをどう調整していけば歪みがなくなるか、などと苦慮した。

もう一つの課題は、夫の死亡による妻の遺族年金の受給である。夫の年金額の半額ならびに若干の妻加算があるが、その引上げについてである。

成すべき福祉の問題は目の前に山積していた。しげるは昭和四十九年の参議院自由民主党、政策審議会副会長に就任して以来、約五年間、婦人の立場から政策全般に亘って必死で取り組んできた。

昭和五十三年十二月十九日、しげるは婦人議員として、自由党内で初めて政務調査会審議委員に就任した。これまでは看護業務や政策などを中心に行ってきた。今度は主に婦人と子供、老人と福祉の問題を与えられて力を入れてきた。次に与えられた課題は、人口や幼児教育問題、老齢化社会への対策、福祉と年金へと際限がないほど広がっていく。しげるは未知の分野のそれらに関する勉強に毎日励んで活動していった。

しげるは二度目の厚生政務次官を昭和五十二年に拝命して間もないころ、初めて婦人議員として総理大臣の諮問機関、社会保障制度審議会委員を拝命された。以来、手がかりのない暗がりの中で福祉政策や年金問題に取り組んできた。

社会保障制度では、日本は、先進国とされていてスウェーデンや英国に見劣りしていない。だが問題点は、各種の年金や福祉に関する行政が、バラバラのまま作られてきて、欠陥があることだった。それらの点を見直して、包括的に編成しなおす必要を感じた。

さらに問題は山積していて、母性の尊重と健康づくりの促進、農山漁村婦人の福祉と地位の向上など、数々の問題がある。国際婦人年の一九八五年の条約批准まで、あと三年余りである。二百名の超党派の国連婦人の十年推進議員連盟の人々や内閣総理大臣の諮問機関の婦人問題企画推進会議の皆と、力を結集して目的を達成すべく邁進《まいしん》していった。

八十一　国際婦人年

国連が昭和五十年（一九七五）の六、七月、国際婦人年と決めた。メキシコで国際婦人年世界会議が開催されるので、日本の女性国会議員も参加したいと希望した。

しげるは自民党婦人局長として、昭和五十年五月、衆参両院の議員運営委員長室を再三訪れて、国際婦人年世界会議に出席する超党派の婦人議員十名の渡航費を出してほしいとお願いした。両委員長は突然の要請に困った様子だった。

「この会議に出ないと日本の婦人議員は世界に取り残されてしまいます」

しげるはその必要性をしつこいと思われるほど、繰り返し強調した。そのかいがあって予算委員会などの出張費の一部を渡航費に工面してくれた。

ところがしげるは、念願だった育児休業法案の審議に当たっていて、世界会議に出席できる状況になかった。

「自分が行けないのに、なぜそんなに必死になるのか」

周囲の人々は不審に思ったらしいが、国際会議は婦人の地位向上につながる重要な会議なので、しげるは是が非でも仲間に出席してほしかったからである。

国際会議で男女平等の促進を中心とした「世界行動計画」が採択された。そして昭和五十一年（一九七六）から六十年（一九八五）までを「国連婦人の十年」とする、国連宣言に至る。しげるたちは日本国内で婦人の地位向上の活動に努めてきたので、大きな励みとなった。

昭和五十五年（一九八〇）七月、デンマークのコペンハーゲンで国連婦人の十年中間世界会議が開催された。婦人差別撤廃条約の署名式が行われて、日本も参加した。婦人差別撤廃条約の正式名は「婦人に対するあらゆる形態の差別の撤廃に関する条約」である。

これは政治的、経済的、社会的、文化的、その他のいかなる分野においても、性に基づく差別をしてはならないこと、母性が差別の対象となることを禁止し、家庭の責任は男女ともにあることを明記したものである。

婦人差別撤廃条約は、昭和六十一(一九八五)年までに、正式に批准されることに決まっている。しげるは国連婦人の十年推進議員連盟の会長という大任を命ぜられて、批准に向けての条件整備を行うために、各省の調整に奔走した。その内容はまず次の二つである。

一つ、文部省で、中学、高校の家庭科教育を男女共修にすべきこと

二つ、法務省で、父系優先血統主義の国籍法の改正

二つめの問題は当時、マスコミでもとみに取り上げられ、国際化社会を目ざそうとしている日本は、一日も早急に改善していく必要があった。特にアメリカ兵との間に生まれた沖縄の子供たちが、気の毒な犠牲者であった。父親が帰国して、国籍が「中ぶらりん」になったままの不幸な子供もいたからである。しげるはなんとか国籍法を改正してあげたいと努めた。

この他に労働省関係では、雇用面で男女平等が問題となっていた。高学歴の女性ほど、就職が厳しかった。そのため女子の大学卒業者に、わずかだが、育成費を計上してもらう。

厚生省関係では、婦人年金の増額を目ざして交渉している。年金制度の全般に関わる重要な問題のため、実現させるのは難しい。女性を含めて、国民の皆がいずれかの年金制度に加入する「一人一年金」体制を確立すべく、しげるたちは熱心に働きかけている。だが、年金制度は複雑で、理解に努めたが、実に難解だ。昭和五十二年の二度目の厚生政務次官を辞任して間もない頃、しげるは総理大臣

の諮問機関、社会保障制度審議会委員に任命された。その日まで暗中模索の状態で福祉政策、年金問題に取り組んでいる。

八十二　妻の遺産相続権

昭和五十三年度から家庭婦人の健康診断が行われた。しげるは保育や家族計画を含む母子保健、寡婦などの生活保障を旨とする中高年婦人、地域の医療保健などの対策に力を入れた。今まで見過ごされてきた人々への福祉の充実である。婦人の地位向上をはかるには、法の改正しかない。

当時、夫が亡くなった場合、夫の遺産の相続は妻と子がいると、妻の相続分は三分の一であった。しげるは党の税制調査会でこの不合理について、

「夫が安心して働けるのは子育てなど家事を受け持つ妻のお陰であり、夫の収入の半分は妻のものでしょう」

と、配偶者の相続分のアップを訴えた。

「趣旨はよく分かるが、改正にはまだ早い。大改革でありもっと練るべきだ」

などという反論が相次いでいた。しげるがひと言発言すると、十も言い返された。だが粘り強く主張し続けて、昭和五十五年に配偶者の相続分アップを内容とする民法の改正をついに成し遂げた。それは妻の三分の一の相続権を、二分の一に相続できるようにした法律である。しげるが長年、婦人の地位向上を訴え続けて勝ち取った権利で、画期的な改正だった。

八十三　男女雇用機会均等法制定の原動力

昭和五十年九月二十三日、総理府内にしげるらの念願した「婦人問題企画推進本部」の設置が閣議決定された。市川房枝議員をはじめとする多くの女性議員の力の結集のたまものである。しげるは婦人の地位向上を目ざすためには、党派の別なく団結しなければならないと、以前行った労働組合活動時代をなつかしく思い出した。実現させた企画推進本部が、十年後の男女雇用機会均等法の制定に、大きな原動力となったと言っても過言ではないと、しげるは自負している。

この他に十年の間、父母両系統主義への国籍法改正や婦人の年金権の確立を図った国民年金法改正、中学、高校の家庭科教育の男女共修化などなどの運動が成果を上げた。「国連婦人の十年」最終年の昭和六十年には、ついに男女雇用機会均等法が制定された。

婦人の地位向上、男女平等を目ざして活動し、次々と実現できた。女性は多くの権利を得たが、職務は厳しく、女性だからと言って、甘えは許されなくなった。昭和五十二年、しげるが厚生政務次官のとき、東大を卒業した優秀な大阪出身の女性を、初めて厚生省が上級職として採用した。ところがその親が手紙をよこす。

「娘を大阪で勤務させてほしい。結婚相手も大阪にいるのです」

権利には当然、義務が生じる。その自覚が必要だ。

「そんな希望には添いかねます」
しげるは返書をしたためて、内定を取り消した。「女性の一層の奮起を」と願っている。

「福祉元年での活動」

八十四　森永砒素《ひそ》ミルク中毒事件の和解

昭和四十八年一月一日から「老人医療費特別措置制度」が施行された。適用される老人は七十歳以上の被扶養者、国民健康保険者である。同年十月からは、六十五歳以上の寝たきり老人などが支給対象に決まった。

昭和四十八年十一月、しげるは第二次田中改造内閣で、厚生政務次官に就任した。この年は老人医療の無料化制度を初めとして、福祉を重視するさまざまな政策が相次いで実施された。そのため「福祉元年」と呼ばれた。

しげるが厚生政務次官になったことは、周囲の人々が適任者だと喜んでくれた。しげる自身も以前、医務局で勤務しており、古巣に帰ったような気楽さを覚えた。ところが、厚生省の管轄《かんかつ》は広く、人間の生きていくためのすべてに及んで、複雑で多岐にわたる問題を抱えていることを改めて知った。

陳情者や団体の来訪が多く続き、ときには「厚生省の対応はなまぬるい」などと、消費者運動の団体を中心に、厳しく指摘された。

しげるは斎藤邦吉厚相と世間話をしているとき、「陳情の応対に明け暮れる日々」とぼやいた。すると大ベテランの厚相に「大臣にまで陳情を回すようでは政務次官は失格だ」と、やんわり諭された。

秋に第四次中東戦争が発端となって、第一次石油ショックが国内を混乱させた。主婦たちは石油製品が不足し、値上がりするだろうと不安を抱き、トイレットペーパーの買い占めに奔走した。その映像がテレビなどで全国に報道されて、さらに波紋が広がった。

厚生省は「狂乱物価」の中で、社会保障関連の予算を引き上げるのが急務となった。こうした世相の中で、森永砒《ひ》素《そ》ミルク中毒事件やカネミ油症《ゆしょう》事件があって、それらへの対応や食品添加物の安全性が問題視されるなど、大きな課題が山積していてしげるらを悩ませた。


当時、森永砒素ミルク中毒事件が発生してから十九年の長き歳月を迎えていた。約一万二千人の乳児に被害をもたらした大事件であって、歴代の厚生政務次官の担当案件だった。しげるが次官になって半年後の昭和四十九年五月、幾十回も厚生省で個別の話し合いを続けて、被害者側と会社側が、初めて和解のテーブルに着いた。そして被害者の救済事業をスタートさせて和解したのだった。しげるは歴代次官の労が報われてほっとした。そして食品衛生行政の難しさと結果の重大性を再認識させられて、思い出に残る事件だった。

砒素は窒素属元素の一つで、原子量七四・九二一六の灰白色をした金属の光沢のある結晶体で、有毒である。

（『広辞苑、新村出編、岩波書店刊』）

砒素ミルク事件は昭和三十年夏、西日本を中心に起きた公害事件であった。砒素入りミルクを飲んだ乳児が、皮膚に発疹や色素沈着、肝臓の肥大、貧血、黄疸、脱毛を生じた。乳児の一万二千人以上が被害を受けて、一％の人が亡くなった。

原因は森永乳業徳島工場で製造された粉乳ミルクに、安定剤として用いられた第二リン酸ソーダーの中に、多量の砒素が混入していたためであった。その後、成育した人の八十％に何らかの異常があることが調査でわかった。

食品汚染物質には、保存や着色、調味などのために許可されている食品添加物が三十種以上もある。この他に食物の収穫から人の口に入るまでに、外部から混入する有害物質がある。食品を取り扱う人の意識と安全対策の重要性が叫ばれた。（『健康ファミリー百科』日本アイビー・エム健康組合刊。和田攻東京大学衛生学教授著。昭和五十九年十一月発行）

平成二十八年七月に、「森永砒素ミルク中毒事件60年」の放映があって見た。知らずに砒素入りミルクを赤児に飲ませた母親たちの苦悩が語られて、身につまされた。自責の念と健康不安が今も消えないという。和解して一生涯保障されたとしても、被害者は後遺症に苦しみつつ成長し、家族はがんの発生を危惧《きぐ》していた。薬物中毒の恐ろしさを知らされた。戦後最大級の食品公害と報道された。

カネミ油症《ゆしょう》の事件は、昭和四十三年、北九州市を中心として、西日本で起こった。ＰＣＢによる米ぬか油の汚染が原因であった。米ぬか油の製造過程で、熱媒体として用いられたＰＣＢが、パイプの孔からもれて、油に混入したためである。摂取した人の皮膚が黒色化し、ニキビ様の発疹や目やにが増え、爪の異常、肝臓障害などが認められた。

ＰＣＢは（ポリ塩化ビフェニール）不活性で、不燃性、非腐食性、耐熱性、絶縁性があって、コンデンサー油として熱媒体や感圧紙（ノンカーボンペーパー）などに広く使用された。その後、広く環境を汚染するので使用禁止となっている。

八十五　社会労働委員長に就任

しげるは昭和五十八年七月、第十三回参院選で、通算四回目の当選を果たす。このときは初めて全国区制が比例代表制に変わった選挙で、しげるは自民党の名簿登載が十三位だった。

臨時国会の開会間際に、自民党の参院執行部からしげるに電話が入った。

「社会労働委員長が二十三年ぶりに自民党に戻ることになった。重要な問題が山積しており、石本さん、頼みますよ」

しげるは委員長ポストが野党から自民党に返還されるのは嬉しかったが、まさか自分に白羽の矢が立つとは思っていなかったので、複雑な心境だった。その党任委員長は参院では一般に二期前半までの若手議員が担当するポストだった。しげるはすでに懲罰委員長を経験していたからである。

しげるは昭和四十六年に自民党参院議員に当選してから厚生、労働問題を担当する社会労働委員会員として活動していた。以前その議員総会で、しげるは党執行部を批判したことがある。

「福祉の充実をうたいながら、なぜ委員長ポストを野党に渡しているのか」

昭和三十六年以来、二十三年ぶりに社会党から社会委員長職を圧勝した自民党が奪回し、しげるを抜擢《ばってき》したのは、しげるが批判した経緯があったからかもしれなかった。

しげるは委員長に就任し、委員会運営が順調に進むように心を砕いて職責を果たす。審議が野党側の反対で難航するたびに、しげるは各党との委員会で話し合った。各党幹部には直接会って、「審議に参加し、質問に立ってほしい」と、お願いして歩いた。

金沢市出身の和田静夫議員は当時の社会党委員の中で、鋭い質問をするので定評があった。しげるは同県出身の和田議員に、就任早々、「頼みますからね」とあいさつに行った。

「わかっている。あなたを困らせるようなことはしないから」

和田議員はそう言って肩をたたいてくれた。だが、その後、政府側の答弁に納得できないと言って、質問の際に幾度か審議を中断して、委員長のしげるをハラハラさせた。

審議する案件はいずれも国民生活に直結する重要なものばかりなので、しげるには委員長として責任が重くのしかかっていた。特に「健康保険法等の一部を改正する法案」は、サラリーマンの健保本人に一割負担を導入し、退職者医療制度を創設することで、国民健康保険への国庫補助など、四千二百億円の歳出削減を図るという、昭和五十九年度の国家予算関係の柱となる重要な法案だった。

昭和五十九年（一九八四）八月三日、審議大詰めを迎え、委員会室の傍聴席には定員の五倍も近い百人余名が詰めかけた。しげるは「静粛に」と言ったが、ヤジと怒声が飛び交う。しげるは国会全体の運営上、この日の内に法案を可決しなければならなかったので、与党理事たちと必死で審議の促進に努めた。審議は深夜に及んで、翌四日の午前一時に可決した。

これまでこのような医療保健の大改正が、一回の国会で成立した例はなかったという。自民党の衆参両院社労や国対委員としげるは、重くのしかかっていた大きな肩の荷を下ろしたような、安ど感と充実感に包まれた。しげるは与野党の思惑が交錯する国会対策の難しさを改めて痛感させられたのだった。

このときのニュースの映像はテレビで確か全国に放送されて、多くの国民が目にしたと思われる。石本の奮闘する姿が眼裏に焼きついている。

八十六　米国の病院のエイズ調査

しげるは自民党エイズ問題小委員会委員となり、昭和六十二年（一九八七）三月、党派遣調査団の一員として、米国を一週間訪問し、現地の調査に当たった。自民党エイズ問題対策本部長の小沢辰男（元厚相）を団長として、しげるたちは米国のシカゴにある市立病院を訪ねた。

外来のエイズ患者は胸元にマークを付けているが、一般患者に交じって、ごく普通に病院内を歩いていた。医師や看護婦たちも特に意識する様子も見られず、患者の体に手を触れ、手厚い治療や看護を行っていた。

しげるは戦時中、陸軍病院の伝染病棟で婦長として勤務しており、感染症のエイズ患者は他の患者と隔離されていると思い込んでいたので、目をみはった。しげるはエイズが簡単に伝染する病気だと錯覚していた。このエイズの病を一般の人に正しく理解してもらうのは、たやすいことではないと、痛感させられた。

翌年の昭和六十三年末、エイズ感染者は全米で約百五十万人、日本では千六十五人で、いずれも急増の傾向にある。米国ではまん延の兆しだが、日本はエイズ菌が上陸したばかりである。エイズは自覚症状をほとんど伴わないが、感染することを考えると、がんより怖い病気に思われた。しげるは「日本が今、きちんとした防御策を行わないと、将来に取り返しのつかない大きな禍根を残すことは間違いない」と断じている。

日本では昭和六十三年の暮れに、エイズ予防法が成立した。内容は医師に患者や感染者発生の届け出を義務づけただけで、ないよりはましな程度であった。「エイズを撲滅するには、エイズに対する正しい教育と実効力のある二次感染防止策を具体的に確立することから始めるべきだ」と、しげるは主張している。

エイズ問題が注目されて、一年後の平成元年（一九八九）度の政府予算案で、日本は初めてエイズ予防対策費として、三億六千万円余を計上した。


当時、がん患者が増加していて、がん対策も課題だった。しげるは国立がんセンターの病院長職を辞任した市川平三郎医師に出会って尋ねた。

「なぜがん患者は増えるのですか」

「がんというのは体の弱くなったところの細胞が変化し、死んでいく病気です。人口の老齢化が進めばがん患者が増えるのは当たり前なのです」

市川医師は話してくれた。しげるは高齢化社会を迎え、がん対策が一層重要になってくると悟った。「がん患者が安心して日々を過ごすには、どうしたらよいのか」と考え、取り組んできた。しげるは質の高い、患者にやすらぎを与えられる看護しかないと信じて、看護婦の増員対策に力を尽くしてきた。

エイズとがんは人類が克服すべき最大の病気である。しげるは関係者の健闘を祈らずにはいられないと述べている。

参院予算委員会で答弁に立つ茂（昭和 60 年）

「国務大臣に就任」

八十七　大臣の椅子

昭和五十九年（一九八四）十月三十一日、第二次中曽根改造内閣が発足した。しげるは環境庁長官に任命されて、入閣した。石川県出身では嶋崎均参院議員も法相に初めて任命された。嶋崎議員は午後四時ごろ入閣が確実の一報が入った。だが、しげるは辺りの人が予想するも、なれるはずがないと思う気持ちもあった。マスコミ関係者が参議院会館の事務所を出入りし、地元から上京した人たちがじっと待っている。

しげるは嶋崎議員の隣り合わせの事務所にいて、いたたまれなくなって、午後八時に宿舎に帰った。午後九時を過ぎて首相官邸に来るようにとの連絡を受けて、しげるは出かけた。

組閣の夜、「おめでとう」と中曽根首相に笑顔で迎えられて、しげるは環境庁長官を命じられた。本来は新自由クラブの山口敏夫議員になる案だった。山口議員が最後まで難色を示したことが、組閣作業が大幅に遅れる一つの要因になったという。

「石本さん、大臣の手当は返上してもらいます。それから月に十五万円の国債を買うように」

中曽根首相から厳しいお達しを受けた。行政改革を推める方針のためか、「大臣たるもの率先垂範の構えを見せよう」という意味だろう。しげるは大臣とはいっても何かと制約が付きまとうのではないかという懸念が脳裏をかすめた。しげるが七十歳のときである。

「石本を大臣にしてほしい」という電報が全国各地の婦人から殺到していた。中曽根首相は「石本さんはものすごい人気があるんだね」と言って、感心していたそうである。

福田赳夫前首相時代の参議院議員の中には、後に法相となる鈴木省吾議員ら、しげるより先に入閣すべき人がいた。だが、福田前首相はしげるを推薦してくれた。さらに参議院の自由党執行部の承認という二重の難関を越えて大臣に就任できたのであった。

翌年の昭和六十年は「国連婦人の十年」の最後の年である。中曽根首相がしげるを閣僚へ登用したのはそうした意味も込めたと思われた。男女雇用機会均等法案審議が次の国会で大きな焦点になる時期だったからでもあろう。

後に国会で野党から男女の雇用機会に関する質問が出るたびに、中曽根首相は答弁した。

「私は閣僚の中にも女性を入れている」

しげるはいつも引き合いに出されたので、首相がこうした事態を予測していたと思われた。

昭和六十年、国連婦人の十年目の会合がケニアで開催された。このときもしげるは労働省や外務省などから、日本代表としてぜひ出席してほしいとの要請を受けた。しげるは他の公務で出席できなかったので代わりの人が行った。だが、会場には日本の女性大臣としてしげるのパネルが張り出され、大々的に紹介されていたという。

しげるが大臣に就任後、お祝いや勇気づけに訪れる人々で、大臣室はあふれた。ある日、

「霞が関に負けるな」と激励してくれた人は鯨岡兵輔元長官であった。一風変わった言葉なので、一

瞬わからなかったが、やがて環境庁の立場を端的に言い表しているのだと悟った。

大臣に就任して間もない頃、四十八の婦人団体が、主義主張や党派を超え、都内において祝賀会を開催してくれた。しげるを応援してくれている全国の看護協会の会員は、どこへ出かけても地域の婦人団体と共に祝福してくれた。日本の三代目の女性大臣として珍しがられて、インタビューや講演依頼も舞い込み、大臣室へは訪問客がひっきりなしにあった。

地元金沢の看護協会では、三十名の会員がお祝いに上京して大臣室を訪れた。しげるが初めて総婦長として勤務した、国立山中病院（旧海軍の船員病院、現在、山中温泉ぬくもり診療所）で、しげるの教えを受けた吉田タミ看護師も同行した。「歓迎されて、記念写真を撮り、昔話に花が咲き、栄誉に輝く恩師を褒め称《たた》えました。先生が議員に立候補されたときは応援し、石川県の得票率が日本一多かったと、大変喜んでおられました。帰りに『紅そめし』の著書をみんなで載きました。半生を書かれた赤い本でした。

金沢に来られたときは、山中病院の副総婦長とお出迎えし、煮物など持参して喜ばれました。初めてグリーン車に同乗して、厚生年金会館の竣工式に出席される石本先生をお見送りするなど、親しくさせて頂きました」

吉田タミ看護師が電話で語ってくれた。

石本先生が大臣に就任していたころ、筆者は市川の看護学校で、創立三十周年の記念誌作りを手伝っていた。学生のとき、石本先生は三年間総婦長として在職し、職業調整や看護倫理を教えてくれた。「石本先生の写真や原稿は、ぜひわたしたち六回生の欄に載せてほしい」と、伊東淑子教務主任に願い出て実現した。石本先生が「三十周年を祝し、母校の発展を希《ねが》う」という原稿を寄稿してくれた。実に光栄でこの上ない喜びであった。

「石本先生に記念誌をお届けするけど、あなたはいかが。大臣室へはめったに入れないわよ」

昭和五十九年十月末、教務主任に誘われて、木枯し吹く寒い日、先輩の岡崎看護師と三人で、東京の霞ヶ関にある国務大臣室に伺った。階上の眺めのいい広い部屋に、大きな大臣の机と長いソファーが幾つもあり、大臣の椅子の後ろに、国旗と環境庁の旗が飾ってあった。恩師には看護学院卒業以来二十三年ぶりにお目にかかった。以前はスマートだったが、大臣にふさわしくふくよかで貫録が備わり、濃紫のスーツがよくお似合いであった。

先生は日本で三人目の女性大臣で、昭和三十七年七月の近藤鶴代科学技術長官以来、二十三年ぶりと、テレビや新聞に報道された。とても歓迎され、期待されて、正に時の人だった。記念誌を差し上げると、さっそく目を通されて、「なつかしいわ」と言って、ほほえまれた。

「陳情が多いのよ。今、地球環境問題に取り組んでいます」

などと語られた。記念に写真を撮らせてもらって、わずか十分ほどの面会時間が終わった。帰り際に先生の実弟である秘書官から、石本茂著の自伝『紅そめし』（北風書房刊）を頂いた。車中拝読すると、足跡として政界で果たされてきた数多くの業績が付表にまとめられていた。女性として最高位に就かれても、少しも偉ぶらず、気さくに応じてくださった。お別れするのが名残り惜しく感じられた。

石本先生が大臣になられるまで、国立国府台病院の職員一同、看護学校の同窓生も選挙のたびに応援してきた。就任されたときもお祝いに行ったそうである。在職中、石本先生は数々の業績を残されており、国府台病院関係者一同、誇りに思っているという。

昭和六十年（一九八五）『アサヒ芸能』五月号で、石本しげるは大屋政子と対談している。「日本の医療は医師中心で、看護婦は付け足しのように思われているため政界に出た」と語っている。当時は医療界だけでなく政界や財界、官僚のトップもほとんど男性で占められていた。全然関心のないそれらの人々に、看護のあらゆる問題をすくい上げて提案し、体験を語って理解を求めた。予算を頂いて法制化していくまではどんなに根気のいる大仕事であったことか。弟の秘書官は「姉は内気で恥ずかしがり屋だった」と語っているが、男性社会の中で言うべきことは激しく早口でまくし立てて、闘ってきた。はたから見ればけんか腰で、ひんしゅくを買うこともあったようだ。自他共に厳しい人だった。

八十八　国務大臣の職務

大臣の任期は昭和五十九年十一月一日から、六十年十二月二十八日までの一年間である。環境庁は公害問題への対応が国家的に深刻化して、昭和四十六年に厚生省から分かれて独立した、小さな役所であった。予算は四百三十億円と少なく、公害や自然環境保全対策の調査や研究の費用が主だった。

連日、公害健康被害補償制度や水俣病などの陳情が多く、しげるは対応に迫られた。

公害対策基本法は大気、水質、土壌の汚染、騒音、振動、地盤沈下、悪臭の七つを典型公害と規定している。昭和五十年代は危機的な状態が幾分改善されたと見なされていた。それは硫黄酸化物などの処理技術も進んで、スモッグなどは見られなくなっていた。だが、未だ課題が多く、地元の調査依頼を多く受けた。

昭和五十九年には全国的に干ばつの被害が起こっていて、しげるは水源である冬の相模湖や琵琶湖、印旛沼、手賀沼、霞ケ浦などを視察して、水質汚濁を調べた。大きな原因は建築ラッシュによる家庭からの生活汚水のたれ流しであった。フランスの下水道普及率は九〇％近いが、日本はまだ普及率が三十七％と低い。下水道対策の必要性が叫ばれた。これは住民が加害者であり、被害者でもあった。

しげるは水の問題が気になり、地元の要請もあって幾度も訪れた。湖沼はどこも水位が下がり、水がよどんでいた。特に千葉の印旛沼と手賀沼はひどかった。船に乗って湖に行くと、水は黒く、手にすくって見るとアオコが繁殖していた。

霞ヶ浦は広大で、それほど汚れていないと思われたが、視察すると濁りはひどかった。首都圏の水源地なのにと愕然とした。日本の湖沼は家庭からの排水で栄養に富み、植物プランクトンなどの異常な繁殖により、酸素不足を来たし、魚は住めなくなると思われた。早急な対策に迫られた。

しげるは生活排水などにからめて、「公害というのは国が出しているわけではない。自分たちが被害者であり加害者であることを認識してもらいたい」と、婦人の会合の機会をとらえて訴え続けた。

環境庁の関係者は「随分、環境庁のＰＲになった」と感謝してくれた。政治のトップの世界はまだ男性社会で、閣議や役所の幹部など、しげるの周りはすべて男性であり、初めは枠外の存在に思えて、なかなかなじめなかった。男性の他の閣僚がしげると同じ生活排水の話をしたら、反発を受けるかもしれないが、同じ女性のため、婦人たちは耳を傾けてくれた気もした。昭和六十年四月半ばに、名古屋の新幹線の騒音や振動問題の要請を受けたときも、しげるは現地を視察した。ゴールデンウィークの最中で、東京から名古屋駅に入る手前の埋め立て地を新幹線が通るとき、最も騒音がひどいと、名古屋の新幹線騒音原告団が陳情していた。

その地域でも特に激しい騒音に悩まされる家を訪れた。窓に防音装置を設置していたが、新幹線が通過するかなり遠いころから揺れが津波のように迫ってきて、しげるは振動に弱く、飛び上がらんばかりに激しかった。

「よくこんなところで辛抱していますね」

しげるは家人に話しかけた。

視察を終えて東京に戻り、国鉄の仁杉総裁を呼んで厳しく言い放った。

「一度行ってみなさいよ。あれは震度三から五ですね。よく二十数年も住んでいたものです。早く和解できるのならやっていただきたいし、早急に手を打って下さい」

昭和六十一年、名古屋の新幹線訴訟問題は和解が成立した。しげるが長官を退任して間もないころである。しげるはどんなに難しい問題でも、被害者の立場になって本気で考えると、解決の道があるということを強く感じた。

八十九　公害補償制度の見直し

公害健康被害補償制度は、昭和四十九年から実施され、施行十年を経過した。しげるが環境庁長官に就任した当時、指定地域の在り方などをめぐり制度を見直そうとする機運が庁内に高まっていた。しげるは環境庁長官に就任直後、幹部職員に言われて、あいさつ回りに経団連をはじめとする主要な経済団体のすべてに出向いた。環境庁が小さい役所なのに、ずい分と経済界との交流があるものだと思った。行く先々で早速に公害健康被害補償制度をめぐる陳情を受けたのである。

公害健康被害補償制度は、公害によって健康被害を受けた人に、医療費などを支給する救済措置制度である。大気汚染系疾患は、地域を指定して業界が費用を負担していた。喘息などはどの煙が原因なのかは不明だが、企業別に煙突の数で負担額を決めていた。

「公害補償の問題はいびつになってきている。地域指定は廃止してもらいたい」

経済界の代表が言うので、理由を尋ねた。

「今では、工場の排煙からの硫黄酸化物の除去にも成功していて、何より、四日市喘息で知られた三重県四日市から公害認定患者が一人も出なくなっている」と代表は言った。しかも北海道の企業などは、公害認定患者が周辺にいないにもかかわらず、補償費は出さなければならないというアンバランスが生じていることを知らされた。

参議院の環境委員会でも度々、「公害の地域指定、患者認定はいつまで続けるのか」という質問をしげるは受けた。一般的には公害問題の陳情は被害者側からなので、しげるは意外な問題提起だと感じた。この制度は廃止しようとする方向になり、法改正の下準備に入った。

水俣病対策も度々陳情を受けて、しげるは対応に腐心していた。

水俣は熊本県南端の市で、カーバイドやアンモニア、肥料などの工業が盛んな地である。昭和二十八年から三十四年にその水俣地方で、工場廃液による有機水銀に汚染した魚介類を食して、水俣病という有機水銀中毒の神経疾患が集団的に発生した。症状は手足のしびれや言語障害、難聴、精神異常などが発生して、重症の人は死亡した。（『広辞苑』岩波書店）

しげるは昭和三十七年ごろ、看護の仕事で水俣の保健所へ機会あるたびに訪れて、その悲惨な状況はよく知っていた。保健所の所長は「必ず大問題になる」と言っていた。やがて社会的に関心が高まって、原因が究明された。

しげるが環境庁長官に就任したころは、未認定患者の問題はほぼ決着がついていたが、特定の医師から認定申請が次々と提出されて、対応できない状態に追い込まれていた。衆議院の環境委員会が開かれるたびに、熊本県選出の馬場昇社会党元書記長から患者認定業務が遅れていると、盛んに言われていた。地元の水俣からは視察に来るようにと、再三要請されたが、水俣病についてしげるは熟知していたので、まず現場へ飛ぶ主義だったがこの時は行かなかった。

昭和六十年十一月、水俣病待たせ賃訴訟の裁判で国が敗訴した。原告団は国に上告させまいとして、連日、環境庁へ大挙して陳情に押し掛けるので、収拾がつかなくなった。

「長官、二、三日は顔を見せないで下さい」

しげるは職員からそう言われたこともあった。

九十　苦手な記者会見

しげるが最初に行った仕事は、目前に迫った昭和六十年度の予算編成である。自民党との打ち合わせや省議も無事に終了した。後は大蔵省との折衝の段階である。担当者が次々と資料を山ほど持参したので、説明に聴き入った。しげるは予算の要求案を見て、あまりの規模の少なさに目をみはった。全体で四百億円で、ほかの省庁の一部局程度であった。

これまで長い間、看護関係の予算獲得に奔走して、六百億円の予算を勝ち獲った。それなのに環境庁は事業全体ではないが、調査費が中心の内容にしてもなんと金のない役所だろうという印象を受けた。だが、小さい役所だということを知って、随分気が楽になった。

しげるは厚生省の政務次官時代、大臣の代わりに十三回委員会に出席していた。大臣の責務を果たす覚悟でいたので、大臣の職務にそれほど不安はなかった。だが、最も嫌だったのは、閣議後の記者会見であった。しげるは正直に思ったことを話そうとした。役人は会見のたびにずらりと並んで、発言に目を光らせている雰囲気であった。

長官に就いて一カ月目に、閣僚の資産公開が実施された。政治倫理の確立を求める世論を背景にして開始されている。しげるの資産欄に以前、看護関係の仲間と北海道の土地を極くわずか購入したのが載っていた。

記者会見のとき、ベテランの記者がこの土地について追及した。田中角栄前総理の土地売買の問題

にからめて「長官はどう思うか」と問われた。しげるは正直に思いつくまま、

「土地転がしは男のかい性でしょう」

と答えた。しげるの後ろの役人は大慌てで、この会見はなかったことにしてしまった。しげるは「役人とは何と憶病なものか」と痛感した。それ以来、うっかりしたことは言えないものだと、固く口を慎むことを心がけた。


しげるが最も堅苦しく感じたことは、どこへ行くにも警護の人が付くことであった。迎えや見送りの人が、恐縮するほど丁寧に応対してくれる。大臣ともなれば、こうしたものなのかもしれないが、窮屈な日々に感じた。


大臣就任後、日の浅い日曜日に地下鉄に乗車して、池袋のデパートへ買い物に行った。翌日、官房長らが血相を変えて言った。

「出掛けるときは必ず警護の担当に連絡してもらわねば困ります」

「私と似た人が歩いていたのでしょう」

誰か困る役人が出るに違いないと思って、とぼけてみせた。以後、休日は一歩も宿舎を出ないことに決めた。

「自然環境の愛護行事」

九十一　常陸宮さま

しげるは環境庁長官として、全国の自然環境を愛護する行事に出席した。植樹や動物愛護の行事はしげるにとって自然と親しむおおらかな楽しい集いであった。

特に北海道での野鳥保護の会と香川県高松市で開催された自然公園大会には、常陸宮さまご夫妻がご臨席されて、思い出深い。

北海道でしげるは、殿下と華子さまと三人で湖へ野ガモを放し、山道を戻るとき、殿下がさっとしげるの手を取って下さった。高齢の年寄りと思われて気遣われたようで、思いやりを持っておられる殿下だと心打たれた。

高松市の公園でも殿下と妃殿下はボランティアの主婦たちに、ごく自然に打ち解け合われ、気さくに話されていた。周りの人々に何くれとなく気を配られるご様子を拝見し、本当に心の温まる思い出となっている。

夏ごろ、東京都葛飾区柴又の帝釈天の記念植樹にも出席した。映画「男はつらいよ」の舞台となった町である。「寅さんの夏35」の看板の前で、しげるは主演の寅さん役の俳優渥美清たちと植樹し、記念に写真を撮った。

緑化を推進する環境庁の方針から、植樹する機会が多くなった。赤城山ろくでの「自然歩道を歩こう大会」や「瀬戸内海環境保全会議」への出席など、全国各地から要請を受けて、昭和六十年の任期中に正に東奔西走の日々が続く。

こうした自然保護の関連行事が全国で行われるが、環境庁は予算が少なかった。だが、自然環境を保護し、国民に親しんでもらうには厳しい実情だった。管轄する国立公園に椅子一つすら設置する経費がなかったからである。

そのため環境庁はナショナル・トラストという自然保護の考え方を支援することにした。広く国民から募金を呼びかけて、優れた自然を買い取って、保護していくことである。しげるも知床の自然保護のために少々献金した。

保護団体は原生林などの古木の間引きも含めて、いっさい手を付けるなと主張した。でも、問題は観光客が勝手に入り、森林が傷む。原生林は手を入れながら保護し、人間と自然との触れ合いの促進を図る方法を考えねばならない時期にさしかかってきた。

「環境庁を抜きに国土を勝手にいじってもらっては困る」

しげるは長官就任以来、国立公園の中の開発などが自然破壊にならないかどうか、慎重に検討し、監視が必要のため、環境庁は青写真の段階からかかわるべきだと主張してきた。四全総の策定のときにも国土庁に申し入れた。環境庁の大切な役目として、自然を愛でる人々の心を大切にし、より質の高い環境の保全に目を光らせていく。

九十二　人間社会と自然保護の仕事

昭和五十九年十月末、しげるが環境大臣に就任当時、新石垣空港建設計画を運輸省が認定していた。ところが美濃部亮吉参議院議員が石本長官に、空港建設反対派の人たちを連れて面会を申し入れ、幾度か工事の中止を陳情に来た。

建設予定地は世界的に有名なアオサンゴの生息地であった。しげるは内閣招待の宮中昼食会に出席して、天皇陛下（当時は皇太子殿下）の隣りという光栄に恵まれた。陛下はアオサンゴの生息地にことのほかご関心を示された。

しげるは沖縄開発庁の藤本孝雄長官と山下徳夫運輸相に、新空港建設の計画を見直してくれるように要請した。その以後も、この問題に長い間、関わってきた。建設促進と自然保護両派の対立がようやく決着し、平成元年（一九八九）四月二十六日、沖縄県が白保地区から約四キロ北へ変更すると発表し、安どした。

環境庁の役割が公害予防や動植物の保護へと移った。だが、調査の権限は与えられていても実施する費用が乏しく、態勢を整えるのはまだであった。

昭和六十年早々に、野性静物対策室を庁内に設置して、環境行政の方向づけを明確にした。しげるは在任中に絶滅の危機にひんしているトキの人工増殖を試み、イリオモテヤマネコの保護など野性動物問題にも関わる。

タンチョウヅルの調査も実施する。しげるは生息地の北海道の釧路湿原と阿寒湖を視察した。地元の強い要望は、タンチョウヅルを保護するためには周辺を国立公園化したいというのである。これまで国立公園の認定には対象区域の面積の規定があり、生息地は少し面積が不足していた。環境庁は周囲の民有地を買い足して、国立公園の認可を受けた。

一方、岐阜の農林業者からは特別天然記念物に指定されたニホンカモシカが増えて被害を受けるので、保護を求める陳情があった。

造林のために植林しても、ニホンカモシカが若木の芽を食べて農林業に被害が生じていた。動物愛護団体は狩猟反対を強硬に要請しており、環境庁は両者の板挟みに立たされ、悩まされた。だが、動植物には適当数があるとし、厳しい制約を付けて、一部の捕獲を認めた。絶滅の恐れのある鳥獣の保護は別として、野生生物は人間社会との整合性を見極めた上で保護と被害の調整を行うのが環境庁の仕事になってくると、しげるは痛感した。

九十三　世界の環境会議

昭和六十年（一九八五）六月、ＯＥＣＤ（経済協力開発機構）加盟国の環境大臣会議がパリで開催され、しげるは日本を代表して出席した。国会開会中だが、六年ぶりの国際的な重要会議なので行く。日本国内では環境問題への理解はまだ低いが、国際的には環境政策の優等生の扱いを受けていて意外な印象を受けた。議長はホスト国であるフランスのプシャルドー環境大臣で、副議長にしげるが決定されていて、責任を感じた。

発言の順番が最初で、日本の代表としていかなる話をするかと、とても注目されていた。しげるは「環境政策と他の政策との一体化や環境資源の管理」などを語った。その内容がそのまま、重要会議全体の中心的話題に取り上げられた。

これまで日本はさまざまな公害問題が起こり、早期に対応を迫られてきた。島国のためかそれらの対策の効果が上がりやすかった。ヨーロッパはその点では陸続きのため、自国だけで解決できず、他国と連係して対応せざるを得ない。酸性雨の問題などでは互いに批判し合うなど、環境問題の解決が難しい。ライン川の汚染なども各国が自粛するよう話し合わなければならないので、効を奏しない。

しげるは日本の環境行政が国際的には想像していた以上に、高く評価されていて、日本への期待も大きいことを痛感した会議だった。

「日本は公害対策がうまくいっていると聞いてきた」と、外国の建設大臣が訪れてきたこともあって、しげるは首をかしげていた。

「環境対策の推進には、国民一人一人が環境を守るという意識を持つことが何より大切」

フランスのプシャルドー環境大臣は会議運営の打ち合わせ会で、しげると同じ考えを述べた。アメリカのトーマスEPA長官、イギリスのジェンキン環境大臣、オランダのビンセミウス環境大臣らの各国代表としげるは交歓して、世界各国の環境に対する考え方を学ぶいい機会となった。

しげるがOECD環境大臣会議場で、各国の代表とにこやかに交歓している写真が『紅そめし草の色―石本茂日記』（北国新聞社刊）に掲載されている。正に時の人のように、自信に満ちた表情で、質問に答えている。

公害や環境問題は各国に相違があっても、対策には互いに補い合い、協力できる面がある。その例として、昭和六十五年五月、日本は環境交流団を中国に派遣した。日本は人工増殖のためにトキの借り入れを目的とし、中国側では、公害防止策を学びたいという意向であった。

九十四　快適環境整備事業（アメニティータウン）

昭和五十九年度から環境庁が住民の潤いと安らぎを感じられる環境づくりを目ざして、快適環境整備事業を推進した。六十年度の対象地域の一つとして、金沢市が指定された。くしくもしげるの出身地の石川県である。

金沢市は「伝統文化と自然が調和する個性豊かな街づくり」の構想を出して、武家屋敷の保全などが盛り込まれていた。金沢は古い建造物を含めて、人々が昔から慣れ親しんできた古き良きものを得ることも快適環境を考えるのには重要な要素なので、事業対象に指定された。

東京の世田谷の酒井憲一成城短大講師が、幾度か環境庁を訪れて、アメニティ（快適な環境の意味）の話を語り、会合に出席してほしいと要請していた。長官時代は行けなかったが、退官後にしげるなりにお役に立てる機会があった。長官時代にさまざまな環境問題に携わってきたが、アメニティの内容が最も共感できた。

人間がいかに健康で心豊かに生きていけるかを考えて、環境の質の向上を図って実現していくことなのだと、しげるは言っている。

まず第一歩は環境問題に関心を持ってもらうことが大切で、特に家庭を預かる女性に身近な問題として理解してほしかった。環境庁は環境週間に『生活のえっ！本』という、ユニークなパンフレットを発行した。内容は使用済みの食用油は新聞紙に滲み込ませて処分する方法など、家庭で実行できるわかりやすい環境対策を解説した。目に見えない環境問題になじんでもらおうと、工夫を凝らした本で、画期的な環境キャンペーンだと評価された。「家庭単位で環境問題を考える機会をつくりたい」と願うしげるの考えをくみ取ってくれたのだった。

その後、「女性大臣を迎えた記念になる事業」として、岡崎官房長らが中心になって、母と子の森づくりを推進してくれた。四方八方奔走し、民間から樹木の寄付を受けて、東京の新宿御苑などに野鳥や昆虫が集まる森を作った。母と子が共に自然と親しんで遊べる所を作ることで、少しでも環境の大切さを理解してくれればと願った。しげるの環境庁長官時代に、唯一、目に見える形で後世に残る仕事だった。その森は現在、珍しい木々がみごとに成長して、散歩道として親しまれている。金沢の武家屋敷も観光客でにぎわっている。

九十五　環境保全への閣僚会議

昭和五十五年九月、「地球的規模の環境問題に関する懇談会」が設置された。これは環境庁長官の私的諮問機関で、当時の鈴木首相の指示で、大来佐武郎議員が座長を務めた。しげるが長官とし出席したときは、二十四回の懇談会であった。

当時日本の主要議題は人口問題や地球の砂漠化、酸性雨が中心だった。海外では国境を越える環境問題や地球的規模の大きな環境問題が国際間で、熱心に討議され始めていた。

昭和五十九年五月、日本の提案で国連に環境特別委員会が設けられた。しげるが就任直後の六十年初めに、初委員会が催された。その後もＥＳＣＡＰ（国連アジア太平洋経済社会委員会）環境大臣会議、ＯＥＣＤ（経済協力開発機構）環境大臣会議が相次いで開催された。地球環境の将来を話し合おうとする国際的な機運が高まっていた。

しげるは昭和六十年十二月二十八日で国務大臣環境庁長官を任期満了で辞任した。

その後、フロンガスによるオゾン層の破壊や二酸化炭素などの増加による地球の温室化など、大きな問題が深刻に論議されていく。

日本はフロンガスなどは世界一の使用量であり、政府は「地球環境保全に関する関係閣僚会議」を新設した。地球規模で進む環境悪化問題に積極的な対応姿勢を示すことを狙った。しげるは党の環境部会長を命じられた。サミットですでに環境問題は中心的議題になっており、党としても今後は政策の中で重要視すべき問題なので、しげるは昭和六十一年に環境特別委員会の委員となり、部会長を引き受けた。

九十六　石本茂が力を注いできたもの

しげるが昭和四十六年に当選後、自民党婦人局長に就任し、最初に行った仕事は、国立婦人教育会館の設立準備である。これは昭和五十二年に落成した。前に記しているがまとめると、しげるは婦人の地位向上と権利の拡充を目ざして、さらに次のような事がらに力を注いでいく。もちろんしげる一人の力ではない。関係各位の皆の支援のおかげで、実現を可能にしたのである。

○婦人問題対策企画推進本部設置

昭和五十年度、総理府に設置する。

○母子健康対策の充実化

助産婦業務を中心にして人口問題対策としても取り組んでいる。

○中高年婦人対策

寡婦等の生活保障を中心に、内容の充実と強化に努めている。

○婦人相談員、家庭相談員の活動体制の強化と手当ての増額

○家庭婦人の健康対策

五十三年度より健康診断が実施される。

○婦人労働問題対策

就業対策については男女平等の位置づけを、また、内職労働者についてはその処遇のあり方を検討している。

○婦人教育対策

婦人の生涯教育に関して、教育費の増強に取り組んでいる。

○妻の遺産相続権の拡大

五十五年民法の改正によって、二分の一の遺産を相続することになった。

○国連婦人の十年の推進

この他に、次の続行中の問題を抱えていた。

○助産婦の新生児訪問指導料の増額

毎年、増額の方向で努力しているが、なかなか困難である。

○各県看護会館の建設について

現在まで二十県以上に研修センター建設の補助金獲得のため、運動している。

○国立医療機関の看護職員定員増をめぐって

毎年、定員増をめぐって行政管理庁長官を中心に努力を重ねてきたが、実情は年ごとに困難になってきている。

○保健婦活動の業務拡大を図る

○母子保健をめぐり、助産婦の活動の業務拡張、及び助産婦育成の増強を図る。

しげるは右に記した看護関係の実現したものや続行中のもの等、記憶を整理する意味で列挙した。

しげるは看護職の位置づけをきちんと確立させることを、与えられた使命として活動してきた。自身の看護の職場のころを思い起こし、看護の仕事を通じて知り合った仲間の顔を思い浮かべながら、己を鞭打つ思いで必死になって取り組んできたという。看護婦は専門職であるのに、これまで冷遇されてきた。しげるは待遇の改善を目ざして、離職防止対策や増員対策を立案して推進させてきた。一つ一つ解決して実現したのである。

しげるは〝言い出しっぺ〟にすぎない。あくまでも賛同をいただいた議員の方がたのお力添えと、日本看護協会や日本看護連盟会の皆の支えがあってこそ実現したと感謝している。

確かにしげるはみんなの意見や要望を吸い上げ、看護婦のおかれた厳しい現状をつぶさに見てきて改善したいと念願していた。〝言い出しっぺ〟だと謙虚に述べているが、石本しげるなくして成し得ない大改革であろう。石本しげるの大きな功績と言うべきである。

しげる自身、六年間の実績をまとめてみて、あらためてこれほど多くのものを成し遂げたことを知った。しげる自身もその成果に目をみはった。

「これだけの数にのぼる、なんと、よく平気でいえますね。傲慢じゃありませんか。これしかできなかった、と思うべきですよ。まだまだ力が足りません。ちゃんと使命を果たしなさい」

すると自分の体の中から自戒を迫るような声が聞えてきた。そのときしげるは、素直に受けてこう答えた。

「そうですね。もうひとふんばりしなくてはいけませんね」

しげるは反省し、己を奮い立たせた。

九十七　落穂拾い

しげるは昭和五十七年（一九八二）五月、北風書房より『紅そめし　石本しげる』を発刊した。そのまえがきで次のように語っているので、要約して紹介したい。

「人間の生命は地球より重いといわれるが、その生命が自然の脅威（災害）や、人為的に起こる国と国との争（戦争）や、不可抗力といわれる疾病の前には、あまりにも脆く儚い。

私は日本赤十字社看護婦養成所を卒業し、看護婦として、今日迄の約半世紀近い日々を、人々の生命と健康を護り育てる仕事に専念してきました。

大東亜戦争に従軍して、兵士の尊い生命が、鴻毛《こうもう》の軽さに比されたように、容易に絶たれていった事態の中で、〝生とは死とは一体なんだろうか〟と、無限の哀しみを覚え、戦争の終わる日の一刻も早くに来ることを祈りました。平和がほしい、平和がほしいと叫びつづけた当時を想い起こします。

人は皆、健やかに生まれ、育ち、元気に活動してやがて健やかに老いていきたいと希望しております。常に健康であることが当然と考えるよりも、どうしたら健康を保つことができるかを知ることが大切、そうして、今日の健康な自分に感謝することでなければならない。

私は今、健康であることの喜びと国家社会の平和であることの幸を噛みしめております。去って逝った遠い日に想いを馳せながら、愚直に生きて来た、我を省みて、無量の感慨に浸っております。

十余年前、道を共にしてきた、先輩後輩のご推薦《すいせん》をうけ、多くの方々の御導きと、お力添えをいただいて、今日を歩いております。

社会保障や社会福祉の問題、人口問題、婦人問題などなど、これらの政策をとおして、人は皆んな、平和で明るく、平等の生活を営むことができなければならない。それを充たす基本的な要件の第一条件は一人一人が先ず健康であること」と、語っている。

しげるは政界に入ってから看護業務や政策などの生活を中心に八年間、一筋の道を必死で歩んできた。希願する成果を得たが、それだけ幅も狭く、ものの見方も限られていたかもしれないと反省している。結婚をしたいと思う人にも巡り合えなかった。そのため家族の問題で特に思い煩ったりしないですんだ。ただ形《なり》振り構わず、がむしゃらにやってこられたのは、独身だったためだったという。

しげるは「仕事一筋で独身を通し、人によってはどうしようもない堅物」と思われたかもしれない。だが、しげるは仕事を通じて多くのことやさまざまな見方があることを学んだ。時には自分の見方を変えなければならないこともあった。決して〝堅物〟なんかではいられないと、看護問題以外に与えられた政治活動を通して、実感したと、語っている。

九十八　石本茂の功績

石本茂は昭和四十年（一九六五）七月四日、看護協会の代表として国会の参議院議員に当選した。最初の三年間は、無所属第二院クラブに所属して、主に看護の問題に尽力した。

昭和四十三年、再出馬したが次点で落選した。昭和四十六年（一九七一）参議院議員に出馬して当選し、自民党に入籍して、当選後、自民党婦人局長に就任し、最初に手がけたのは国立婦人教育会館の設立であった。

その後も主に看護問題に全力を注いだが、やがて国民の代表者として、広範な様々の問題を取り上げて国民全般の利益を追求していく。

しげるは昭和四十九年十二月十八日、参議院自由民主党の政策審議会副会長に就任した。以来、婦人の立場から約六年間、政策全般にわたって、次々に法案を立ち上げ、必死で取り組んで、実現していく。

実現できたのは「看護議員連盟」を設立して、応援してもらうように、アドバイスを受けて、設立したからである。「看護技術者対策議員連盟」には、主旨に賛同して、二百二十名もの議員が加盟して、強力に応援してくれたおかげであると、しげるは感謝している。

議員の中には、「この法案は、私が通させた」「俺がやった」と、豪語して歩く人がいるという。だが、どんなに小さい法案でも、周囲の人々の理解と後押しがないと実現できない。しげるは「俺がやった」と自慢している人を見て、〝政治というものは生臭いものだ〟と思われて、うんざりしたという。

しげるが念願の看護問題を提案したり、要求を述べたりすることができたのは連盟の方がたの厚いご支援に支えられたからだった。六年間に、次の看護関係の法案を実現させているので、提案して、心血をそそいで努力してきた石本茂の功績として、あえて紹介したい。
一、給与表、医療職三表の大改善
昭和四十七年、四十八年に実現。（看護労働に相応する給与体系の確立に向かって、その後も取り組んでいる）
二、夜間勤務の看護手当ての確立

一回三千円を提起し、四十七年度予算で千円を確保。（現在は二千百円以上になっている）

三、看護教育機関への運営費補助設定

四十七年度に実現。（現在、保健婦助産婦看護婦准看護婦の全養成機関に補助、助成され、年々増加している）

四、国立医療短期大学の設置

四十八年度より国立医科大学付属看護婦養成機関を短期大学に切替え、毎年、平均二校ぐらい設置。

五、病院共同利用保育所の設置とその運営費の補助

四十八年度実現。以後、増加を続ける。

六、病院内保育所の設置とその運営費の補助

四十九年度実現。以後、増加を続ける。

七、ナースバンクの設置とその運営費の補助

四十九年度実現。日本看護協会各県支部の事業として発足

八、第一次看護婦需給計画成立

四十九年度、五年計画の実現。（四十九万人余）

九、育児休業法の制定

五十年度に実現。女子教職員、看護婦（ただし保健婦の一部除外）、保母等の特殊職に限られているので、現在は、すべての働く女性に適用できるようにするため、引き続き、取り組んでいる。

十、専修学校の制定

五十年度に学校教育法の中に制定され、看護職養成機関も適用を受けることが実現した。

十一、国立大学看護学部の設置

五十年度より千葉大学に看護学部が設置され、五十五年には修士課程が設置されて今日に至る。

十二、夜間勤務看護婦の自動車送り

五十一年度より国立病院療養所、大学附属病院に勤務する看護職について実現。

十三、国立看護研修研究センターの設立

五十二年度に実現。看護指導者育成機関として保、助、看三者の教育活動を展開。五十六年度にさらに拡充強化がなる。

十四、市町村保健婦の設置と増員対策

五十三年より国民の健康づくりが提唱され、国保保健婦の身分替えが行われ健康づくりに着手。

十五、第二次看護職員需給計画成立

五十四年度より五年計画で、六十五万人を求めることになった。

十六、日本赤十字社救護班看護婦の給与慰労手当の設定

長期にわたる運動の結果、五十四年度に実現。外地勤務十一年以上の人を対象に実施されることになった。

十七、保健所人件補助金打ち切り反対

五十五年度予算案編成において補助金打ち切りが提起されたので、これに反対し、現行どおり続行させてきた。

十八、元陸海軍従軍看護婦の処遇について
五十四年度より日赤救護班同様の処遇を主張してきたが、五十六年度に慰労手当が設定された。
十九、労働基準法上の看護婦など勤務時間に関する特別規定の廃止をめぐって、五十六年度廃止の方向で調査費計上なる。
労働時間一日九時間を一般労働者並みとするように、当選以来、運動を続けてきたが、ようやく労働省当局の取り上げるところとなった。五十六年四月より廃止決定。

昭和五十二年（一九七七）、ＩＬＯ看護職員条約、勧告が国際条約として採択された。趣旨はＷＨＯのプライマリー・ヘルス・ケアに呼応して、看護職員を各国民の健康づくりに活用するために、看護職を魅力ある職業にしたいということである。そのために労働条件や待遇、教育等に至る広範な改善を目的としている。

日本では一般労働者の労働条件と合致させる国内法の整備が急務で、次いで批准という形にもち込みたいと、国際条約の推進に努力している。

育児休業法や看護婦の給与体系の改善の他、昭和五十三年政務調査会審議委員に就任し、婦人と子供、老人と福祉の問題を与えられて、人口問題や幼児教育問題の対策や福祉と年金にも取り組む。「日本の福祉の道はまだ〝舗装〟されていない。石ころだらけのその道の端っこを、落穂拾いをするかのように、身をかがめ、どこかにこぼれている問題はないだろうかと探し歩いている」

当時の心境をしげるは政治家として正直な実感だと述べている。

「石本さんは地味すぎる。よくそれで議員がつとまりますね」

しげるはある人に言われたことがあった。

「地味でけっこうでございます」

しげるは元来、政治家を志してきたわけではないので居直って言い返した。だが、国政の世界に推選し、選んでくれた大勢の人々がおり、しげるには果たすべき責務があった。

「政治を行う人は行政官を凌ぐぐらいの実力をもつ人間か、大衆の中に入りこんで実態を詳しく把握している苦労人でなければ、巨大な官僚機構にくい込んでいけないというのも、議員生活の中での私の正直な感想である。私は実力者でもない。たいした苦労もしていない。ただ長い看護生活で見聞きしたこと、そして共に支え合ってきた日本看護協会という心強い〝仲間〟がいる。その二つは、私の誇りである。それを土台に、これからも〝落穂拾い〟にいそしんでいきたい」

しげるは最初に出版した『紅そめし　石本しげる』の著書の最後にそう述べている。

九十九　勲一等瑞宝章を受章

昭和六十一年（一九八六）四月二十九日、しげるはこれまでの数々の功績によって、天皇陛下より瑞宝章を授与された。昭和四十一年七月十五日に参議院議員選挙に当選して、二十年間の長きにわたり、政界で婦人局長や厚生政務次官、国務大臣などの要職を務め、国内外で重要な政務に貢献してきたことが認められたのである。

しげるは栄えある瑞宝章を胸に記念写真を撮した。薄紫の絹のドレスによく映えていて、著書『紅そめし草の色─石本茂日記』を飾っている。しげる本人はもとより、ご家族、地元の人々、看護界、政界での友人知人の喜びもひとしおだったであろう。みんなに祝福され、これまでの労をねぎらわれて、しげるの生涯で、これほど晴れがましく、幸せな日はなかったに違いない。しげるが七十三歳のときであった。

一〇〇　自民党婦人部研修会

平成元年（一九八九）三月、熱海で開催された自民党婦人部研修会でしげるは講師として招かれて、講演した。現職議員として、全国の方々とお会いできる最後の機会を与えて下さったとの思いで臨んだ。聴衆もその思いを抱かれてか、専門的な話もよく聞いてくれて、しげるは惜別の思いが脳裏をよぎった。

しげるは看護婦五十万人の代表として、看護協会の推薦を受けて政治家になった。はたから見れば強引と思われるほど、てこでも動かない講えで頑張ってきた。それは看護を受ける人々の幸せを思ってのことであった。

しげるは日赤で教えられた博愛、平等、平和の精神を日々の指標として政界で活躍した。人間愛がすべての原点であった。政治の世界でも共通することで、平等とは重傷の人には手厚く奉仕する考え方であり、政治では弱者を国家が救う体制を作らなければならないからである。そして平等の条件が整えられることによって、平和が守られていくと思うと、研修会で講演した。

そして従軍看護婦、国立山中病院、厚生省、国立国府台病院、国立がんセンターに勤めた時代、その後は政界に入った。半生を振り返って、選んだ道、歩んできた道に間違いはなかったと確信している。終始、信念に生きることができた。その根幹にあったのは、

「生きとし生けるもの皆共にあり」

の考え方であった。若い看護婦時代は人の生き死にに心を痛めた。政界では環境問題に携わり、

「人間ばかりではない。動物も草も木も、等しく同じ世界に生きている」

という広く大きな視野に立って物ごとを思うに至ったと述べた。


しげるは平成元年東京で開かれた日本看護協会の総会にも出席して、

「ここまで歩いてこれたのも、皆さんの協力と支援があったればこそです」

長い間、支えてくれた仲間に礼を述べた。

総会に出席した六千人の仲間たちは、しげるがあいさつを始めた途中から立ち上がって、温かい拍手をしてくれた。しげるは半生を支えてくれた多くの人々への感謝の念で胸がいっぱいになった。多くの願いを実現してくれたしげるへ、その労をねぎらい、感謝する拍手であった。

しげるは平成元年一月から、郷里、石川県の北国新聞の肝入りで夕刊に、「石本茂日記」を連載した。その日記を集録し、北国新聞社の稲垣渉記者と山本正義記者が、しげるの『紅そめし草の色』の本を執筆担当して、平成六年六月二十五日に出版した。しげるはあとがきの中で、石川県看護協会有志の御厚配により発刊されたとし、有志と両記者に感謝と敬意を表している。

しげるは政界を引退しようと決意したころから、「自分は好きで政治家になったわけではない」と、周囲の人に漏らし始めた。看護の道は自身で選んだ。だが、戦争が始まり、従軍看護婦になる。戦後は厚生省の上層部から適任者として選ばれて、厚生省や国立がんセンターへ勤務した。国政の場へも推薦されて入った。

「運命を決める自分の神様はなんとせわしない性格の持ち主であろう」

しげるはそうつぶやいていた。しげるはそのどの局面に立たされても、なりふり構わず猛勉強してベストを尽くして、運命を愚直なまでに切り開いていった。人生の度重なる試練に耐えぬいて、自らの信じるままに生きた。しげるの『紅そめし草の色』の中で、

「まぎれもなく〝北陸の女〟だったと、思えてならない」

執筆担当した稲垣渉・山本正義両記者は、特に冬は雪が多くて、寒さの厳しい北陸で育った女性なくてはできない偉業であろうと、石本の数々の功績を褒め称えて、最後の結びとしている。

第七章　政界で交流のあった人物

一〇二　市川房枝

しげるが初登院したとき、参議院議員の無所属第二院クラブを率いていた市川房枝先輩に笑顔で迎えられて、議員バッチを付けてもらった。「一緒に頑張りましょう」と肩をたたかれて、「お願いします」とあいさつした。

「このクラブは一人一党の精神でやっています。自分で考え、自由に行動すればいいのです」

しげるは先輩を本当に自由主義の人だと思って、胸をときめかした。

入会して半年ごろ、各会派を対象に立法事務費が支給されているのに、第二院クラブだけないので、重宗雄三参院議長に再三、みんなで抗議に行った。重宗議長は「重宗天皇」と呼ばれ、参院を牛耳っていた。「あなたたちは政策審議もせずにただ集まっているだけですからね」

議長は全く取り合ってくれなかった。しげるはある日、一人で重宗議長を訪ねた。

「石本さん、あんなところにいると何もできませんよ。考えなさい」真意をうかがうと、逆に諭された。しげるは反論したが、現状を考え、内心じくじたる思いにかられた。

市川議員は徹底した反戦、平和主義者で、「戦争」とか「軍」が関係する法案には、たとえ補償や恩給に関しても、かたくなに反対した。しげるは従軍看護婦長の悲惨な体験から、あの戦争で犠牲になった人たちのお陰で今日の平和があると思っていた。そのため市川議員の姿勢には首をかしげた。

昭和四十二年、本会議で恩給法改正法案の採択があった。隣席でぼんやりしている市川議員に、「先生、立って!!」と大声を掛けた。市川議員はよくわけが分からないうちに起立した。この一度だけしげるは賛成に回らせた。

「大変しまった」市川議員は主義に反して賛成し、残念がっていた。

しげるは三年間、第二院クラブに在籍した。最初はときめきを覚えたが、成果が上げられずに、ときめきは次第に薄らいでいった。しげるは自民党に移ることを決意した。

「あなたは大きな目標と使命を持っているのだから仕方ないわね。頑張りなさい」

市川議員にあいさつに訪れると、笑顔で励まし、心よく送り出してくれた。自民党に入って後も婦人や青少年問題などで、よき相談相手になってくれた。男性社会の政界で、女性が活動するのは難しかったが、市川議員は常にしげるの精神的支えになってくれた、ありがたい先輩だった。


（『紅そめし草の色』北国新聞刊）

市川房枝　女性解放運動家。愛知県出身。平塚らいてうと新婦人会協会を設立、婦人参政権獲得運動に尽力す。第二次大戦後、新日本婦人同盟を結成。参議院議員となり、売春防止法制定、政界浄

化などに貢献した。（一九九三～一九八一）（『広辞苑』岩波書店刊）

しげるは国立がんセンターの総婦長のとき、入院した池田総理に出会った。

一〇三　池田勇人

池田は明治三十二年（一八九九）山県内閣の年、広島県の酒造業の次男に生まれた。京都帝大を卒業した後、大蔵省に入り、主税局長、大蔵次官を勤める。昭和二十四年、政治家を目ざして衆議院に立候補して当選した。その後、一年生代議士なのに、吉田茂内閣で大蔵大臣に抜擢された人物である。

昭和二十四年（一九四九）、アメリカのＪ・Ｍ・ドッジが連合軍総司令部経済顧問として来日した。戦後の日本経済のインフレ抑止の通貨改革として、一ドル三六〇円の単一為替レート率を強引に設定。（『日本史』自由国民社刊）。日本経済の再建方針を指示した（『広辞苑』）。吉田内閣の四月二十三日である。

池田はそのドッジ・ラインによる均衡財政を行い、インフレが収束し、池田財政と呼ばれる一時代を築き上げた。池田は岸信介首相の後、昭和三十五年（一九六〇）、公選によって第五十八代の総裁に就任した。その後、五十九代、六十代と第一次、第二次、第三次内閣総理大臣に就任した。池田勇人のモットーは、「寛容と忍耐」「所得倍増」で高度経済成長政策、経済外交を推し進めた。

池田は大酒豪で、五高時代から一升酒を飲んでいて、「のんべいの池田」とあだなされた。戦時中でも空襲警報のサイレンが鳴ると、一升びんを持って防空壕に入った。自由党の幹事長のころは、十五人から二十人の記者と、毎日酒宴を開くという趣好だったという。

国会の答弁で、二日酔いぎみのためか、放言や失言を吐いて、困ったことがあった。

「…インフレ経済から安定経済になりますと、ヤミやその他の正常ならざる経済原則によらぬことをやったときに倒産をし、思いあまって自殺するようなことがあっても、お気の毒ですが、やむを得ないとはっきり申し上げておきます」

池田は蔵相就任後間もなく答弁した。冷酷無情と物議をかもした。そして戦後に初めて閣僚の不信任案が可決して、池田は辞任した。

総理大臣のときは、「貧乏人は麦を食え」と放言して問題になった。

「秘書官が総理在任中の中盤以降、夫人に進言して酒をやめさせてもらったんですよ」

と記者が語っている。（『昭和人物エピソード事典』の中の山田栄三著『正伝、佐藤栄作』新潮社刊より）

池田は順調な出世街道を歩いてきた人ではない。大蔵省に就職し、伯爵、広沢金次郎の娘の直子と結婚した。ところが間もなくジューリング氏皮膚炎を患う。一万人に一人なるかどうかといわれる原因不明の難病で、治療法もなく、医師はさじを投げた。

「全身からうみが出、皮膚がただれてかさぶたにおおわれる。それは悲惨な病気だったのです。うみを抑えるための全身の包帯を巻きかえるだけでも三、四時間もかかる。痛みだすと、看護している者がみんなで手足を押える以外、なすすべを知らないほどの苦しみだった。（中略）夫人は昼夜を問わぬ看病疲れと心労から狭心症を起こして亡くなったのです」

元池田派の担当記者が右のように語っている。池田はこの難病のため、大蔵省を退職した。実家に帰ると、親戚の満枝が行儀見習いにきていて、池田の看護に当たった。病院から頼まれてきた看護婦でさえも、あまりのむごたらしさに近寄るのをちゅうちょした。満枝は前妻の直子夫人と同様に率先して介護した。

池田は失意とあまりの痛みに自殺も考えたという。満枝は体から吹き出るうみを口で吸って看病したこともあった。池田が気分のよい日は本を読んであげたり、クラシックレコードをかけてあげて、励まし続けたと、元池田派の代議士が語っている。

その後、池田の母親と満枝は池田を荷車に乗せ、弘法大師像を持って、四国八十八カ所の霊場を三泊四日で巡った。七〇キロにわたる遠路での帰宅後、奇跡的に難病が回復した。五年にわたる苦しい闘病生活であった。池田は満枝と恋仲になり、家族は家柄が違うと大反対したが、二人は結婚した。勘当同然の中で挙式し、大蔵省に復職した。先輩や同期生が応援してくれたのであった。

池田は結婚後、「伝書バト」と言われた。公務がすむとすぐ帰宅した。国会の会期中でも一日に何回となく満枝夫人のもとへ帰る。昼は庭石を眺め、夜は酒を楽しんでいた。

「…満枝がいなかったら、とてもここまでやってこれなかった」と言っていたと、元池田派担当記者は語っている。

池田は「私はウソは申しません」と名言を吐いた。その出典はかたぶつの池田が浮気して、満枝夫人に発覚し、頭を水風呂に突っ込まれたことではないかという。

「政治家たる者、浮気の一つもできんでどうする」と、悪友にそそのかされたのだった。

(『昭和人物エピソード事典』の中の『宝石』小林吉弥「池田満枝」主婦の友社刊)

ジューリング氏病は疱疹状皮膚炎で尋常性天疱瘡に似た病気である。水ほうは小形であり、輪のように並んで発生し、強いかゆみがある病である。治りにくいが、死ぬことはない。
池田は四国の霊場めぐりで奇跡的に治ったが、医学の治療法は副腎皮質ホルモン療法やゲルマニンの静脈注射、皮膚にはやけどと同様、殺菌剤や化膿止め薬入りのこう薬をはる。状態によっては自家血清注射・輸血・高蛋白《たんぱく》療法を行うという。絶対安静が必要だと、昭和医科大学教授（皮膚科）の橋本謙医師は記している。（『家庭医学大事典、日本アイビーエム健康保険組合刊。昭和四十三年九月発行）
池田総理について延々と紹介したのは、総理をより理解されるように、又珍しい病気を患われたことであり、筆者が『昭和人物エピソード事典』祖田浩一編（東京堂出版刊）に池田総理を執筆担当したからである。後日、石本茂恩師に贈呈し、「なつかしく、拝読した」という礼状を戴いた。

一〇四　福田赳夫

佐藤栄作内閣の昭和四十五年（一九七〇）秋、しげるは日本看護協会幹部数人と東京の世田谷区野沢の福田赳夫蔵相の私邸を訪問した。「よく来たね」と皆を笑顔で迎えてくれた。

「石本さん、ぼくは前からあなたをねらっていたんだ。やっと念願がかなった。待ってたよ」

福田蔵相は気軽に握手を求めてきた。

しげるは日本看護協会看護部会長の三十年代後半、陳情などで福田派幹部の倉石忠雄元労相と顔なじみだった。しげるは自民党に入るとき、どの派閥に入るべきかと悩み、倉石元労相に相談して福田蔵相を紹介され、初めて訪れたのである。しげるは今後、自民党の福田派に入党し、指導を仰ぐことに決めた。

第九回参院選全国区で、しげるは自民党公認候補として当選して、昭和四十六年六月、正式に党内派閥の福田派に入党した。以来、常に温かく見守ってくれて、しげるにとっては無くてはならないありがたい党首であった。

しげるが入党した佐藤政権の末期頃は、田中角栄と福田赳夫の抗争が激しく、〝角福戦争〟と呼ばれていた。

昭和四十八年暮れ、福田蔵相は予算編成でしげるの要望をすべて実現してくれた。

昭和五十一年（一九七六）十二月二十四日に、福田赳夫内閣総理大臣が誕生した。その後も予算編成のときは、常に大蔵省に電話をかけて応援してくれた。

しげるは任務上、厚生の分野で日ごろ世話になっている他の派閥の議員や、看護協会の会員たちが地域で支持する議員を応援せざるを得ないため、福田総理に許しを求めた。

「あーわかってるよ」

福田総理はいとも簡単に認めてくださった。そのため派閥の枠を超えて全国の応援に行き、自身の政治活動の協力議員を増やすことができた。

昭和五十三年に自民党総裁候補予備選があった。しげるはもうあと一期、福田さんに総理、総裁をやってほしかった。だが、残念ながら、一期で終わって、十二月六日、大平正芳内閣に変わった。福田総理は「私というものがみじんもなく、国家国民に自分を捧げるんだ」という、一途な気概を持っておられた。

盆と暮れに福田総理は派閥の参議員を自宅に招いて、もち代と称して百万円を一人ひとり公平に手渡した。他の派閥の半分の金額と思われた。公平な人柄であって、その公明正大さが、逆に総裁選という本番では弱さになったのかもしれないと、しげるは悔やまれた。福田派一人ひとりを思いやる優しくて虚心坦懐の人だった。

福田総理の昭和五十二年には、参院選で与党の自民党が過半数を確保した。安定成長への適応を日本経済では進めていた。翌五十三年には、新東京国際空港が千葉の成田に開港した。日中平和友好条約に調印したのも同年である。

（『紅そめし草の色』北国新聞刊）

福田赳夫　政治家。群馬県出身。東大卒。大蔵省主計局長を経て、衆議院議員。一九七六～七八年首相。日中平和友好条約を結ぶ。（一九〇五～一九九五）

（『広辞苑』）

一〇五　佐藤栄作

佐藤栄作が首相の昭和四十一年、しげるは参院予算委員会で初めて発言した。

「今後も努力します。検討します」

などと佐藤首相からの答弁にしげるは落胆した。前にも記したが、当時文部省が高校での衛生看護学創設の計画があった。佐藤首相は答弁した。

「あくまで教養の範囲であり、石本さんのようなプロの看護婦養成をめざすものではない」と。しげるは卒業生に何らかの資格を与え、看護婦を乱造しようとする考え方にクギを刺した。

しげるの質問に佐藤首相や他の閣僚はそれなりに誠意を込めて答えてくれた。

（『紅そめし草の色』北国新聞社刊）

佐藤栄作は政治家で岸信介の弟。山口県出身の東大卒。吉田茂政策の下で各省大臣を歴任。一九六四～七二年、三次にわたり自民党内閣を組織。在任中に沖縄返還が実現し、ノーベル賞を受賞した。（一九〇一～一九七五）

（『広辞苑』）

一〇六　田中角栄

しげるは昭和四十一年に田中角栄自民党幹事長と出会った。田中幹事長の母・フメさんの世話をしている病院の婦長で、新潟県西山町の実家を訪れた。まさに飛ぶ鳥を落すような勢いの人なのに母親は事もなげに言った。

「ヤクザな息子でね。今は東京へ出稼ぎに行っているようなものですよ」

しげるは参議院無所属第二院クラブにいたときで、母親のフメさんに親しみを覚えた。田中幹事長は母親を通じてしげるを知ったようだ。しげるが昭和四十五年、二回目に自民党公認候補として出馬したとき、田中幹事長が励ましてくれた。だが、〝角福戦争〟と言われるほど抗争していた福田派にしげるは入った。

それなのに田中幹事長は当選して自民党議員になったしげるに、口を聞いてくれて、早速、党政務調査会内に看護対策特別委員会を設けてくれた。その上嬉しかったことは、しげるが看護技術者対策議員連盟を結成したとき、田中幹事長がまっ先に会員に参加してくれたことである。

しげるは苦労人だった田中幹事長の優しさが政界で全く無力のしげるたちを哀れんで、目をかけてくれたのかと、ありがたく感謝した。

それ以来、国会などですれ違うと、「ヨッ」と手を上げ、「やってるか」「小遣いあるか」と声をかけてくれた。時には手招きして、「おふくろが東京に来ている。遊びに来なさい」と、耳元でささやいた。しげるは一層、親近感が増した。

「政策の分かるのは石本さんだけ。わが方に来てほしかった」

田中幹事長がそのころ側近に漏らしていたという。しげるは後で耳にして嬉しかった。

総裁選の前のころ、直接に二回、電話を田中幹事長からいただいた。「こちらに来れんか」「金が動いている時だ。お前さんにも小遣いをやりたいんだ」「あんたの好きな所でぜひ会いたい」と、たたみかけてきた。

しげるは福田派なので断った。このとき男性の世界の熾烈《しれつ》さを垣間見た気がした。

田中内閣が成立したのは、昭和四十七年七月七日である。七が続く七夕祭の珍らしい日で、佐藤栄作総理の後、二年半の四十九年暮れまで政権の座を任めた。田中総理は中国を訪問し、日中共同声明に調印したのは大きな功績と表された。ドルショックから景気が回復し、「日本列島改造論」を叫んで、道路建設を進めたが、土地の投機を招いた。昭和四十八年の秋から石油危機によって物不足が生じ、物価が急騰した。翌年には参議院選挙で、自民党が敗北を喫した。再び不況の時代を迎え、暮れの十二月九日に、三木内閣に変わった。田中総理は金権政治の批判を受けて退陣した。

昭和五十一年にはロッキード事件で逮捕された。「きっぷのよさが多くの金銭をより必要とし、結果としてその金が災いしたということでしょうか」と、しげるは語っている。

昭和六十年二月、田中角栄前総理が病気で倒れた。しげるは入院した東京逓信病院にお見舞いにかけつけて、総婦長室で病状を聞いた。

「今は騒ぐ時ではない。静かに見守ってあげるべきだ」

男性議員が大勢詰めかけていたので告げた。田中前総理は物事の本質を単純、明快にとらえて、即座に政治的な決断を下す能力に秀れていた。田中軍団のまさにリーダーたるにふさわしい人だった。しげるはその田中前総理が親しく声をかけてくれたおかげで、田中派の厚生関係の議員にも、仲良くしていただいた。そうした意味合いでも、田中前総理は忘れられない恩人の一人であった。

（『紅そめし草の色』北国新聞社刊）

田中角栄　政治家、新潟出身。一九七二～七四年首相。自民党総裁。日中国交正常化を実現。「日本列島改造論」を政策として打ち出したが、狂乱物価を招く。ロッキード事件で実刑判決を受けたが、その後も政界で隠然たる影響力を持った。

（新村出編『広辞苑』岩波書店刊）

田中角栄の経歴を他の事典で詳しく紹介したい。田中角栄は昭和期の政治家で元・首相。大正七年（一九一八）五月四日生まれ。平成五年（一九九三）十二月十六日没。新潟県刈羽郡西山町出身。昭和十一年中央工学校土木工学科卒。高等小学校卒後上京。建築士から出発した。十九歳で独立して設計事務所を持ち、田中土建をつくり、大規模にする。昭和二十二年総選挙に出馬し、衆院議員に初当選。

以来十六期連続当選す。佐藤栄作派に所属、法務政務次官を経て、三十九歳で郵政相として初入閣す。後、党政務調査会長、蔵相、幹事長、通産相を歴任。途中〃炭鉱国管疑獄〃で逮捕（無罪）されたが、保守本流の参謀役としての地歩を固めた。四十七年佐藤退陣後、田中派を結成、七月、総裁選で福田赳夫を破って首相に就任。

小学校出の首相として絶大な人気を得た。日中国交正常化、日本列島改造に着手。だが、昭和四十九年「文藝春秋」で、その金脈、不当な利潤を追及され、十二月九日総辞職す。五十一年八月、ロッキード事件、五億円収賄容疑で逮捕起訴された。五十八年十月十二日東京地裁で、懲役四年、追徴金五億円の実刑判決下る。六十二年七月の二審でも支持された。首相退陣後も最大派閥田中派を率い、キングメーカーとして自民党に君臨。六十年二月脳梗塞で倒れて入院、以来一度も登院しないまま、平成二年引退した。平成十年生家のある西山町に田中角栄記念館を開館した。

（『20世紀日本人名事典』日外アソシエーツ二〇〇四年七月刊）

一〇七　大平正芳

しげるが初めて大平外相にお会いしたのは、昭和三十九年の秋で、国立がんセンター総婦長時代のときである。池田勇人総理が喉頭がんで入院しており、大平外相も鈴木善幸元首相と一緒に、情勢を報告するために池田総理の病室を訪れていた。

その後、政界に入った後、最もよく愚痴や文句を聞いてくれるありがたい存在の人であった。しげるが自民党婦人局長のころ、大平外相は幹事長になられた。

選挙の時だけ婦人局をかり出す党の姿勢に対してしげるは文句を言った。

「調子がよすぎます。もっと日ごろから婦人局の存在を認めてほしい」

「言われる通り」大平幹事長はそう言って、しげるらの話にじっくり耳を傾けてくれた。蔵相のときは、国の婦女子への思いやりが欠けていることをしげるは列挙した。乳幼児教育費や国立婦人の会館の建設費を認可してもらった。

昭和五十三年十一月、初めて自民党総裁選の予備選挙が行われる。現職の福田赳夫総理と大平幹事長が激しい選挙運動を展開する。

その初秋のある晩、しげるは大平派で同郷の安田隆明参議院議員に頼まれて、東京都内の料亭に行った。広い座敷には八十名ほどの大平派の議員が集まっていて、あちこちで何事か話していた。間もなく大平幹事長が現われて、拍手で迎えられた。しげるはこの会が何か知らなかった。

「自分は愚直な人間だが、皆さんの声を聞きながら一生懸命に歩いてきた。これからもそのように歩いていきたい」

大平幹事長はあいさつに立って、しんみりと語った。国会答弁では「アー、ウー」を交えて話すが、大平幹事長を励ます集いでは異った調子であった。しげるの政治信条と同じあいさつなので、福田派に所属しているが、熾烈《しれつ》に争う他の大平派閥の領袖に共感した。

陳情に押しかける人々は、一番偉い大臣に会えば何とかしてくれるだろうと思い込んでいく。大平領袖は自分からはあれこれとは話さずに、相手の言い分を十分聞いてから、

「話はよくわかりました。みんなで共に考え努力しましょう」

と答える。その後、どうするか決断する。陳情者たちは結果はともかく、じっくり話を聞いてくれるので、好感を抱いたようだった。

正反対なのは田中角栄元首相と福田元首相で、陳情などに「よし、わかった」と即座に威勢よく答えていた。

昭和五十三年十二月六日、福田赳夫総理と争った大平正芳が勝利して、内閣総理大臣に就任した。翌、昭和五十四年六月に東京でサミットが開催された。八月九日には人事院が公務員六十歳定年制を勧告している。十月七日の総選挙では、自民党は再び単独の過半数を割って惨敗した。

大平総理は衆参ダブル選挙の応援運動中に倒れて、東京の虎ノ門病院に入院した。しげるが病室に見舞いに訪れると、一時的な心筋梗塞《こうそく》ということであった。

「早くよくなってください」

「うん、ありがとう」

しげるが申し上げると、幾度もうなずかれた。

（『紅そめし草の色』北国新聞社刊）

大平正芳　政治家。香川県出身。東京商大卒。外相・蔵相を歴任。一九七八年自由民主党総裁・首相。在任中急死。（一九一〇〜一九八〇）

（『広辞苑』岩波書店刊）

一〇八　鈴木善幸

昭和三十九年秋、しげるが国立がんセンター総婦長のとき、元首相の鈴木善幸に会った。池田勇人首相が喉頭がんで入院したとき、大平正芳外相らと共に、交代で政界の情勢を報告するたびに訪れていた。

（『紅そはし草の色』北国新聞社刊）

鈴木善幸　政治家。岩手県生まれ。一九八〇～八二年自民党総裁・首相。（一九一一～二〇〇四）

（『広辞苑』岩波書店刊）

一〇九　中曽根康弘

しげるは昭和五十五年七月から三期目の自民党政務調査会審議委員に就任して、厚生省医務局の人員問題を担当した。同じ七月に鈴木善幸内閣が発足して、中曽根大臣は行政管理庁長官で、公務員全体の定員減の方針を言い出した。しげるは厚生省と国立医療機関の職員に、看護婦も含めようとしていたので、不退転の決意で大臣室に乗り込んだ。

看護婦などの減員による弊害を話し、「結局は病人が困るのです」と、しげるは強調した。

「看護婦だけを例外にするわけにはいかない」

中曽根大臣は腕組みして、じっとしげるの説明を聞いていたが、冷たく答えた。

「あなたはどうしてこんな事情がわからないのですか」

しげるは看護現場の実情を口をすっぱくして話した後、詰め寄った。

「いずれにしても石本さんの期待に添えるか約束できません」

「約束してもらえるまで帰りません」

しげるは断られて、気色ばんで居直った。

中曽根長官は次期政権を獲得すべく、行政改革に積極的な方針で、強行だった。

その直後に、公務員の週休二日制導入案を打ち出し、党政調会の議題にのぼった。

「サービスは落とさず職員を減らし、そのうえで、休みを増やす」

しげるは看護職場のフォロー策も考えないで、やみくもに中曽根長官が実行しようとする姿勢に憤りを覚えた。

「中曽根長官をここに呼んでくれ」

しげるは年がいもなくいきり立って叫んだ。中曽根長官とは、このように政策上の問題で何かと相対峙することが続いた。四年後の昭和五十九年十一月一日付で、不思議なことに、中曽根第二次改造内閣を組閣したとき、敵対しているしげるを環境庁長官に任命したのである。

中曽根総理は、国会答弁などで、男女雇用平等法案などで質問されるたびに答えた。

「ちゃんと女性大臣を登用してます」

しげるに視線を向けて、引き合いに出した。

中曽根総理は閣議前に各大臣が控室で雑談するが、「各閣僚に対してムダ話はせんぞ」という構えに終始し、決して話の輪に加わらなかった。堅物の優等生のような印象を受けた。人間的なぬくもりはあまり感じなかった。

「自分が内閣を引っぱっていくんだ」

というような決意を常ににじませて、超然としていた。しげるは宰相の一つの姿だったのかもしれないと感じた。

（『紅そめし草の色』北国新聞社刊）

中曽根康弘　政治家。群馬県出身。東大卒。一九八二年〜一九八七年首相。〝戦後政治の総決算〟を掲げて世論の支持を得る。平成元年〝リクルート事件〟が発覚、自民党離党、派閥も離脱。後、復党。在職五十六年。昭和六十三年より世界平和研究所会長。
（『20世紀日本人名事典』日外アソシエーツ　二〇〇四年七月刊）

一一〇　岸信介

しげるが初めて岸信介元首相にお目にかかったのは、昭和四十六年の第九回参議院選挙の全国区に、自民党公認候補として初めて出馬するときである。岸元首相がしげるの後援会長を引き受けてくれた。あの日米新安保体制を確立させて、しげるには〝雲の上の人〟のような存在で、党の最高顧問格の大人物であった。

しげるが福田赳夫蔵相（後、首相）派に入党するため、福田蔵相や倉石忠雄労相の自民党議員の人たちが、岸元首相に依頼してくださったようである。しげるはとても栄誉に思い、感激して、岸元首相にあいさつにお訪ねした。

「大変だろうけどがんばれば必ず当選できる。私も一生懸命やらせてもらいますよ」

しげるは励まされた。実に柔和な笑顔で、他の議員とは全く違う印象で、奥深い気品が感じられた。

岸元首相は「昭和の妖怪」などと、一部の人らにささやかれていた。だが、首相を辞任後、世界、特にアジアの恵まれない国々の貧困にあえぐ人々に心を痛めて、強い関心を寄せておられた。

岸元首相は過去の労苦話は一切語らなかった。人口対策議員の会合で唯一、しげるは岸元首相の素顔を垣間見たときがある。

「それは違う。そんな考えではダメだ」

ほんの数回、若手議員らを叱咤激励された。

岸元首相が心の底で深く考えられながら、時に示される毅然とした態度に、しげるは政治家としての在るべき姿を教えられた。

しげるは昭和四十九年二月、国連本部主催の人口問題対策国際会議に、厚生政務次官として、政府を代表して渡米した。岸信介、元首相は人口対策議員連盟会長に就任しておられ、しげるは帰国後、岸会長の指導を受けて、人口問題にも本腰を入れて取り組んだ。

「石本さん、あなたはこれから人口問題をおやりなさい。看護婦、保健婦の資格があるんだし、若いころの訪問看護の経験を生かすのは今ですよ」

しげるが国際会議から帰国し、直ちに岸会長のもとへあいさつに訪れて、成果を報告した。会長はしげるの話に一つ一つうなずかれて説かれた。しげるは真剣なまなざしに戸惑ったが、会長の人口対策連盟会に入会をお願いした。入会早々に会長は海外視察を促した。

「何事も実際に現場へ行って見てこなければわかりませんよ」

しげるは岸会長のバックアップで、他の女性議員四人と昭和五十年の夏、インドやバングラデシュなど五カ国を巡る十五日間の視察に出かけた。このときの各国の貧困にあえぎながら幾人もの子育てをしている母親の現状が脳裏に焼き付いた。以来、人口問題を考える原点となって、活動していく。

昭和五十四年夏、しげるは岸人口対策議員連盟会長のお伴をして、スリランカの視察に行けたのも、光栄なことであった。しげるは背の高い方であるが、岸会長はさらに長身で、上下真白いスーツ姿であった。しげるも白っぽいロングドレスで、スリランカの人と岸会長と並んで記念写真を撮った。

岸会長が首相のとき成し遂げた日米安保条約の改定によって、今日の日本の平和と繁栄がもたらされたと、しげるは考えると、岸元首相は、国や国民の安全を至上とされた「憂国の士」であったと思われた。


（『紅そめし草の色』北国新聞社刊）

岸信介《のぶすけ》　政治家。山口県出身。東大卒。満州国高官を経て、一九四一年東条内閣の商工相。A級戦犯容疑で逮捕。五八～六〇年首相。六〇年新日米安保条約批准を強行して総辞職。鷹派として影響力をもった。（一八九六～一九八七）

（『広辞苑』岩波書店刊）

一一　橋本龍太郎

石本茂が昭和四十八年、五十一年の二回にわたって厚生政務次官に就いた。橋本龍太郎は自民党幹事長代理で、昭和四十五年に厚生政務次官、五十三年に厚相に就任した。同じ厚生関係議員として親交を深めていく。

橋本厚相はしげるをいつもは「姉上」、少し気にくわないときは「母上」「おっかさん」と親しみを込めて呼んでくれた。最近までは「オレが、オレが」と妙に出しゃばるところもあったようだが、しげるにとってずっと「頼りになる人」だった。

橋本厚相の亡き父・龍伍氏は厚相を長く務めた。そのためか、厚生省を自分の家の庭のように思い、厚生行政にもかなり精通していた。森永ヒ素ミルク中毒事件やカネミ油症事件など、薬物公害が問題になっていたころ、橋本次官は二日にあげず政務次官室を訪れた。

「姉上はあの事件を知っているの」とか「自分はこう考えている」と語りかけて、しげるは助けられた。以来、ウマが合うようになった。国立医療機関看護婦の給与アップ、定員増などでも大蔵省、人事院へ先頭に立って出かけ、かけ合ってくれた。

しげるが二回目の厚生政務次官のとき、陳情を一任した。ところが期待外れの結果だった。

「あんた何をしてくれたの」

しげるは強い調子でたしなめた。

「オレだって、一生懸命やったんだ。おっかさんこそ何も知らんで」

橋本次官が泣きそうな顔で声を荒げた。周囲からはまるで親子げんかのように見えたかもしれないと、しげるは言っている。

橋本厚生政務次官が厚相に就任したときも「頼むね」と、出会ったとき手を握ると期待にこたえてくれた。
しげるは他の派閥の橋本議員に「姉上、講演を頼む」と言われ、岡山の後援会に出向いた。ところが福田派の加藤六月（元農相）議員が同じ岡山なので怒った。福田赳夫元首相から「どうにかならんか」と電話があった。しげるは「厚生の分野で私が困ったとき、だれが私を助けてくれましたか。橋本さんには恩義があるのです」と突っぱねて、大恩のある福田元首相を困らせた。

（『紅そめし草の色』北国新聞社刊）

橋本龍太郎　（一九三七〜二〇〇六）

昭和・平成期の政治家。岡山県出身、衆院議員、自民党、元、首相。昭和十二年七月二十九日生まれ。ネパール・ゴルカ・ダクシン・バフ勲章受賞（平成十一年）父は橋本龍伍（厚生相など）弟大二郎（高知県知事）、呉羽紡績社員、厚生相秘書を経て昭和三十八年衆院最年少議員（二十五歳）で当選。当選十四回。平成元年自民党幹事長に就任。その後厚相・蔵相などを歴任。平成三年秘書の富士銀行の不正融資に関わり、十月蔵相を辞任。その後党総裁、副総理を経て平成八年一月首相に就任。行財政改革を推進。十一月第二次橋本内閣では衆院で単独過半数を獲得。経済政策の失敗で未曽有の不況を招き十年七月参院選で惨敗し退陣。十二年七月小渕派を引き継ぎ橋本派とし、十二月沖縄北方対策担当相を経て十三年党総裁選へ立候補す。二〇〇六年没。

（『20世紀日本人名事典』日外アソシエーツ　二〇〇四年七月刊、他『広辞苑』）

一一二　田中正巳

昭和四十九年十二月、三木内閣が発足したとき、田中正巳議員は厚相に就任した。斎藤邦吉氏と小沢辰男氏とともに、「厚生の三羽ガラス」と並び称されていた。しげるは同じ福田派（後に安倍派）に所属する縁で助け合った。

昭和五十七年暮れ、大蔵省の厚生担当主計官が、田中厚相としげるのいる議員会館に訪れた。第二臨調の答申に沿って、全国の保健所に人件費などの運営費の一部として毎年、国から直接補助金が配分されていた。それを廃止し、代わりに地方交付税の中に補助金相当分を盛り込みたいという。地方公共団体へ一括交付されると、保健所などの福祉予算への配分はともするとと削られがちで、ひいては保健婦の待遇悪化や減員になりかねないので、大問題である。

ようやく勝ち取った国の予算なので、しげるは途方に暮れたが、田中元厚相は主計官の話をじっくり聞いて、大蔵省側に根回ししてくれた。他の同様の施設への補助金は廃止されるが、保健所へは「定額交付金」と名前を変えて残してくれた。しげるは補助金を救った田中元厚相の手腕に改めて脱帽し、感謝したのだった。

田中議員は陳情などをするときは、人目に付くような過激な行動はしない。だが、必要と考えると、一人でも大蔵省主計局長ら幹部クラスを訪ねて、かけひきなしに誠実に話し合う人であった。しげるが大蔵省へ陳情に回ると、

「田中先生から話は聞いてますよ」

しげるはそう言われて、たびたび好意的な返事を頂いた。陰でいつもしげるたちを支えてくれたありがたい人だった。しげるは「予算を獲得するなど、何か物事を実現しようとするとき、最初に先頭に立って騒ぐ人、その後について気勢を上げる人、そしてじっくり根回し役に徹して最後を締める田中さんのような人が必要だ」と痛感した。

しげるが全国区の選挙に立候補したとき、運動期中、全国の主要都市だけ回った。地方の小都市やその周辺地域へは行きたくてもかなわなかった。田中議員はしげるのできない所をきちんとフォローしてくれた。

例えて言うと九州北部の佐賀や長崎、天草への応援に出向いてくれた。それも土砂降りの雨の中を街道演説をしてくれたのである。しげるを支持する看護婦たちは当時の田中議員の姿を今も思い出して感謝している。

ところが大恩人の田中議員が参院選挙へ立候補されたとき、残念ながら全く応援できなかった。田中議員は昭和五十四年、総選挙で落選した。昭和五十五年の参院選の全国区のときも、しげるは日本看護連盟の候補者を応援しなければならないために、田中候補を応援できなかった。

しげるは田中元厚相に日本看護技術者対策議員連盟会長に就任していただいた。しげるは「議員として国政の場に立ち、私なりに仕事を成し得た、と思うのも田中さんの力添えがあったらばこそ」と深く感謝している。


（『紅そめし草の色』北国新聞社刊）

一一三　佐藤達夫

看護婦の給与は安く、病院の前などで旗を立てて給料の増額を訴えている看護婦の姿が見られた。しげるは政界に入ると、国立医療機関の給与を上げるのを念願して、足繁く人事院へ働きかけた。昭和四十七、八年の二年間である。当時の佐藤達夫人事院総裁へ、自身で買った和菓子の銘菓を半紙に包み替えて訪ねた。総裁室には自筆の草花の絵や鉢植えが飾ってあった。

「先生の絵は本当にいいですね。心が潤います」

しげるは絵を見せて頂きながら、いつ本題の看護職給与の話を陳情しようかと思案した。佐藤総裁は忙しくないとき、看護を話題にした茶飲み話に応じてくれた。秘書の方は、しげるが帰るときに、総裁の次に空いている日時をそっと教えてくれるようになった。しげるはまだ政界入りしたばかりの新参で、無器用なのに、よくそこまで出来たと、後年感心した。

しげるは大きな給料アップの使命を抱えて、週に一回、何かと口実をつけて訪れて、一年半が過ぎ、昭和四十八年の秋を迎えた。

「石本さん、申し訳なかった。看護婦さんを長い間ほったらかし、それに気づかなかった私も悪かった」

と、笑顔で言われた。しげるは看護職へのすばらしい理解者に巡り会えたと、喜びで胸がいっぱいになった。その後半年もたたないのに、在職中の佐藤総裁は九月に肝臓腫瘍で他界された。突然の訃報にしげるは佐藤総裁のやさしい笑顔を目に浮かべながら泣き暮れた。

佐藤達夫　昭和期の官僚。人事院総裁、法制局長。明治三十七年（一九〇四）五月一日生まれ、昭和四九年（一九七四）九月二日逝去。福岡県出身。昭和三年東京帝国大学法学部卒後、同年内務省に入り、七年法務局へ。二十二年―二十九年まで法制局長官。三十年国会図書館専門調査員を経て三十七年から四十九年まで人事院総裁。四十二年に第十五回日本エッセイストクラブ賞を『植物誌』で受く。著書『国家総動員法』『国家公務員制度』『日本国憲法成立史』『法律の悪魔』などがある。

（『20世紀日本人名事典』（日外アソシエーツ　二〇〇四年七月刊）

一一四　安倍晋太郎

しげるの安倍議員への第一印象は「大変おとなしく、背の高い人」であった。何かにつけて、信介元首相の娘婿と言われていた。しげるは昭和四十六年、自民党参議員となって以来、毎週一回、東京・紀尾井町の赤坂プリンスホテルで開催される福田派定例会に出席した。金びょうぶの前に長老、大幹部たちの席に安倍議員は着席し、時折、同世代の議員らと談笑するだけの、大変、物静かな人に見えた。しげるは「失礼ながらまさかここまで偉くなると思いませんでした」と語っている。

昭和六十一年七月、福田赳夫元首相から派閥を引き継いで、安倍派を旗揚げしたからである。しげるは安倍派に移った。しげるは安倍領袖と一年前から話し合って、六十一年の参院選比例代表区で次点だった清水嘉与子前厚生省看護課長を推選した。あと三年待つ間欠員が出れば繰り上げ当選となる。

「この際、待っていてはダメ。挑戦して議席をとってほしい」

しげるはそう願った。安倍領袖は「そうした方がいい」と、了承してくれた。

「もし清水さんが当選できなかった場合、看護婦の協会組織は自民党から離れかねない」

しげるは厳しい考えを打ち明けた。

「精いっぱいがんばるので任せてくれ」

自民党の比例代表名簿での上位登載を約束してくれた。だがしげるは、安倍領袖に少し気がかりな事があった。

山口一区は安倍宰相の選挙区で、同じ派閥の田中龍夫元通産相がいた。しげるは選挙のとき相当田中議員から応援してもらっていた。そのため同じ選挙区でライバルになるため、安倍宰相に気まずい思いをさせているのではないかと心配した。

安倍宰相として十分足る能力と識見を兼ね備えておられるが、総理の座をつかむにはもっと「身を捨ててこそ浮かぶ瀬もあれ」を心得る腹心の人が必要だと思った。（『紅そめし草の色』北国新聞社刊）

安倍晋太郎　政治家。山口県出身。東大卒。昭和二十四年毎日新聞記者。岸信介首相の長女と結婚。岸の下で外相・首相秘書官を経て、三十三年政界へ。以来衆院当選十一回。自民党の〝ニューリーダー〟として活躍。農相、通産相などを歴任。福田派のプリンスと呼ばれ、六十一年福田派（清和会）会長、自民党総務会長、同幹事長を歴任した。（『20世紀日本人名事典』日外アソシエーツ　二〇〇四年七月刊）

一一五　藤森昭一

昭和二十五年（一九五〇）五月、しげるは厚生省医務局国立病院課の看護係長に任命された。しげるの隣席に東大をこの春に卒業して、上級職員として採用された優秀な藤森青年が国立病院課に配属されていた。しげるは看護の現場で勤務してきたので、厚生省の仕事は全く未知であり、行政の医療世界は不安でいっぱいだった。

「わからないことがあれば何でも聞いてください」

国立病院課の職員は親切に言ってくれた。

しげるは何がわからないのかさえわからない状態で、途方に暮れ、先々が思いやられた。

藤森青年は落ち着いた静かな人であった。

昼食を共にして、しげるは古里の石川県の冬の寒さやお国自慢の話に花を咲かせては親しく打ち解けて、なんでも話のできる、気の合う同僚になってくれた。

仕事上でも何かと相談に応じてくれて、励ましてくれた。しげるは全国の国立病院を視察して、国立病院の制度や運営、人事などについて猛勉強した。その結果、制度上の問題点が見えてきた。これまでばらばらだった看護婦業の体系化と、看護婦組織の確立を希念して、取り組もうと考えるに至った。

「自分でとにかく考えるように」

上役の課長にしげるは言われて困まり、藤森青年に相談した。特に診療に関係のある法律化で多忙

な仕事中なのに手を休めて、

「それはやるべきです。私もできることがあればお手伝いします」

そう言って勇気づけてくれ、法律案の作成を担当してくれた。

「こんなことは制度上、成り立つでしょうか」などと、ごく初歩的な質問にも丁寧に教えてくれる親切な同僚だった。

しげるが構想した「総婦長制度」がおかげで半年後に実現した。三年後には「看護業務執務提要」などとなって、全国のほとんどの病院で採用され、成果を上げることができた。

しげるは国会議員となって、偶然国会で出会うと藤森官僚となられ「お元気にやってますか」などとあいさつを交わした。その後、官僚となられ偉くなる度に祝電を送るほどのおつき合いをしていた。

しげるが昭和五十九年に環境庁長官に就任したころ、官房副長官に就かれて、首相官邸の事務関係の業務を仕切っておられた。しげるが皇居での閣僚認証式を終えて官邸に戻った際、全閣僚が並んで写真を撮るとき、どこに並ぶべきか戸惑った。

「石本さん、あそこへ」

藤森官房副長官がにこやかに近づいてきてさりげなく並ぶ席へ導いてくれた。

その後、宮内庁長官に就任された。昭和天皇が昭和六十四年（一九八九）に崩御されたことを発表された。昭和から平成の時代に変わるなかで、重い宮内庁長官という責任を必ずや全うされると確信しながらも、そのご苦労のほどが思いやられた。

（『紅そめし草の色』北国新聞社刊）

一一六　渡辺美智雄

しげるは昭和四十八年と四十九年に厚生次官を務めていたとき、当時、渡辺美智雄農水次官と知り合った。政務次官会議の隣りの席で渡辺次官は中川一郎大蔵次官と座を大いに盛り上げておられた。昭和五十一年末に福田赳夫政権が発足したとき、初めて渡辺次官は厚生大臣に入閣された。しげるは二回目の厚生政務次官に就任したときに、渡辺厚相の大臣室にあいさつに訪れた。

「オレは間違ってここに来た。本当は隣の農水省だったんだ」と言い出した。

「オレは厚生のことは何も知らん。石本さんに任せるよ」

厚相はそう涼しげな表情を浮かべて言われた。しげるが大臣室を訪れると、課長クラスの人々を集めて、直接に説明をよく聞いておられていることが多く、大変勉強家だと思った。

「お母さん一人で子供を育てるのは大変だわな」などと、渡辺大臣は世間の情況をかんがみながら政策審議を進めていく。予算案編成時には税理士出身なので、詳細な数字を即座に読み取って、担当局長らを追求した。渡辺大臣は世情に通じて、豪放でち密であり、厚相にふさわしい人物だと思った。

渡辺大臣はその豪放さが災いとなり、逆にとんでもない物議をかもし出したこともある。

日本医師会は厚生省にとって最大の圧力団体とされていた。渡辺大臣の就任の直後から、日本医師会は厚生省からの電話を一切受け付けない状態にあった。「ワンマン団体」とでも言って渡辺大臣が退けたのか、医師優遇税制が取りざたされる前からである。渡辺大臣や省内も日本医師会の圧力からの解放感なのか、生き生きしていた。しげるは渡辺大臣の豪胆さに感心させられた。

昭和五十二年七月、しげるは改選期を迎えた。

しげるが出馬するために、「石本しげるを励ます会」が開かれた。渡辺厚生大臣は多忙の中を駆けつけて応援してくださった。辻立ちの演説会にも応援に来られた。自ら会長を務める食肉関係の全国団体をしげるの支援組織に入れてくれた。さらに渡辺大臣は地元の栃木県の後援会婦人部まで総動員して応援してくれた。おかげで、これまでしげるは八千票前後であった票が二万三千票にまで一気に増えた。渡辺大臣とのご縁は不思議に思えた。

昭和六十三年十一月一日、しげるは自民党環境部会長を務めており、渡辺大臣を訪ねた。「窒素酸化物による大気汚染対策小委員会」を自民党環境部会内に設置する要請をするためである。日頃気忙しく活動されていた。

「分かった。石本さんの好きなようにやってくれ」

渡辺厚相は伺うと特に多忙だったらしく、しげるの説明もほとんど聞かないで承認してくれた。しげるを信頼してくれており、しげるの願いを何でもかなえてくれるありがたい厚相だった。しげるは「相変わらず頑張っておられるな」と、見かけるたびに感心してあがめていた。

(『紅そめし草の色』北国新聞社刊)

渡辺美智雄　政治家、衆議院、自民党。元副総理、元外相、元蔵相。栃木県出身、東京商大(現一橋大)昭和十九年卒。行商、税理士をへて昭和三十年政界へ。三十八年より通続十一回当選。五十一年厚相、五十三年農相。五十五年鈴木内閣で蔵相、財政再建に尽力。テレビやマスコミに度々顔を出し、ミッチーの名で親しまれた。

六十年第二次中曽根内閣で通産相。平成二年中曽根派を引き継いで渡辺派領袖となる。三年宮沢内閣の副総理、外相。五年病気で辞任。七年総裁選に立候補し、河野洋平に破れた。

(『20世紀日本人名事典』日外アソシエーツ　二〇〇四年七月刊)

一一七　武見太郎

しげるが武見会長と知り会ったのは、昭和三十七年(一九六三)二月、国立がんセンター開設当時である。武見日本医師会長は同センターの顧問となり、しげるは総婦長に就任した。

「いろいろお世話になります」しげるがあいさつに伺うと、「こちらこそ。しっかりやってください」

武見会長は励ましてくれた。しげるは三年間、日本医師会から看護制度委員を委嘱された。しげるは院長や医師会長などと「長」の役職にある人をそれだけで偉いとは思わずに、同等な口を聞く悪いクセがあり、気軽に武見会長に対しても、「ご苦労さん」と、生意気と思われるかもしれないが、声を掛け合っていた。

その頃、日本医師会と日本看護婦の関係は、准看護婦制度の存続をめぐり、少々意見の対立があった。しげるは偶然、武見会長と飛行機の中で同席したとき語りかけた。

「看護婦が医師に隷属するとの考えはおかしい、互いに協力者ですよ」

「そりゃあ、そうだ。医師と看護婦に境はない。ただ誤解している医者もいてね」

会長は両者の平等な関係を語り、首をかしげていた。

しげるは一回目の厚生政務次官に昭和四十八年に就任したとき、武見会長が厚生省へお祝いに来てくれた。当時、日本医師会は厚生省と断交状態だったが、しげるは武見会長の自宅に直接に電話して伺ったのだった。しげるは武見会長の口の悪さに驚かされたが、やり手の渡辺厚相に警戒を強めていたのだと思われた。

武見会長は政府や自民党の実力者と結びついて、厚生行政を牛耳ってきた。だが、常々「医師会といってもしょせんは零細な開業医の集まり」と語った。だから武見会長は医療に関する許認可権を持つ、強い立場にある厚生省から、開業医を守ろうという気概で強気の姿勢で臨んでいたのではあるまいか。

昭和五十一年末から一年間、しげるが二回目の厚生政務次官を務めた時期は渡辺大臣と武見太郎会長との不和が頂点に達していた。しげるが次官着任のあいさつに武見会長の自宅を訪ねると、笑顔で迎え、「よく来たね」と言って、書斎に招いてくれた。家の人に果物や菓子を次々と頼んでは食べながら延々と毒舌を始めた。

「渡辺の野郎なんか何を知ってるか、あの事務野郎もいいかげんにしろ」などと、厚生省の歴代大臣や役人名を挙げて、二時間余り罵倒した。しげるがあぜんと見ていると、「まあ、そういうことだからよろしく頼むよ」と最後に言ってしげるの肩をたたいた。

しげるは厚生省や日本看護協会が日本医師会と反発し合ったり、けんかしていても、何事も決してよくならないと考えていた。日本医師会と仲良くして、国民医療の向上に微力ながら尽くすことができたのは、「武見会長が看護婦の立場を理解してくれている」と信じていたからである。

（『紅そめし草の色』北国新聞社刊）

武見太郎　元日本医師会会長。京都市出身。慶応義塾大医学部卒。理研の仁科研究室で放射線利用医学を学び、開業。昭和三十二年〜五十七年まで二十五年間日本医師会会長。医療行政に大きな発言力を持ち〝けんか太郎〟の異名で知られる。夫人は吉田茂元首相夫人と姉妹のため、吉田首相の主治医を務め、政界とのパイプは太く、強い政治力にもつながった。

（20世紀　日本人名事典』日外アソシエーツ　二〇〇四年七月刊）

第八章　皇室との思い出

一一八　昭和天皇

石本茂が昭和天皇のお姿を初めて拝見したのは、昭和九年正月であった。当時は満州事変がぼっ発してから三年後のことである。当時は、東京の渋谷にある日本赤十字社社会看護婦養成所の学生で、同級生ら約四百人とともに、制服制帽の黒い姿で、代々木の陸軍練兵場入り口の前に整列した。恒例の陸軍始め式に臨まれる昭和天皇をお迎えするためである。

陛下が白馬にさっそうと乗られて、その若くて、凛《りり》しいお姿を目の当たりにできて、感慨無量であった。戦雲が立ち込め始めた時代で、「どうぞこのまま平和が続きますように」と、陛下のお姿に接しながらお祈りした。

第二次大戦が終わって、しげるは昭和二十二年十月、郷里の石川県の国立山中病院でも昭和天皇にお目にかかった。戦前、天皇は現人神と崇められて、お目にかかることは畏れ多いこととされていた。日本が戦争に負けてから、天皇陛下は象徴天皇となられて、日本全国を視察され、国民に親しまれていた。

陛下は石川県での国体をご視察されるために訪れられて、国立山中病院に立ち寄られたのだった。しげるは総婦長として先頭に並んで陛下をお迎えした。

「婦長ですか。患者をよろしくお願いしたい」

と申されて、傷病兵の容体をひとしきり、気遣われているようにお見受けした。山中病院は終戦まで海軍病院だったので、戦争で負傷した兵士も多く入院していたため、見舞われたのだろうと思われた。

昭和四十年、しげるは政治家になって、新年祝賀の儀や天皇誕生日の祝宴のときに陛下にお目にかかる機会に恵まれた。戦中の軍服姿の若く凛しいお姿は終戦直後の毅然《きぜん》としたお姿に代わられて、優しさにあふれ、国民一人ひとりの幸せを一途に願われているように思われた。

昭和六十年（一九八五）十月二日、しげるは環境庁長官として他の閣僚とともに、宮中での昼食会に招待された。開会に先立って、しげるは当時の松永文相と昭和天皇に日本のトキの諸課題の現況について、申し上げるよう命ぜられて、ご説明した。

日本国内にトキが三羽しかいなくなった。トキの絶滅を救うため、人工増殖を何回か試みたが失敗して、中国から若い雄のトキを一羽借り受けるころであった。環境庁として最後の望みをかけて、中国に協力を要請したことなど、約二十分にわたってお話し申し上げた。

「あっ、そう」

しげるのテーブルの斜め横に座られた天皇は、幾度もうなずかれ、ほほえんで言われた。

「せっかく借りるんだから成功するといいね」

昭和天皇はトキの標本をご覧になりながら
「きれいな鳥だね。羽を広げるとどれぐらいになるの」

と質問され、大変ご関心を持たれたご様子であった。生きる物をいとおしまれて、お心の底から純真なお気持ちでトキの人工増殖の試みが成功することを願われておられる。しげるはそのお姿に一人の国民としても深い感銘を受けた。

（『紅いそめし草の色』北国新聞刊）

昭和天皇は明治三十四年（一九〇一）にお生まれになられた。名は裕仁《ひろひと》と称され、幼名は廸宮《みちのみや》である。大正天皇の第一皇子で、母は貞明皇后である。

大正十年（一九二一）大正天皇の摂政となられた。大正十五年（一九二六）践祚（大正天皇が崩御された直後、皇位を継ぎ、儀式を行う）された。二年後、京都で即位。その後、虎ノ門事件、昭和恐慌、十五年戦争など、多難な治世を送られた。昭和二十二年（一九四七）、日本国憲法によって、象徴天皇になられた。天皇として在位は史上最長で一九二六年から一九八九年（昭和六十四）までで、生物学に造詣が深い天皇でおられた。

（『広辞苑』）

しげるは昭和天皇が望まれておられた平和な時代がようやく迎えられた今日に、安らかに逝かれたことを何より慰めと思われた。深い悲しみに打ちひしがられたが、心から昭和天皇のご冥福をお祈りした。

一一九　今上天皇陛下と皇后陛下

昭和六十年（一九八五）、しげるは十月の閣僚招待昼食会で、当時皇太子でおられた後の今上天皇の隣の席に恵まれた。昭和天皇がテーブルの斜め向かいに隣席され、しげるは環境庁長官として、お二人を間近に拝顔しながら食事を戴き、一時間余り、皇太子殿下と歓談させていただいた。

皇太子殿下はハゼを研究されておられるとお聞きしていたので、ハゼの話からお伺いした。しげるは問われて沖縄の話を申し上げた。

「その沖縄にもハゼか生息しているのですよ」

殿下はにこやかに語られて、生息する川の名前を順々に挙げられるなど、会話が弾んだ。しげるは殿下の学識の深さに、改めて驚かされたのだった。

当時、石垣島に新空港の建設計画があって、アオサンゴの保護問題が浮上して話題になる。

「あそこには有名なアオサンゴが群生しています」

しげるがご説明した。

「沖縄のそういうサンゴは守った方がいいですね」

殿下は申された。新空港の建設に反対とか賛成というお話ではない。ただ自然を愛するお気持ちから言われたのでしょう。後日、しげるは殿下のお話を沖縄開発庁長官の勝本孝雄氏と山下徳大運輸相に進言し、計画を見直してもらった。かくてアオサンゴの生息地が保護された。

皇太子殿下は率先して話題をつくられて、しげるたちに気遣いをさせないように心を配っておられた。にこやかに間断なく話しておられ、的確な質問をされておられ、しげるは頭が下がる思いであった。

皇太子皇后の美智子妃殿下とは都内のデパートで開催された身障者団体の作品展示即売会を二回ご案内した。作品ひとつひとつをご覧になられて、ご感想を述べられた。

「まあ、素晴らしいわね」

「よくできてますね」

優しい小さなお声で、心から感動されておられるご様子で、毎回、作品を一点お買い上げになられた。殿下も絶えず周りの人にお気遣いされて、国民とともにあるというご姿勢を強く出されておられるように、しげるはお見受けした。

平成元年一月九日、昭和天皇が崩御されて皇太子殿下は今上天皇に即位された。しげるは戦前・戦中を通じて、「国民あっての天皇」と思っていた。時には同僚から、「あなたの考えは不敬だ」と、非難の声を浴びせられた。

今上天皇が朝見の儀で初めて、常に国民とともに歩まれるお言葉を述べられたと思った。石本は今後とも皇室と国民が親愛の絆で結ばれて、ともに幸せな道を歩めることをお願い申し上げたいと思った。

(『紅そめし草の色』北国新聞社刊)

今上天皇陛下

お名前は明仁（あきひと）。お続柄昭和天皇第一皇男子。ご称号継宮《つぐのみや》。お印は榮（えい）
お誕生日　昭和8年12月23日
成年式　昭和27年11月10日18（ご年齢18歳）
立太子の礼　昭和27年11月16日
ご即位　昭和64年1月7日
即位礼正殿の儀　平成2年11月12日
大嘗祭　平成2年11月22・23日
ご学歴　昭和31年　学習院大学教育ご終了

皇后陛下

お名前　美智子（みちこ）　お続柄　故正田英三郎（しょうだひでさぶろう）第一女子
お誕生日　昭和9年10月20日　お印　白樺
総裁職など、日本赤十字社名誉総裁。
ご学歴など　昭和32年聖心女子大学文学部外国語文学科ご卒業
ご結婚関係

皇室会議　昭和33年11月27日
納采の議（ご婚約）昭和34年1月14日
ご結婚　昭和34年4月10日

（天皇皇后両陛下の項　宮内庁ホームページ）

皇室の方を除き敬称を省略させて頂きました。

第九章　平成時代の活躍

一二〇　自伝『紅そめし草の色』の出版

石本茂は平成元年（一九八九）七月に政界を引退し、石川県の地元に戻った。平日は妹と野菜を作っていた。たくさん採れて、知り合いの人らに差し上げるなど、のどかに暮らしていた。

茂は結婚しなかったので、実弟の啓語を養子に迎えて、大学まで教育し、東京で同居していた。茂が国務大臣に昭和五十九年に就任したとき、実弟は秘書官となって政務を支えた。その後は地元・石川県の県会議員に当選して、長年議員として努めていた。茂の家の隣に御殿のような邸宅を建てて、茂の家と廊下で行き来できるようにし、仲良く暮らす。

食事は弟一家といっしょで、何を作ってもおいしいと言って褒めて食べ、一切文句を言わなかった。すべての家事は嫁の詠映子《えいこ》夫人に任せ、夜更けまで議員のころの思い出話などしてくれた。石本家は加藤清正のゆかりの家で、祖父嘉作の先代まで加藤と名乗っていたという。子供に恵まれずに養子を迎えて石本の姓となった。先祖のお墓がある、と、夫人は語っている。

嫁の詠映子夫人は、茂が在籍した富山日赤病院の救護看護婦養成所の下級生の娘であった。実に優しく、茂に接してくれたので、茂は幸せだった。

茂は平成元年（一九八九）六月、『紅そめし草の色』を出版した。

一二一　退官慰労会

石本しげるは平成元年、十八もの部会や委員会で活躍していたが、後輩の清水嘉与子環境庁長官に後を託して、政界を引退した。

国立国府台病院の看護師や学校の卒業生の主催で、「石本茂先生退官慰労会」を開いて、石本先生を招待した。慰労会は千葉県市川市内のホテルで行われ、大勢が出席した。

「みなさんの声援のおかげで無事大任を終えられました」

石本先生は遠路石川から上京されて、お元気にあいさつされた。幾つもの卒業生のテーブルを回られて歓談され、記念写真を撮っておられた。筆者も出席し、再会を喜び、握手して頂く。先生が本を出版されたことを小耳に挟んでいたので、購入したいと願い出版社名を尋ねた。

「今日の出席者全員に、後で送ります」

先生は即座に言われた。出席者は百名ほどいる。これは申し訳ない事態になったと、恐縮至極であった。宴会は石本先生を囲んで盛り上がり、あちこちのテーブルから笑い声や歓迎の拍手かっさいが起こって盛況だった。先生を中心に看護学校の教員の方々と写真を撮ってもらい、和やかな雰囲気のうちにお別れした。

間もなく恩師の自伝『紅そめし草の色』が届いた。石本先生がお好きな花なのか、表紙は優しいなでしこの花の絵であった。茜色の表紙裏には、流れるような草書体で「道を求めて」石本茂、そして久保栄子様と筆者の名前が書かれていた。会員全員にも同様に署名されたと思われ、胸が痛み、感謝の念で胸がいっぱいになった。

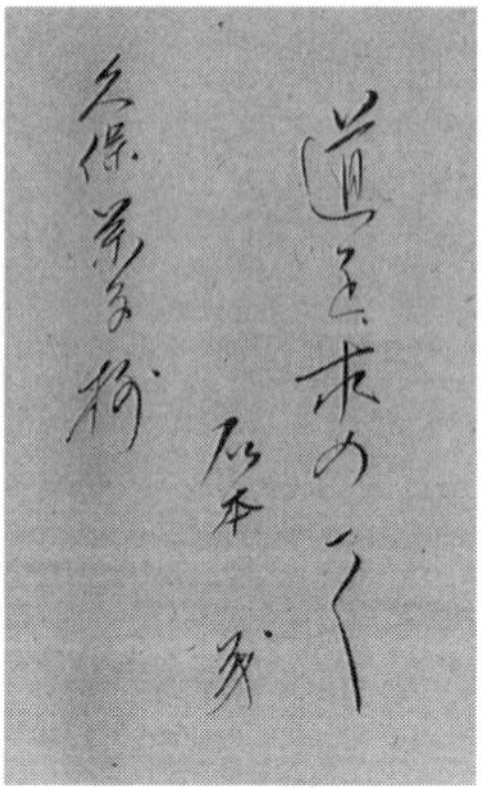

贈呈本に書かれていたサイン

退官慰労会。前列右が石本茂。左は伊藤教務主任。著者は後列中央

次頁には薄紫のロングドレスの胸に、勲一等瑞宝章が輝く、恩師の晴れ姿の写真が載っていた。誇らしげというよりも、瑞宝章まで戴いていいのかしらと、謙虚に戸惑いの表情を浮かべておられる。

第四章の政界の欄には、しげるが議員時代にお世話になった市川房枝議員や渡辺美智雄厚相、佐藤達大人事院総裁、藤森昭一宮内庁長官、そして歴代の総理大臣となった日本でトップの福田赳夫、田中角栄、大平正芳、中曽根康弘、池田勇人、元首相の岸信介、後に総理となる橋本龍太郎、安部晋太郎自民党幹事長との貴重な写真が載っていた。

第七章の「皇室と私」の欄には、環境庁長官として昭和天皇の視察に同行した時の貴重なお写真、記念式典での美智子皇后陛下のお写真も見られて、石本先生のご活躍の様子が、よりリアルに、かつ鮮明に浮かんだ。

実に詳しく赤裸々に書かれており、特に従軍看護婦時代の欄は襟を正して、拝読した。

終戦後の引き揚げ船勤務の写真には笑顔が見られて、ほっと胸をなでおろした。ようやく待ち望んだ平和の時代を迎えた喜びが伺える。熱血の第三章には、国立山中病院の総婦長として再出発したときや国府台病院の人々のなつかしい白衣姿であった。

その後、東京の国立がんセンターの初代総婦長に就任し、数々の難題を克服して開院にこぎつけたころの写真が掲載されている。笑顔で入院された池田勇人首相も見られた。

先生は初めは親の反対を押して看護の道へ進んで、数々の苦難を乗り越えて、看護界で大活躍した。その後の政界でも多大な功績を上げたことを自伝で知った。

『石本茂日記』を平成元年一月から北国新聞の夕刊に連載されて、同年六月に二冊目の『紅そめし草の色』が出版された。その著書も恵贈されたのだった。

石本先生の著書へのお礼と大きなご迷惑をおかけしたお詫びに、東京堂出版の祖田浩一編『昭和人物エピソード辞典』を取り寄せてお送りした。本の中の池田勇人首相や佐藤栄作首相などを書かせてもらったからである。先生はすぐ達筆な礼状を下さった。国立がんセンターや政界でお会いした池田総理のエピソードを、とてもなつかしく、興味深く読ませてもらったと、巻紙の手紙にしたためてあった。幾分お役に立ててほっとした。

一二二　北國文化賞の受賞

平成二年には、金沢女子短大（現・金沢学院短期大学）の客員教授となり、講師として活躍した。この間、自民党の県連常任顧問に就任して、自民党婦人部研究会で、講師も勤めていた。

平成四年（一九〇二）に、後継者の実弟が脳梗塞《こうそく》で倒れて入院した。突如、頼りにしていた弟の病に、石本茂は強い衝撃を受けた。幸せだった家族は大黒柱の病気で収入を失う。その上看病と高い個室代で月に百万円もかかるので、容易ならざる事態に陥った。弟は病状が落ち着くと妹の住む名古屋の病院へ転医した。家族は石川から名古屋へと見舞いに通うことになった。

平成七年（一九九四）、石本茂は八十二歳のとき、栄誉ある北國文化賞を受賞した。翌年の平成八年十一月には、看護協会の創立五十周年の記念式典に招かれて上京し、元会長として堂々とあいさつした。

茂は短大の講師や自民党の県連常任顧問として活躍していたが、平成九年（一九九七）九月、突然、くも膜下出血で倒れて、石川県の市民病院に入院した。八十四歳の高齢で、寝たきりの状態になった。後継者の弟の詠映子夫人は、義母《はは》・茂と名古屋の夫の介護、子供の教育に奔走する。経済的にも肉体的にも過酷な生活を余儀なくされた。

その後、夫が他界して、夫人は義母の茂を伴って、一家は上京する決心をした。茂を東京の病院へと願ったが、茂の弟妹と話し合い、生まれ育った石川県の老人保健施設の「なでしこの丘」に入所することに決まった。

一二三　老人保健施設「なでしこの丘」

平成十一年（一九九九）六月、石本茂は八十六歳のとき、寝たきりの状態で「なでしこの丘」に移った。入所案内書によると、ここは金沢駅から車で約四十分かかるが、北鉄石川線の馬替駅で下車すると近い。バスも馬替駅から出ており、額新町バス停から徒歩で行ける。周辺には金沢工大や金沢高専、南ヶ丘病院、有松中央病院、金沢赤十字病院などがあり、開けた地域である。

この施設は全国では初めて看護職の有志が資金を出し合って設立した老人保健施設である。石本茂もその有志者の一人で、「真心あふれるライフケアサービス」を行っている。入所案内書には専門の看護職の有志が長年培って来た知識と技術を十分に生かし、お年寄りと共に健やかに老いることを目標に設立した。清潔で明るく趣味を生かしながら家庭的な雰囲気の中で、一人ひとりに合った自立に向けて支援し、家庭復帰を目ざしているという。

入所者は百名で、そのうち痴呆症が二十八人、デイケア（通所者）が三十人である。サービスの事業内容は食事や入浴、排泄などの介護、レクリエーションなどの行事を含む日常生活のサービス。リハビリテーション。医療や治療で、病状急変時は南ヶ丘病院で治療を行う。昼間のデイケア、ショートステイ（短期入所）、専門スタッフのよろず相談、介護教室なども行っている。広さは３９０４㎡の敷地に延３１１６㎡の広い鉄筋コンクリートの二階建造の建物で、設備が充実している。

看護協会を退職した先輩看護師が介護に当たる。いわば身内同志の気がねなく暮らせる終の棲である。石本茂は優秀な看護師の世話を受けて、地元に住む弟妹や東京から時折訪れる家族の見舞いに感謝し、寂しさを慰められていく。

平成十一年十月二十三日、石本しげるの後を継いで就任した清水嘉与子環境庁長官が訪れた。「とても喜ばれ、別れのときは涙を流しておられた」と後日、職員から聞く。万感迫る思いがあったのだろう。寝たきりの状態で入所したとき、あまりリハビリをしたがらなかった。だが「弟さんに似た体の大きながっちりしたリハビリの先生だったので、積極的に始められました。弟さんといっしょにしている感じだったのでしょう。なんとか車椅子で生活できるようになりました」

介護者より面会に訪れた人が聞いた話を伺って、つらい特訓の情景が目に浮かんだ。

一二四　フローレンス・ナイチンゲール記章受賞

平成十三年（二〇〇一）六月二十七日、石本茂は看護活動などに多大な功績があった人を顕彰するナイチンゲール記章を受賞した。茂が昭和八年（一九三三）に卒業した日本赤十字社富山支部病院・救護看護婦養成所（現・日本赤十字社富山赤十字看護専門学校）の推選によって実現したのであった。

ナイチンゲール記章は、フローレンス・ナイチンゲール女史の功績を永遠に記念し、赤十字国際委員会の決議により、看護事業に功績のあった者に贈られる賞で、とても名誉なことである。

富山支部病院では、すでに二名の先輩が受賞していた。第七回受賞者は、昭和八年（一九三三）の大野ヨリ看護婦長である。日露戦争時に救護に尽力し、その後、富山支部病院の看護婦長として特に活躍した人である。

その後は昭和六十二年（一九八七）第三十一回に受賞した作本シズヰ総婦長である。第二次大戦中、戦地の陸軍病院で戦傷病者の看護や帰国後、看護活動に多大な貢献をした功績が認められた。

石本茂は第三十八回受賞者で、その後第四十五回の平成二十七年（二〇一五）には惣万佳代子ＮＰＯ法人デイサービス理事長が栄誉を受けた。

石本茂の活動の功績についてはすでに記しているが、ナイチンゲール記章で認められた功績については前に記したように次のとおりである。

石川県大聖寺町錦城尋常高等小学校で、栄養や衛生観念の乏しかった中で育った学童の保健衛生向上に尽力したこと。

日本赤十字社福井支部に勤務し、乳幼児の母親、病人、寝たきり老人の訪問看護を実施し、衛生知識の普及に努めたこと。さらに医師会などの理解を求めて、県民の健康管理のための社会看護婦（のちの保健婦）業務を軌道にのせたこと。

日華事変の勃発時、救護班要員として病院船に乗り、戦傷病者の看護に従事し、その後、東京第一陸軍病院に勤務したこと。さらに志願して終戦時まで南京や開封の陸軍病院に勤務し、病院内での看護職の業務の確立に努めたこと。

国立国府台病院の総看護婦長に就任し、労使間の紛争を納め、病院経営の正常化を図るなどの功労をあげたことである。

その後、国立がんセンターの初代総看護婦長を努め、当時の総理大臣の入院時に、看護部門の責任

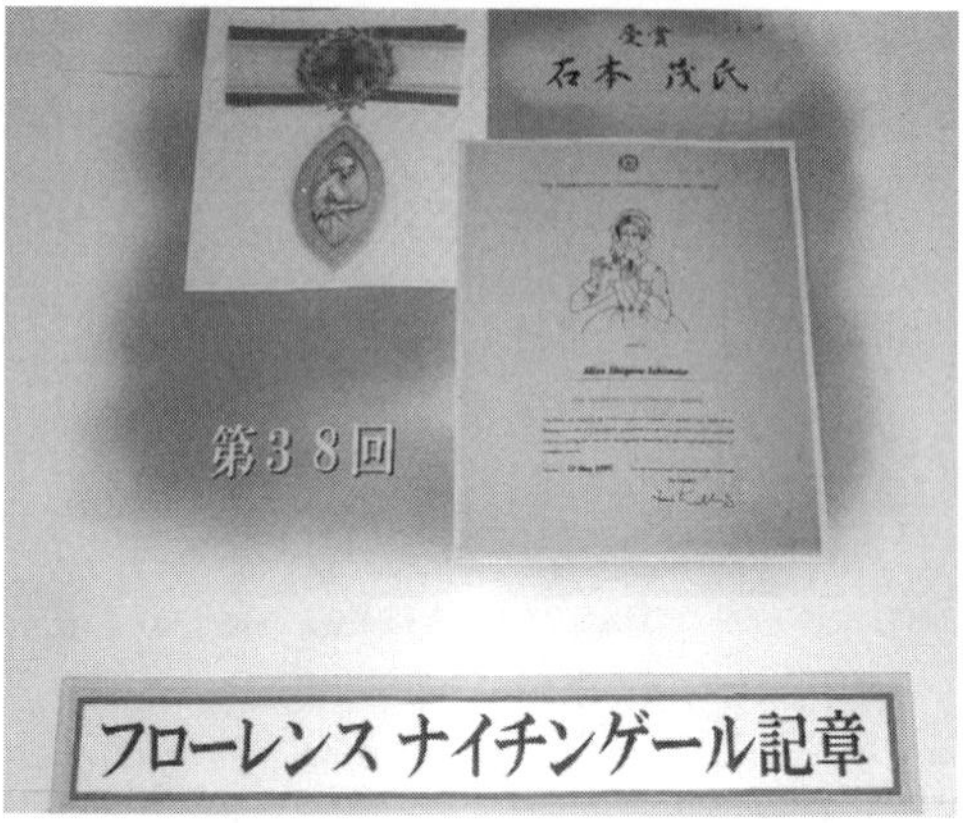

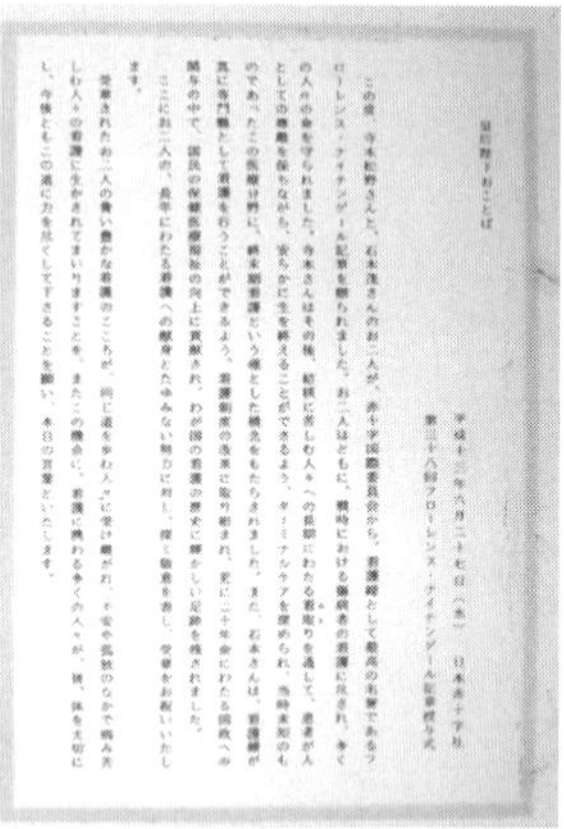

日本赤十字社国際委員会に飾られている写真を
筆者が撮影

赤十字国際委員会を代表して、第38回フローレンス・ナイチンゲール記章授与の機会にあたり、この記章を受章されました石本茂さんと寺本松野さんに、心からお祝いを申し上げます。

フローレンス・ナイチンゲール記章は、看護婦（士）が受ける最高の名誉であります。この記章は、果敢な勇気をもって傷病者や障害者、または紛争や災害で傷ついた人々を献身的に看護したり、公衆衛生や看護教育の分野で、創造的、先駆的な精神のもとに、模範的な貢献をした各国赤十字・赤新月社、または関連の医療機関や看護関係施設で働く看護婦（士）や看護補助ボランティアへ贈られるものであります。

石本さんは、現在、日本看護協会の名誉会員であられます。日華事変において、石本さんは病院船や中国大陸の陸軍病院に収容された戦傷病者の救護に尽力されました。戦後においても、訪問看護活動のシステム化をはじめ、看護組織の改革や末期ガン患者に対するターミナル・ケアの確立に取り組むなど、公衆衛生活動の向上に多大な貢献をされました。また、石本さんは、日本看護協会石川県支部の創設を通じて看護の質向上に尽力されました。さらに、国際看護交流協会の理事を務められ、日本と開発途上国の看護学生間の交流推進にも貢献されました。石本さんは、看護婦養成制度や看護制度の改革に取り組み、看護職の地位、待遇の改善に尽力されました。

寺本さんは、現在、聖母女子短期大学の教授をされております。日華事変において、寺本さんは戦傷病者の看護に尽力されるとともに、第二次大戦中、結核に感染した傷痍軍人が療養している国立結核療養所に勤務され、長期にわたって結核患者の看護を献身的に行ないました。このような活動を経て、彼女は日本の医療・看護界においてターミナル・ケアの第一人者となられました。ターミナル・ケアに日々取り組む中で、彼女は、自分自身の知識と経験を一人でも多くの看護婦や医療関係者に知らせるべきだと思うようになりました。1990年には、聖母女子短期大学の教授に就任され、ターミナル・ケアの確立、普及を目ざして、数々の著書、論文、随筆、講演などに取り組んでおられます。

ナイチンゲール記章受賞の赤十字国際委員会祝辞

第38回受章者 2001年(平成13年)

石《いし》本《もと》茂《しげる》

（元日本看護協会会長）

出 生 地：石川県

生年月日：1913年(大正2年) 9月6日

略 歴

1933年(昭和8年)	日本赤十字社富山支部病院救護看護婦養成所を卒業し、石川県大聖寺尋常高等小学校に勤務。
1934年(昭和9年)	日本赤十字社福井支部に勤務し、訪問看護、衛生知識の普及に従事。
1937年(昭和12年)	日本赤十字社救護員として病院船に勤務し、ついで東京第一陸軍病院、南京、開封などの陸軍病院で戦時救護に従事。
1946年(昭和21年)	引揚げ船に乗り、引揚げ者の看護業務に尽力。
1947年(昭和22年)	石川県の国立山中病院に総婦長として勤務。
1950年(昭和25年)	厚生省医務局国立病院課看護係長。
1958年(昭和33年)	国立国府台病院総看護婦長。
1961年(昭和36年)	厚生省関東信越地方医務局看護専門官。
1962年(昭和37年)	国立がんセンター総看護婦長。
1965年(昭和40年)	参議院議員に当選(以後4期)。
1969年(昭和44年)	日本看護協会会長。
1971年(昭和46年)	国際看護交流協会の設立につくした。
1974年(昭和49年)	厚生政務次官。
1984年(昭和59年)	国務大臣・環境庁長官。

— 180 —

業 績

1933年(昭和8年)に日本赤十字社富山支部病院救護看護婦養成所を卒業して、石川県大聖寺町の錦城尋常高等小学校に赴任した。栄養や衛生観念の乏しかった中で育った学童の保健衛生向上のために尽力し、翌年には東京の日本赤十字社病院で社会看護婦生徒としての教育を受けて、社会看護婦となった。

ついで日本赤十字社福井支部に勤務して、乳幼児の母親、病人、寝たきり老人の訪問看護を実施し、衛生知識の普及に努めた。さらに医師会などの理解を求めて、県民の健康管理のための社会看護婦(のちの保健婦)業務を軌道にのせた。

日華事変が勃発すると、救護班要員として病院船で戦傷病者の看護に従事し、ついで東京第一陸軍病院に勤務した。さらに志願して終戦時まで南京や開封の陸軍病院で不眠不休の救護活動を続けた。

帰国してまもなく、引揚げ援護局に赴任し、引揚げ船に乗船して、祖国への引揚げ者のための看護業務に従事した。ついで国立山中病院に総看護婦長として勤務し、病院内での看護職の業務の確立に努めた。

さらに厚生省国立病院課看護係長に就任すると、全国の国立病院をくまなく視察し、病院組織内での看護婦の位置づけを明確にするため総看護婦長制度を採用し、看護業務執務提要の作成などをおこなうとともに、看護の質の向上につながる看護用品の普及に努めた。

国立国府台病院の総看護婦長に就任した際には、労使間の紛争を納め、病院経営の正常化を図るなどの功労をあげた。続いて国立がんセンターの初代総看護婦長を務め、当時の総理大臣の入院時に、看護部門の責任者として適切な対応をしたことでも知られた。

この間、日本看護協会石川県支部の創設をはじめとして、看護職能団体の活動にも関わり、日本看護協会会長を務めた。国際看護交流協会の設立に加わり理事として、開発途上国における看護の向上にも貢献した。そのほか、日本国際社会事業団の副理事長をも務めた。

参議院議員として4期にわたり活動し、当時の立ち遅れた看護職の地位、待遇などの改善、不足する看護職の増員対策など、看護行政の面で尽力した。厚生政務次官、国務大臣・環境庁長官を歴任し、国民医療の充実強化と健康な社会づくりに貢献した。

— 181 —

『博愛の道　永遠なる歩み　ナイチンゲール記章に輝く人々』（平成 18 年）
日本赤十字社看護婦同方会編・刊

者として適切な対応を行ったこと。

この間、日本看護協会石川県支部の創設をはじめとし、看護職能団体の活動に関わり、日本看護協会会長を努めた。国際看護交流協会の設立に加わり、理事として開発途上国における看護の向上にも貢献した。そのほか、日本国際社会事業団の副理事長も務めた。

参議院議員として四期にわたり活動し、当時の立ち遅れた看護職の地位、待遇などの改善、不足する看護職の増員対策など、看護行政の面で尽力した。厚生政務次官、国務大臣・環境庁長官を歴任し、国民医療の充実強化と健康な社会づくりに貢献したことなどがナイチンゲール記章受賞の功績と認められたのであった。（『博愛の道　永遠なる歩み――フローレンス・ナイチンゲール記章に輝く人々』財団法人日本赤十字社看護師同方会刊より）

一二五　ナイチンゲール記章受賞式

平成十三年（二〇〇一）六月二十七日（水）、フローレンス・ナイチンゲール記章の受賞式が東京のホテルで行われた。第三十八回で、石本茂が美智子皇后陛下から授与される。石本茂は八十八歳の高齢で、二年前に保健施設に入所していた。八十四歳のときにくも膜下出血で入院後、寝たきり状態であったが、その後回復し、車椅子の生活を余儀なくされていた。とても授賞式に上京することはかなわずに、家族（実弟の夫人）が出席した。ところがどういう訳か、ホームの施設長が受け取った。入所ということは、老人ホームが保護者になるのか、栄えある受賞は家族が受けられなかった。推選した富山赤十字看護専門学校の人々や家族は不審に思い、残念でならなかったという。

第三十八回の受賞者は石本茂の他に八十四歳の寺本松野聖母女子短期大学教授が授与された。

一二六　皇后陛下のおことば

「この度は、寺本松野さんと、石本茂さんのお二人が、赤十字国際委員会から、看護婦として最高の名誉であるフローレンス・ナイチンゲール記章を贈られました。お二人はともに、戦時における傷病者の看護に尽くされ、多くの人々の命を守られました。寺本さんはその後、結核に苦しむ人々への長期にわたる看取《みと》りを通して、患者が人として尊厳を保ちながら、安らかに生を終えることができるよう、ターミナル・ケアを深められ、当時未知のものであった医療の分野に終末期看護という確とした概念をもたらされました。

石本さんは、看護婦が真に専門職として看護を行うことができるよう、看護制度の改革に取り組まれ、さらに20余年にわたる国政への関与の中で、国民の保健医療福祉の向上に貢献され、我が国の看護の歴史に輝かしい足跡を残されました。

ここにお二人の、長年にわたる看護への献身とたゆみない努力に対し、深く敬意を表し、受賞をお祝いいたします。

受賞されたお二人の貴い豊かな看護の心が、同じ道を歩む人々に受け継がれ、不安や孤独の中で病み苦しむ人々の看護に生かされてまいりますことを、またこの機会に、看護に携わる多くの人々が、皆、体を大切にし、今後ともこの道に力を尽くしてくださることを願い、本日の言葉といたします」
（「主な式典におけるおことば」「皇后陛下のおことば」宮内庁ホームページ　宮内庁長官官房総務課報道室広報係）

美智子皇后陛下は白い清楚《せいそ》なドレスを着られ、優しい笑顔とお言葉で祝辞を述べられた。家族の詠映子《えいこ》夫人は義母《はは》・茂の業績が顕彰され、お祝辞も賜《たま》わって、感謝の念と喜びで胸がいっぱいになったという。式後の祝宴会で、詠映子夫人は茂になり代ってお礼を申し上げた。

一二七　受賞祝賀会と米寿祝式典

野も山も青葉の清々しい季節の日、同級生の油谷小夜子看護師から、恩師の石本茂先生が、ナイチンゲール記章を受賞されたという手紙をもらった。石川県の北国新聞が「博愛貫き・世界最高の栄誉」「元環境庁長官、石本さん（小松市出身）ナイチンゲール記章を受賞」の見出しで、報道したという。

平成十三年（二〇〇一）五月十四日までに赤十字国際委員会（スイス・ジュネーブ）が元日本看護協会長で、元環境庁長官の石本茂（八十七歳）に、フローレンス・ナイチンゲール記章を授与することを決定して、日本に伝えたきた。この栄誉ある吉報が翌日の十五日の地元の新聞に掲載されたのだった。写真を拝見すると、高齢になられて、ふっくらした丸顔の恩師はやせ細り、昔の面影は薄れていた。だが記者に話す表情は目が鋭く光り、強い意志がかいま見られて安堵《あんど》した。目を潤ませて「これほど光栄なことはない」と語ったと載る。

小夜子看護師は故郷の石川県能登市に戻り、高齢の母親を週末に介護しながら、地元の老人ホームで働いている。

「もっともっと早く受賞されていたら、この喜びを今以上に表現できたことと思います」

新聞記事を同封した手紙に、率直な感慨を記している。ふくよかだった顔立が痛々しいほどやせて頬がこけ、別人のような白髪だったからであろう。

「数年前、石本先生が「北国風雪賞」を受賞したときはとてもお元気でした。当時は小松市の実家に独りで住んでおられました。先輩の保健婦が受賞のお祝いを差し上げると、すぐに礼状をくださいました。読ませてもらうとすばらしい名文で、感激しました」

小夜子看護師は手紙にそう書き添えていた。

石本茂は、クリミヤ戦争で、フローレス・ナイチンゲールが、敵味方の差別なく、傷病兵を献身的に看護したことに感動して、日赤の看護婦になった。そのナイチンゲールの功績をたたえて創設されたと思われる記章を戴いたわけである。茂の生涯にとって、これほど嬉しく、名誉なことはないだろう。

同年の七月四日、石本茂の「ナイチンゲール記章受賞記念祝賀会と米寿祝い式典」が、石川県の保健施設・なでしこの丘で、行われた。この式典は県の看護協会が主催し、約八十名の県内の病院関係者や看護師、東京からは大森節子日本看護協会長や清水嘉与子参議員議員が来席した。油谷小夜子看護師は特別に出席を願い出て許されて出席し、式典の模様を知らせてくれた。

「先生は車イスで、大勢の拍手に答えて、手を振りながら入場しました。表情は比較的穏やかで、大きな目をパッチリみ開き、皆さんを見渡していました。（中略）清水議員がお側で終始お声をかけますが、言葉はなく、ときおりうなづかれ（中略）カメラのシャッターに応じておいででした。式典には看護師の人々が細やかに配慮して、体調を整えてこられたようで、石本先生に付きっきりで世話し、傍らに控えておられました」

同封された写真を拝見すると、ブルーの花柄のすてきな帽子を被り、衣装もモダンで華やいで、式典にふさわしかった。小夜子看護師は看護学院時代がまぶたに浮かんで、胸がいっぱいになったと手紙にしたためていた。

一二八　生家跡と新居

石本茂の生家への道のりを調べてみると、東京から金沢まで、ＪＲの上越新幹線だと約四時間かかる。高速バスだと約七時間三十分である。飛行機は東京の羽田から小松空港まで一日に十一便往復していて、約一時間と早いのでとても便利である。

平成十七年（二〇〇五）五月二十八日、石本茂恩師の生家を訪ねるために、羽田からＡＮＡ七五三便で向かった。五月晴れのいい天気である。小松空港からはバスで生家のある蓮代寺町行に乗って、幾つもの町を通りすぎてたどり着く。

町には子供歌舞伎の旗がそよ風に翻っていた。後で調べて知ったのだが、小松市の安宅地区には「安宅の関」跡があって、「石川県史」では「伝説の地」とされている。周辺は県指定の史跡として整備されて、弁慶や富樫、源義経の銅像が鎮座しており、歌舞伎の「勧進帳」の舞台として有名だと、資料に記されている。毎年五月中旬に「お旅まつり」で、一七六六年以降、各町内が山車《だし》の曳山《ひきやま》を競って造り、子供がその曳山で歌舞伎を見せるのだという。

興味を覚えてもっと調べると、一昔前までは習い事として踊りや邦楽を身につけるのはたしなみとされていたようである。毎年五月に「全国子供歌舞伎フェスティバルｉｎ小松」が開催されるなど、町おこしに力を入れ、「勧進帳ものがたり館」という展示施設もあるという。一度見学したいと願った。

いわれは江戸時代初期の一六三九年に、加賀前田家の前田利常が金沢から小松に隠居して、産業振興と町人の文化を高めるのに尽力したためだとわかった。（『読売新聞』二〇一五年七月十二日日曜版）

のどかな田園や田舎の町並を眺めながら、石本先生は文化水準の高い風土に生まれ育ったのだと、毅然《きぜん》とした言動と柔和な笑顔を思い出して理解できた。地図では「木場潟」という大きな湖があるが、車窓からは見えなかった。

蓮代寺町から生家まではバスがないのでタクシーで行くしかない。年配の上品な運転手に恵まれて乗車した。生家を聞いたが、わからないという。住所をたよりに近くまで行く。町外れに新しい家があって、尋ねると、奇《く》しくも石本先生の実弟のお住まいだった。長身で体格がよく、顔立ちもよく似ておられた。むちうち症にかかられたのか、首にコルセットを巻いておられた。

「わたしは石本先生に教わりました看護婦です。先生はすばらしいお方ですので、『人物研究』誌にご紹介させて頂いております」

あいさつして、名刺と会誌を差し出し、ご生家を見学させて頂きたいと申し入れた。

石本　茂の自宅（平成29年売却）

生家跡はすぐ近くだと言われた。首が痛むらしく、ゆっくり歩いて、案内してくれた。

大木を背に赤瓦の生家があり、地震で押しつぶされたのか、屋根だけ残っていて、つたがはいのぼっていた。後方に赤瓦の建物も見えるが、庭は雑草で覆われていて、白い車が一台見えた。無言だった弟さんが指差した。「この先に新居がありますから」お礼を述べておいとました。

少し車を走らせると、行く手に白壁の塀と御殿のような新居が見えてきた。赤松などの大樹に映えた二階建ての家が二軒並んでいる。石本先生が末の実弟と同居しておられたと思うと、感慨無量であった。隣家のあるじに尋ねると、「今はどなたも住んでいません」という。

弟さんは議員を務められた。先生と弟さんにふさわしい大邸宅である。庭木は手入れされて、しかと家を守っている感があるが、庭には雑草が生えていた。周辺は郊外なので畑や森が見える盆地で、新興住宅が建っていて、緑の多い大自然が広がっていた。訪れた記念に、ご立派な家屋敷の写真を撮らせて頂いた。

一二九　なでしこの丘——終の部屋

石本恩師の生家を訪れた五月二十八日の午後、入所されておられる保健施設へ先生を見舞った。よい天候に恵まれ、バスで「なでしこの丘」へ向かう沿道は、青葉、若葉が五月の日射しに照り映え、つややかに光っていた。

先生は大広間の娯楽室兼食堂に、車椅子に掛けておられた。お顔は国務大臣のころのようにふっくらし、白髪は短かくカットされてお似合いだった。九十二歳とは思えないほど、若々しくお元気であった。

伺う前に面会を予約して、茨城名産のメロンをお送りした。当日は庭で育てているアイリスや白いカラーなどの花束と、看護学生時代の写真を持参した。担当の看護師がにこやかに「お元気ですが、だいぶ記憶が薄れてこられました」と語ってくださった。言葉は失われたのか、何も言われないが国立国府台病院時代の昔話をし、写真をお見せした。先生はチラット見られて、「わっ!!」と泣き出された。一瞬、なつかしく思われたようで、胸がいっぱいになった。

先生のお部屋は、広間の前の二百十号室で、石本茂の表札が掲げてある。案内されて入ると、特等の個室で、ベッドの片わらにはテーブルと椅子が二脚あり、盛花や花瓶にきれいな花々が飾ってあった。左側に洗面台と鏡が備えられており、枕元には白い小ダンスがあり、その上にナイチンゲール記章が額に収められて飾ってあった。

ベッドの足元にはタンスがあり、窓側にテレビが見られた。窓を開ければ手すりの付いたベランダがあり、庭が見られて、明るく清潔なお部屋であった。先生の終の個室である。

職員の許しを得て、石本先生の車椅子を押して、大広間を幾周かし、他の部屋や入所者の人々と会釈しながら散歩のように回った。少しでも気分転換になられたらと願った。

先生は誰にもできないような大役を成し終えられて、ゆったりと憩っておられる。暖かいホームで、後輩の専門看護師の手厚い介護を受けられて、何不自由なく晩年を過ごされておられる。筆者はお目にかかれたことを光栄に思い、感謝しておいとました。

なでしこの丘（2005年5月28日）

茂の201号室の個室

第十章　石本茂の永眠

一三〇　盛大な葬儀

平成十九年（二〇〇七）十月十二日、午前六時五十八分、石本茂は老衰による心不全のため逝去した。享年九十四歳であった。

「石本先生は亡くなられる前日まで、左手で食事を全量召し上がっておられた。朝の五、六時ごろ、呼吸が少し乱れたので、みんなに連絡し、しっかり手を握って、みんなに見守られて亡くなられた。安らかなご臨終であったと、「なでしこの丘」の職員が語っている。

茂は日赤の看護婦養成所を卒業してから六十年間、看護協会に尽力し、国政に貢献した。私的なものは、甥に茂という自分と同じ名前をつけたことだけであって、日々戦いに明け暮れた看護人生であったと、たたえられた。

国立国府台病院の看護学院で同級生である油谷小夜子看護師が、地元の北国新聞で石本茂先生の訃報を知って、能登半島から遠路、葬儀場へ向かった。通夜は十月十二日の午後十一時から行われた。小夜子看護師は十三日の午前十一時から行われる告別式に出席した。小松市城南町一三四番地の小松紫雲閣で、盛大に行われた。喪主は甥の石本茂であった。

祭場は政界の議員や看護界の人々、地元や友人知人であふれていた。祭壇の遺影にはきれいな花輪がたくさん飾られていた。よく見ると、石川県連や日本看護連盟、日本赤十字社などの生前恩師が関係した団体や親類縁者などから贈られた生花であった。祭壇に天皇陛下の祭粢《さいし》（捧げる供物）料が供えられたという。

西村徹小松市長や政界の森喜朗元首相や議員の人、看護界の人々が次々と遺影に向かい、深々と頭を垂れて焼香し、石本茂元議員の死を悼んで、ご冥福をお祈りした。小夜子看護師は「焼香して石本先生のご恩に感謝し、安らかにお眠り下さいと合掌した。参会者が焼香した後、甥で喪主の石本茂さんが弔辞を述べたと伝えてくれた。遺族が最後のお別れをして柩《ひつぎ》が閉じられた。やがて柩が運ばれて、ご遺族が遺影やお位牌《いはい》を胸に抱いて祭場を後にされるのを黙禱《もくとう》してお見送りしたのだろう。

小夜子看護師は葬儀に出席した後、貴重な数枚の写真と新聞の記事を送ってくれた。祭場の入り口辺りなのか、地元の蓮代寺町内会や同町生産組合からの二対の生花が供えられている。その側に栄えある賞状やナイチンゲール記章、遺影が飾られた緑色の棚があって、両側に盛り花がきれいに添えられていた。

祭場の中の写真には、大きな祭壇が見られた。ブルーのカーテンを背景に、燈明が明るく照らし、生花もたくさん遺影に飾られ、参列者の後ろ姿が写されて、盛大な葬儀だったと伺えた。玄関前に黒塗りの大きな霊柩車が横付けになっていて、胸が痛んだ。

戴いたお礼の言葉の中には東京都練馬区の住所と母詠映子・雅裕外、親戚一同とあり、「謹啓　亡祖母しげる（茂）儀」と記されていた。同封されていた中日新聞支局の杉山直之記者の葬儀の記事の一部を次に援用させていただく。

「石本茂さん小松で葬儀　２４０人の別れ」の見出しで、祭壇の前で弔辞を読む写真が掲載された。森喜朗元首相、南野知恵子元法相、北村茂男衆院議員、岡田直樹参院議員ら約二百四十人が参列。日本看護連盟の見藤隆子会長の弔辞は「看護師をめぐる諸制度の改善に尽力された。先生の活躍なしには看護界の発展はなかった」と。「石本元参院議員は日本看護協会代表として一九六五（昭和四十）年、参院選挙全国区（当時）で初当選し、四期二十一年努めた」

北國新聞には、「元環境庁長官　石本茂氏が死去94歳」と顔写真入りで載る。しげるの経歴が掲載された後、参議院議員時代の石本氏は「おくせぬ物言いで医療従事者の待遇改善、女性の地位向上に取り組み、決めたことに真っ直ぐに進む信念の人」が永田町での人物評だった。自民党で同じ派閥に所属した森喜朗元首相は「今の看護師制度の礎石を築いたという意味で大変な功績を残され、柔和で優しく、看護師の模範と言える方だった。公私ともどもお世話になり、心からご冥福をお祈りしたい」と死を悼んだと報じている。

石本茂に世話になり、深い恩義を感じている人がどれほどおられるか、測り知れない。皆がその死を悼み、惜しまれて石本茂は冥土に旅立ったのである。

石本茂告別式　(油谷小夜子「撮影)
平成 19 年 10 月 12 日

平成 19 年 12 月 10 日「偲ぶ会」(筆者、他撮影)
発起人　日本看護協会　日本看護連盟主催

石本　茂　年表

年代	経歴	政治・経済
大正二年（一九一三）	九月六日、石川県能美郡苗代村蓮代寺（現・小松市蓮代寺町）に生まれた。父・石本徳松・母・美可の二女。祖父喜作僧籍、長姉幼逝、父は婿養子で農業の他材木も扱う。	桂内閣倒る（陸軍）大正政変山本内閣に（海軍）東海道本線全線完成
大正三年（一九一三）		大隈二次内閣（同志）第一次世界大戦・好景気東洋紡設立
大正九年（一九二〇）	蓮代寺尋常小学校に入学。体力弱く休学多かった。自宅で読書。	原内閣（政友会）日立製作所設立戦後恐慌第一回メーデー
昭和四年（一九二九）		浜口内閣（民政党）世界大恐慌始まる・ファッシズム台頭・デフレ政策・四月十六日事件（日共大検挙）
昭和五年（一九三〇）	高等小学校（中学）卒業、小松高等女学校卒業。日赤富山支部赤十字病院救護看護婦養成所	金輸出禁止・昭和恐慌、企業倒産、失業増大、ロンドン軍縮、条

年代	経歴	政治・経済
	に入学。第三十回生。	約調印、国家主義運動強まる
昭和六年（一九三一）	学業成績一番で二年生に進級。実務研修に入る。副室長になり、後輩指導。	若槻内閣（憲政会）満州事変ぼっ発、高橋財政で赤字公債発行、禁輸出再禁示
昭和七年（一九三二）	三年生に進級、生徒寮で室長を務める。修学旅行で軍艦・金剛を見学。二〇歳日赤富山病院に戦傷者入院相次ぐ。	三月満州国独立、五・五事件犬養首相（政友会）射殺される。海軍の斉藤内閣。農漁村欠食児童二十万人
昭和八年（一九三三）	三月二十五日、養成所を卒業。二〇歳　日赤石川支部救護看護籍に登録された。五月、大聖寺尋常高等小学校（現・加賀市立錦城小・中学校）の学校看護婦（養護教諭）として赴任。十月学校看護婦を辞職して上京、日赤社会看護婦養成所に入学、一年間学ぶ。	ドイツ、ヒットラー政権獲得、アメリカでニューディール政策始まる。日本国際連盟脱退、京大事件、三陸地方大地震死者千五百余名
昭和九年（一九三四）	十月日赤中央病院社会看護婦養成所を卒業。十一月、日赤福井支部の社会看護婦として、保健衛生活動に三年励む。	岡田内閣（海軍）ワシントン軍縮条約破棄、軍拡の道へ進む、帝人疑獄事件、東北大凶作
昭和十二年（一九三七）	八月二十六日召集令状届く。八月二十八日従軍	林内閣（陸軍）↓近衛内閣（貴族

看護婦として日赤石川支部に出頭。第六十救護班二十三人の一員として広島へ。九月第一回第十二病院船に乗り上海へ。十一月五日、第二回病院船・オレゴン丸に約百人の従軍看護婦と共に乗船。中国杭州湾へ。不眠不休で傷兵看護す。

院）日華事変おこる日独伊防共協定、軍需工場動員法、年度予算三十億円のうち、軍事費十四億円にのぼる。日本軍杭州湾へ、戦時経済体制へ移行。敵前上陸作戦を敢行。悲惨な戦闘、負傷兵を収容輸送。

昭和十三年（一九三八）

五月まで約九カ月間、病院船で十数回往復して輸送、春、第六十救護班は東京・新宿の臨時東京第一陸軍病院（現・国立医療センター）に転属され、負傷兵を看護。分任官助手として庶務の仕事も担当。

国家総動員法成立。五月中旬ノモンハン事件

昭和十四年（一九三九）

第十二外科病棟、温泉療法を行っていた。日中戦争激化し、傷兵激増。

平沼内閣（枢密院）→阿部内閣（陸軍）、国民徴用令、賃金統制令、米穀配給統制令

昭和十五年（一九四〇）

四月末陸軍看護婦婦長として中国中支の南京陸軍病院に志願・外科病棟の骨折病棟、南昌・南寧作戦で戦死傷者多大で激務、約五百床の病棟

米内内閣（海軍）、インドシナ進駐、日独伊三国同盟、大政翼賛会成立、米対日くず鉄禁輸。

年代	経歴	政治・経済
	へ、二十七歳教育も担当。	
昭和十六年（一九四一）	十二月、伝染病棟勤務（二年間）	十二月、東条内閣（陸軍）大平洋戦争始まる。米穀配給通帳制実施、対日石油全面禁輸
昭和十七年（一九四二）	同病院勤務	シンガポール占領米空軍本土初空襲
昭和十八年（一九四三）	三月まで三年間、南京病院で勤務。春、古都・北支開封の陸軍病院へ転属。六百床の最前線の野戦病院。満床。黄塵・イナゴの大群の襲来の猛威受く。八月、帰徳の開封陸軍病院の分院へ。百五、六十床のベッド数。	ガダルカナル島撤退。学徒戦時動員体制確立。軍需省設置
昭和十九年（一九四四）	B29の爆撃受ける。帰徳の分院勤務。	学童疎開、小磯内閣（陸軍）、サイパン島の日本軍全滅。山本五十六連合艦隊司令長官戦死。アッツ島で日本軍守備隊二千五百人玉砕、
昭和二十年（一九四五）	北支開封陸軍病院全職員三百名（内看護婦九十名）八月十五日昼、終戦を伝えられる。国民政	硫黄島玉砕。鈴木内閣（海軍）東京大空襲。沖縄上陸。原爆投下。

府軍の軍医来て、捕虜生活。現地の中国人も診察す。

ソ連対日参戦。ポツダム宣言受諾敗戦・降伏文書調印。米軍の占領始まる。ＧＨＱ治安維持法等廃止指令、食糧難とインフレ景気、東久邇宮→幣原内閣へ十二月十七日、婦人参政権認可。

昭和二十一年（一九四六）

食糧不足で一日一食の勤務、三月内地送還（引き揚げ）決定、四月十五日ごろ列車で上海へ。五月初め、故郷の実家に戻る。六月下旬、日赤石川支部から呼び出し、博多引揚援護局へ。一個班二十人を率いて、中国へ。引き揚げ船で十二月まで半年間、十五往復勤務。

吉田内閣（民主・自由党）、天皇・神格を否定、人間宣言。農地改革実施、メーデー、十一年ぶりに復活。十一月三日、日本国憲法公布。

昭和二十二年（一九四七）

二月、国立山中病院へ、厚生技官（総婦長）として赴任。ベッド数五百床。終戦まで海軍病院。看護婦約百名。

総選挙で社会党第一党となる。片山内閣へ。民主・社会連立。ＧＨＱゼネスト中止さす。独占禁止令・集中排除法で大企業を分割。日本看護協会発足。井口なつゑ国会へ

年代	経歴	政治・経済
昭和二十三年（一九四八）	三年間勤務、業務範囲や職員の確立に尽力、ベッド数三百五十床。二月一日・全日本国立医療労働組合（全医療）山中病院支部の役員会へ出席。	昭和電工汚職。芦田内閣（民主・社会連立）→吉田内閣（民主自由党）
昭和二十四年（一九四九）	全国十六カ所の旧海軍病院の療養所への変換の動きに反対運動す。春、全国大会で中央執行委員に。看護婦の地位、待遇向上を目指す。秋・全日本国立医療組合の組織部長を辞任、山中病院に戻る。	不況の景気。ドッジ・ライン、インフレ収束。一ドル三六〇円の為替率設定。民間貿易再開
昭和二十五年（一九五〇）	要請を受けて二月、ＧＨＱ本部を訪れて厚生担当少佐の面接を受ける。五月、厚生省医務局国立病院課、看護係長に着任。全国の百十余りの国立病院を全て視察。昭和三十三年度国家予算で初めて看護用品費を獲得。国立病院と療養所の総婦長制度を確立。日本看護協会の看護婦部会会長も兼務。昭和三十三年まで八年余り厚生省に勤務。	六月二十五日、朝鮮戦争起こる。外資法公布。日本製鉄、八幡、富士に分割。七月八日、マッカーサー元帥、警察予備隊設置を指令。神武景気の後、昭和三十二年よりナベ底不況となる
昭和三十三年（一九五八）	七月から二年半余、千葉県市川市国立国府台病	日教組、総評、勤評反対全国闘争

昭和三十四年（一九五九）

院に赴任、総婦長。ベッド数八百床の国立最大の病院で財政赤字、病院改革に着手。

国立国府台病院勤務。

十一月二十七日、全学連、安保改定阻止で国会突入、ドル為替自由化

昭和三十五年（一九六〇）

二月まで国立国府台病院勤務

一月十九日、新安保条約調印。六月十五日、全学連国会突入。樺美智子死す。七月十五日岸内閣退陣。七月十九日、池田内閣成立。岩戸景気、所得倍増政策を発表

昭和三十六年（一九六一）

二月厚生省関東信越地方医務出張所へ転任。全国立病院の付き添い制廃止。週休四時間勤労時間削減方針、看護専門官となる。人員再編成案を提出。二カ月かけて六十六の国立病院・療養所を視察して国の方針を決める。十二月、国立がんセンター準備室併任。

農業基本法制定。国際収支大幅赤字で金融引締め不況へ。国民皆保健制度実施

昭和三十七年（一九六二）

二月一日、国立がんセンター初代総婦長。医療用機器、機材の注文作業婦長八人の選出、看護婦の採用、百八十人、日本看護協会看護婦会会

参院で創価学会、公明党を結成

キューバ危機で自衛隊緊急体制。

年代	経歴	政治・経済
	長・日本看護連盟顧問併任、五月十三日診察開始まで準備。看護婦の仕事を明確化。医療と看護の分離を説く勉強会開く、最高の看護体制を作るべく尽力。春、日本看護協会の第一副会長に就任。	
昭和三十八年（一九六三）	国立がんセンター総婦長。	不況からオリンピック景気へ
昭和三十九年（一九六四）	九月九日池田勇人首相入院。十二月三十一日国立がんセンター退職。日本看護協会看護部会が石本を参院選候補に擁立。	十月東京オリンピック。佐藤内閣成立。東海道新幹線営業開始
昭和四十年（一九六五）	第七回参議員選出場決意、全国を遊説。一月「石本茂後援会」発足。七月四日当選四十三万九千票余。政界へ五十二位、任期三年	池田勇人死亡。日韓条約調印。大型不況で大型倒産増加。公害対策基本法制度
昭和四十一年（一九六六）	無所属第二院クラブに在籍す。任期三年で四十三年まで活動。	建国記念日復活。国債発行、一般募集
昭和四十三年（一九六八）	七月七日第八回参議院選、次点で落選。看護協会、林塩と二人を出馬させ、票が割れ、林塩も落選。	日中覚書貿易妥結。六月二十六日小笠原諸島返還、大学紛争激化、GNP世界三位となる。いざなぎ景気続く

昭和四十四年（一九六九）

第七代日本看護協会会長に就任。参議員選に選出されて出馬。

GNP世界第二位。東大安田講堂封鎖解除

昭和四十五年（一九七〇）

自民党へ入る。二月八日「石本茂後援会」結成会長に佐藤恒信東洋大教授就任。十二月二日、石本茂を励ます会開催。

日本初万国博覧会三月大阪で開催。十一月三島由紀夫自衛隊で割腹自殺、三月三十一日よど号ハイジャック

昭和四十六年（一九七一）

六月二十七日第九回参議院選全国区出馬し、約五十四万七千票余を得て当選。国際看護交流協会の設立につくす。自民党・福田派に入党。看護関係予算四七％アップ（石本の尽力）。九月十日・北国新聞夕刊に「石本茂」自伝連載始む。

環境庁が厚生省から独立。老人医療費無料化制度実施。六月十七日沖縄返還調印式

七月十五日・ニクソン訪中発表政府に衝撃。九月十五日ドルショック、米国金・ドル交換廃止など発表。十二月二十日円、一ドル三〇八円に切り上げ

昭和四十八年（一九七三）

一月夜間看護手当て一回三五〇円から一〇〇〇円に。後二〇〇〇円にアップ。四月看護技術者対策議員連盟立ち上げ、事務局長に就任。十一

田中内閣。八月一日日米首脳会議で共同声明。八月八日金大中事件秋以降、石油危機で物不足物価急

年代	経歴	政治・経済
	月二七日厚生政務次官に就任。	騰。十月六日第四次中東戦争。二月十四日変動相場へ移行。三月二十日水俣病裁判、患者側全面勝訴
昭和四十九年（一九七四）	厚生政務次官。二月人口問題対策国際会議で渡米。	田中角栄金脈事件、巨人の長島選手引退
昭和五十年（一九七五）	自民党婦人局長。	三木内閣成立。四月統一地方選挙。八月二十六日興人、戦後最大の負債で倒産。十一月二十七日大阪空港公害訴訟控訴審
昭和五十一年（一九七六）	十二月再度・厚生政務次官に就任。	二月五日ロッキード事件疑獄明るみに。七月一日新自由クラブ結党。七月二十七日田中角栄前首相ロッキード事件で逮捕。十二月五日総選で自民党単独過半数割る。十二月二十四日福田内閣成立
昭和五十二年（一九七七）	七月十日第十一回参院選に当選（三回目。）	七月十日参院選、与党が過半数確保。五月二十七日独禁法改正し、

		公布。十月四日一般消費税導入答申安定成長への適応進める
昭和五十七年（一九八二）	「紅そめし」北国新聞に連載。	
昭和五十八年（一九八三）	第十三回参院選に当選（四回目）。	
昭和五十九年（一九八四）	国務大臣・環境庁長官日本で三人目の女性大臣十一月二十日『紅そめし』出版。	ロス疑惑騒動。グリコ森永事件。科学万博―つくば85開催
昭和六十年（一九八五）		日航ジャンボ機墜落
昭和六十一年（一九八六）	勲一等瑞宝章受賞女性議員で七人目。欧州評議会議員（ＯＥＣＤ）会議へ渡仏。	三原山噴火
昭和六十三年（一九八八）	前年三月自民党エイズ問題調査に渡米。「清水嘉与子後援会」会長に就任。	エイズ予防法成立。リクルート疑惑。天皇陛下重体
昭和六十四年（一九八九）一月八日から平成元年	三月自民党婦人部会研修会に出席。七月政界引退参議院議員を四期二十一年間努めた。七十五歳、一月から北国新聞の夕刊に、「石本茂日記」を連載。六月『紅そめし草の色』出版。	一月七日昭和天皇陛下崩御。一月九日新天皇即位。リクルート疑惑で竹下登首相辞職。四月石垣島新空港建設。ベルリンの壁撤去。生体肝移植
平成二年（一九九〇）	金沢女子短大（現・金沢学院）の客員教授・講師など歴任。自民党県連常任顧問。	湾岸戦争始まる。日本バブル経済

年代	経歴	政治・経済
平成三年（一九九一）	自民党婦人部研修会の講師。	
平成四年（一九九二）	後を継ぐ実弟脳梗塞で入院。	
平成七年（一九九五）	北國文化賞受賞八十二歳。	一月一日WTO世界貿易機関発足。八月十五日米・ベトナム国交樹立。十一月四日イスラエルのラビン首相暗殺
平成八年（一九九六）	看護協会の創立五十周年記念祝典で祝辞。	一月二十二日史上初のパレスチナ住民選挙でアラファトが執行機構議長に選出された。
平成九年（一九九七）	八十四歳九月くも膜下出血で石川市民病院に入院。	三月十九日鄧小平死去。七月一日香港返還、中国一国二制度。十月八日北朝鮮金正日総書記
平成十一年（一九九九）	六月保健施設「なでしこの丘」に入所。八十六歳、寝たきり状態。	一月一日欧州単一通貨（ユーロ）に、十一カ国で発足。二月七日ヨルダン・フセイン国王死去。
平成十三年（二〇〇一）	フローレンス・ナイチンゲール記章受賞八十八歳、看護連盟顧問。	アメリカ同時多発テロ
平成十九年（二〇〇七）	十月十二日午前六時五十八分老衰のため九十四	

歳で逝去。十二日お通夜、十三日告別式、十二月十日「故石本茂先生を偲ぶ会」東京の品川プリンスホテルで、約三百四〇名参列。

参考資料（『紅そめし』『紅そめし草の色』一九八〇刊（東京学習出版社刊）「故　石本茂先生を偲ぶ会」の「故石本茂主な足跡」など。

あとがき

この本は平成十一年発行の『近代人物研究会』第三号に、『恩師・石本茂の功績』として発表し、第四号・第五号に連載した作品である。今回その同人誌の原稿を訂正・加筆して、石本茂の生涯について上梓することにした。恩師であるが、他の人々と同じく敬称を省略させて頂いた。看護婦総婦長として、また政治家としても、お手本にしたい稀有の人物である。

石本先生の大活躍で看護師はもちろんのこと、赤児から老人に至るまで、どんなに多くの人々が救われたことか。女性の地位向上や福祉に貢献された。戦中戦後の引揚船でも多くの国民を帰国させた。看護師だけでなく、国民にとっても決して忘れてはならない人である。

世界では今でも悲惨な戦闘が続いている。

隣国の原爆や水爆実験、ミサイル発射などで、日本も世界も危機的情況を呈し、国民を悩ませている。情勢を見守り、政治的解決を期待するしかないようである。かつて石本先生が願われたように、日本が二度と悲惨な戦争のない平和な生活が続けられるように祈ってやまない。

出版に当たりまして、ご遺族の石本詠映子氏を始め、日赤本社、日本赤十字看護大学、富山赤十字看護学校、福井赤十字病院、山中温泉医療センター、国立国府台病院、日本看護協会、日本赤十字社看護師同方会、國院会の浅井利勇医学博士、作家の千田夏光氏、北風書房、北国新聞社、読売新聞社、看護師の油谷小夜子と吉田タミ看護師、「なでしこの丘」などなど、大勢の方々に資料の面で、大変お世話になりました。また出版社の叢文社の方々にもお世話になりました。厚く御礼申し上げます。

平成三十年八月十五日

鹿嶋市にて　筆　者

主な参考文献

『紅そめし』石本しげる　北風書房刊
『紅そめし草の色　―石本茂日記―』北国新聞社刊
『広辞苑』岩波書店
『従軍看護婦』千田夏光　双葉社
『20世紀日本人名事典』日外アソシエーツ　二〇〇四年七月
『博愛の道　永遠なる歩み　ナイチンゲール記章に輝く人々』日本赤十字社看護婦同方会編刊（平成18年）
『人物エピソード事典』祖田浩一編　東京堂出版
『30周年記念誌』国立国府台病院付属看護学校
『うずもれた大戦の犠牲者』浅井利勇編（一九九三年）
『こうのだいの想い出』国立国府台病院附属看護学校刊（二〇〇一年）
『大日本帝国』笠原出版社刊
『國府臺陸軍病院の想い出』國院会
『日本日赤十字社史稿』第四巻、第五巻、日本赤十字社
他、読売新聞、中日新聞　等

著者　林　栄子（はやし　えいこ）
本名　久保栄子
1939 年　福島県生まれ
国立国府台病院付属高等看護学校を卒業。看護婦として約 10 年病院勤務。その後、家族の介護と孫の育児に従事。都内の文章教室で学ぶ。作家大隈秀夫主宰の同人誌『初心』、児童文学で詩人の秋原秀夫講師の『市川文芸』、松井牧歌主宰の俳句誌『水踏』を経て、作家祖田浩一編集の人物事典の執筆に参加。50 名担当執筆。四誌の同人誌に作品を発表。

主な著書
『おばあちゃんは霧の中－痴呆老人の独り暮らし』（近代文藝社　1995）『みごと胎児にもどるまで－認知症を生きる』（文芸社　2010）、『近代医学の先駆者 三浦謹之助－明治天皇・大正天皇のお医者さん』（叢文社 2011）『認知症を楽しく生きる』（文芸社　2012　文庫）『黄色いすいか－忘れ得ぬ戦争の秘話』（日本文学館　2013　文庫）『赤とんぼ－がん病棟の 180 日』（日本文学館　2015　文庫）『薄化粧－がんを生きる』（文芸社 2015　文庫）『近代医学の先駆者 三浦謹之助－明治天皇・大正天皇のお医者さん』改訂版（叢文社　2018）等。
現在、大衆文学研究会、近代人物研究会、よみうりこだまの会、鹿嶋文芸連盟会。林短歌会、会員。

今、お手本にしたい政治家
石本　茂
従軍看護婦長、国務大臣、ナイチンゲール記章受賞

発行　二〇一八年九月一五日　初版第1刷

著　者　林　栄子
発行人　伊藤　太文
発行元　株式会社　叢文社
〒112-0014
東京都文京区関口一-四七-一二江戸川橋ビル
電　話　〇三（三五一三）五二八五
F A X　〇三（三五一三）五二八六

印　刷　モリモト印刷

定価はカバーに表示してあります。
乱丁・落丁についてはお取り替えいたします。

ISBN978-4-7947-0782-6

新装　普及版

今、お手本にしたい人

近代医学の先駆者

三浦謹之助

—明治天皇・大正天皇のお医者さん

林　栄子

「死ぬまで寸暇を惜しみ学問に身を捧げるのが学者の道だ」…86年の生涯を最先端医学の研究と後輩の指導に捧げ尽くした「志」はどこから生まれたのか？人物研究エキスパートの筆が紡ぎ出す「近代医学の原点・三浦謹之助」。

四六判　並製　1600円（税別）